本书受广东省高水平大学建设经费资助

国际关系视野下的
难侨救助问题研究

朱鹏 著

GUOJI GUANXI SHIYE XIA DE

NANQIAO JIUZHU WENTI YANJIU

暨南大学出版社
JINAN UNIVERSITY PRESS

中国·广州

图书在版编目（CIP）数据

国际关系视野下的难侨救助问题研究/朱鹏著. —广州：暨南大学出版社，2019.6
ISBN 978 - 7 - 5668 - 2665 - 7

Ⅰ.①国…　Ⅱ.①朱…　Ⅲ.①华侨—社会救济—研究—中国　Ⅳ.①D634.3

中国版本图书馆 CIP 数据核字（2019）第 134762 号

国际关系视野下的难侨救助问题研究
GUOJI GUANXI SHIYE XIA DE NANQIAO JIUZHU WENTI YANJIU
著　者：朱　鹏

出 版 人：徐义雄
策　　划：黄圣英
责任编辑：冯　琳　詹建林
责任校对：林　琼
责任印制：汤慧君　周一丹

出版发行：暨南大学出版社（510630）
电　　话：总编室（8620）85221601
　　　　　营销部（8620）85225284　85228291　85228292（邮购）
传　　真：（8620）85221583（办公室）　85223774（营销部）
网　　址：http://www.jnupress.com
排　　版：广州市天河星辰文化发展部照排中心
印　　刷：佛山市浩文彩色印刷有限公司
开　　本：787mm×1092mm　1/16
印　　张：9.75
字　　数：192 千
版　　次：2019 年 6 月第 1 版
印　　次：2019 年 6 月第 1 次
定　　价：39.80 元

（暨大版图书如有印装质量问题，请与出版社总编室联系调换）

前　言

　　中国人移居海外不仅历史悠久，而且人数众多。早在两千多年前，就有先民移居海外的记载。鸦片战争后，中国逐渐沦为半殖民地半封建社会，远赴海外谋求生路的移民急剧增多，移居的范围也逐渐由亚洲扩展至世界各地。经过自身的不断努力以及世代积累，很多华侨华人都在居住国"落地生根"，并且取得不凡的成就。当然，华侨华人在海外生存和发展的过程也并非一帆风顺，其中不乏各种艰辛与磨难，特别是由政治因素引发的社会动荡和有组织的迫害行动，严重威胁到华侨华人的生命财产安全。在学术界，虽然不少研究者很早就关注到华侨华人的这些遭遇，相关研究成果也不胜枚举，但多数偏重于从华侨华人居住国的角度探究事件发生的原因、过程和影响，对中国政府救助难侨的举措缺乏足够的重视。即便是一些专门研究难侨救助问题的学术论文，由于受篇幅限制，仍有很多细节未能完全揭示出来。此外，在具体问题上，一些研究成果所持观点和所得结论笔者亦不敢苟同，如北洋政府出兵俄国远东的原因、印度围捕和拘禁华侨的目的等。有鉴于此，笔者不揣简陋，将过去关于难侨救助问题的粗浅研究整理成书，以图再现自20世纪以来历届中国政府救助海外难侨的详细历程及其所涉及的国际关系，并求教于方家。

　　本书以时间为序，分为四个部分：第一章"北洋政府救助俄国远东地区难侨"，主要研究十月革命后北洋政府利用协约国联合干涉的机会，出兵西伯利亚救助难侨的历史；第二章"边境战争后中国政府救助印度被拘华侨"，主要研究边境战争后印度拘禁华侨的原因与目的以及中国政府的应对举措；第三章"印尼排华与中国政府对难侨的救助"，主要研究两国关系的波折及中国在印尼两次大规模排华中对难侨的救助；第四章"21世纪中国政府救助海外侨民的重要行动"，主要阐述中国政府如何在当地动荡的局势下保护与救助深陷困境的海外侨民，真正体现一个负责任大国的能力和担当。

　　本书研究中所依据的档案文献主要是中国外交部解密档案，台湾"中央研究院"近代史研究所整理出版的《中俄关系史料》，薛衔天、李嘉谷等编撰的《中苏国家关系史资料汇编（1917—1924年)》和印度外交部出版的《外交大事记》《白皮书》等。其中，中国外交部解密档案是研究生唐新亚、胡默达在北京逐字誊抄回来的，在此一并表示感谢！印度外交部档案及相关外文文献则是笔者访学期间在美国明尼苏达大学威尔逊图书馆查阅抄录的，为此特别感谢给我提供莫大帮助和各种便利的杨志国教授以及威斯康星大学河瀑校区国际部的工作人员！

朱　鹏

2019年5月

目　录

第一章　北洋政府救助俄国远东地区难侨

中国人移居海外的历史源远流长，早在秦代就有徐福东渡日本的故事。据有关方面的统计，截至2018年，中国海外华侨华人的总数已有6 000多万①，被认为是全球最大的移民群体。2008年金融危机爆发以前，仅世界华商的总资产，保守估计也有3.7万亿美元。② 不过，华侨华人的移民和财富积累过程并不是一帆风顺、一蹴而就的，甚至可以说是一部辛酸的血泪史——不仅迁徙历程充满艰辛和苦难，而且在居住地还经常遭受当地社会的排挤和迫害。从荷兰殖民者制造的"红溪惨案"到美国的《排华法案》（*Chinese Exclusion Act*），再到十月革命后俄国远东地区持续出现的劫掠、屠杀华侨的黑潮，迫害华侨的悲剧在历史的不同时间、世界的不同地方一再重演。对于海外华侨遭受的苦难，不同时期的中国政府反应各不相同。清代前期，封建统治者视海外华侨为"自弃王化"的"天朝弃民"，认为华侨遭受的种种迫害完全是咎由自取，毫无同情和保护之意。鸦片战争后，国门洞开，限制臣民"出洋"的禁令逐渐变得形同虚设，海外华侨的数量急遽增多，清政府对待华侨的态度开始有所转变。19世纪晚期，清政府先后在新加坡、英国、法国、日本、美国等国家设立使领馆，办理外交事务，管理和保护本国侨民。不过，由于晚清王朝腐朽没落，对华侨的保护大多是空谈，并无多少切实的行动。辛亥革命以后，孙中山领导的南京临时政府虽然颁布了一系列的法令、法规，从立法层面加大对华侨的保护力度，但南京临时政府对内尚未实现国家统一和政权稳固，对外得不到帝国主义列强的承认，在侨难（如1912年2月荷属爪哇岛殖民军警屠杀华侨的"泗水事件"）发生时，只能在形式上表示关切和抗议，无法采取更进一步的实际行动对难侨实施救助。直到1918—1920年北洋政府救助俄国远东地区难侨，中国近现代史上才第一次出现由政府组织的出境护侨行动。然而，长期以来学术界对这一段历史却并没有给予足够的重视。

---

① 白鸽：《华侨海外权益的国际法保护》，游国龙等编：《华侨华人研究报告（2018）》，社会科学文献出版社，2018年，第339页。

② 中国新闻社《世界华商发展报告》课题组：《2008年世界华商发展报告》，http://www.chinaqw.com/news/200902/02/148825.shtml。

第一节 研究综述及有关问题的说明

一、国外相关研究概况

北洋政府救助俄国远东地区难侨，尤其是出兵护侨，是在协约国联合出兵西伯利亚的大背景下展开的。国外学术界对协约国联合出兵西伯利亚的研究虽然起步较早，但大多数学者关注的重点都集中在美、日方面，几乎没有人对中国出兵救助难侨作专门的研究。在国外学者研究协约国列强出兵西伯利亚的众多成果中，最具代表性的主要有：Unterberger 的 *America's Siberian Expedition*，*1918 – 1920*（Duke University Press，1956），细谷千博的《ロシア革命と日本》（原书房，1972 年），原晖之的《シベリア出兵——革命と干涉》（筑摩书房，1989年）。在国际学术界中，Unterberger 第一次完整地利用公开的美国政府档案文件对美国出兵西伯利亚的历史开展研究。*America's Siberian Expedition*，*1918 – 1920*一书的特点是重在研究美国对苏俄政策的演变历程及其深层原因。该书站在美国的立场上，详细阐述了威尔逊政府由不干涉到反对日本独自干涉，再到参加协约国的联合干涉，最后单独撤出干涉的政策变化过程，突出强调美日矛盾对美国政策决策的影响。尽管书中多个章节里都有关于中东铁路的内容，但对中国参与联合出兵和救助旅俄难侨却仅有寥寥数笔提及。《ロシア革命と日本》是细谷千博在其博士论文《シベリア出兵の研究》（完成于 1955 年，依据的主要史料是日本陆军部大本营的档案文件）的基础上，利用 20 世纪 60 年代查阅到的美国远征军司令部档案文件进行比较研究的成果。该书详细分析了美日两国对苏俄政策的共同点和矛盾之处，提出了美日协调与冲突并存的理论。《シベリア出兵——革命と干涉》研究的重点是日本出兵西伯利亚的决策过程和出兵后的详细进程，该书在参考文献中列出了《中俄关系史料·出兵西伯利亚》，而涉及北洋政府出兵和救助难侨的内容却并不多。

20 世纪 90 年代以后，又有一些较具深度和代表性的论著相继问世，如：Peter G. Boyle 的 *American – Soviet Relations*：*from the Russian Revolution to the Fall of Communism*（Routledge，1993），Carol Willcox Melton 的 *Between War and Peace*：*Woodrow Wilson and the American Expeditionary Force in Siberia*，*1918 – 1921*（Mercer University Press，2001），Davis 和 Trani 合著的 *The First Cold War*：*The Legacy of Woodrow Wilson in U. S – Soviet Relations*（Misura University Press，2002）。其中，

American - Soviet Relations：*from the Russian Revolution to the Fall of Communism* 虽然仅有一章的内容研究 1917—1920 年美国对苏俄的干涉，但作者却在有限的篇幅中较为透彻地分析了威尔逊政府决定出兵俄国的主要原因。该书提出，影响美国政策决策的除了威尔逊总统本人对苏维埃政权及其对外政策的认识以外，还有四个重要因素：一是存放在摩尔曼斯克、阿尔汉格尔和符拉迪沃斯托克的协约国军事物资的安全问题；二是由德奥战俘问题和列宁与德国的渊源引发的对德国控制苏俄的担心；三是出于遏制日本在远东扩张的考虑；四是捷克军团问题。*Between War and Peace*：*Woodrow Wilson and the American Expeditionary Force in Siberia，1918 - 1921* 大量利用了美国政府和国会的档案文件以及美国学者的代表性研究著作（如 Unterberger 的研究成果）。该书如 *America's Siberian Expedition，1918 - 1920* 一样详细阐述了美国在出兵西伯利亚问题上的政策演变及其背后的原因，不同的是该书更为强调个人因素（威尔逊、格雷夫斯）对美国政策决策与实施的影响。该书认为美国出兵西伯利亚的首要目的是拯救捷克军团，其次是帮助恢复当地的商业、通信和铁路交通并实施人道主义救援。因此，该书用了较多的篇幅讲述美国与捷克军团、白俄军事势力之间的关系，对美日矛盾及其对美国政策决策的影响着墨不多。*The First Cold War*：*The Legacy of Woodrow Wilson in U. S - Soviet Relations* 全面讲述了威尔逊总统两个任期内的美俄关系和美国对俄政策，对了解美国出兵西伯利亚的前因后果很有帮助。该书不仅认为威尔逊政府对苏俄的政策是"冷战"的起源，而且提出"失去机会说"，把俄国最终走向共产主义归咎于威尔逊政府的"不作为"，其着重强调的是美俄在意识形态、社会制度方面的冲突和对立，并没有具体阐述美国出兵西伯利亚政策决策与实施的细节。

二、国内研究概况

国内学术界对北洋政府的研究已相当成熟，涌现了一大批名家名著，如：来新夏及其所著的《北洋军阀》（上海人民出版社，1993 年），《北洋军阀史》（南开大学出版社，2000 年），《北洋军阀史文献述略》（《民国档案》1995 年第 4 期），《50 年来北洋军阀史研究述论》（《社会科学战线》1999 年第 5 期），章伯锋及其所著的《皖系军阀与日本》（四川人民出版社，1988 年），《北洋军阀》（章伯锋、李宗一主编，武汉出版社，1990 年），郭剑林及其所著的《北洋政府简史》（天津古籍出版社，2000 年），唐启华及其所著的《北京政府与国际联盟，1919—1928》（台湾东大图书股份有限公司，1998 年），《"北洋外交"研究评介》（《历史研究》2004 年第 1 期），等等。来新夏是北洋军阀史研究的领军人物，其主编的《北洋军阀》五卷，收录了 1895—1928 年整个北洋时期的有关史料,《北洋军阀史》则是在其早期成果《北洋军阀史稿》和新资料的基础上写成的一部通史性著作。章伯锋主编的《北洋军阀》六卷,收录的主要是1912—1928年以北洋军阀为主的政治史资料。郭剑林主编的《北洋政府简史》不仅讲述了从北洋系的渊源——湘军、淮军到蒋介石政权代替北洋政府的历史,而且提出了一些新观点,如北洋政府外交政策的三大特色——内向性外交特点、开放性外交格局和力争收回主权的外交方针。唐启华主要致力于北洋外交研究,其研究内容主要包括以下两个方面:一是研究北洋时期中国国际化的历程,《北京政府与国际联盟,1919—1928》是其在这方面研究的代表作;二是研究北洋政府的"修约外交",其在台湾《兴大历史学报》发表了一系列相关的研究论文。虽然这些资料汇编和研究成果与北洋政府出兵救助俄国远东地区难侨直接有关的内容并不多,却为开展这方面的研究奠定了坚实的史学基础。

国内学术界对协约国列强出兵西伯利亚的研究,截至目前尚未有专著出版。除了单篇论文和为数不多的研究生毕业论文以外,这一专题的研究成果大多分散在学者的论著中,如《中华民国外交史》(张忠绂著,正中书局,1945年)第八章"西伯利亚出兵与外蒙取消自治之交涉"具体分析了意大利、法国、英国、中国、美国、日本等国在出兵西伯利亚问题上的考量和行动。《日本近代史》(陈水逢著,台湾商务印书馆,1988年)第六章第三节"日本帝国危机的开始——西伯利亚出兵与西原借款及中日军事密约"提出"美国怂恿日本出兵,于是日本趁火打劫之野心,油然而生"的观点。《日苏关系史1917—1991》(李凡著,人民出版社,2005年)第一章"日本对苏武装干涉的失败"简要介绍了日本出兵政策的形成过程和日本在西伯利亚的军事行动。《"九一八"事变前东北境内外国军事势力研究》(胡玉海著,中国社会科学出版社,2006年)第九章"日本关东军谋取武装占领的尝试"认为,日本出兵西伯利亚的"最终目的是通过控制中东铁路进而控制整个东北地区,并以此作为扩张的基地",等等。

研究协约国列强出兵西伯利亚的代表性论文主要有:何慧的《1918年美国出兵西伯利亚原因探析》[《华南师范大学学报》(社会科学版)1989年第4期],崔丕的《日美共同出兵西伯利亚时期的关系初探》(《社会科学战线》1991年第2期),黄定天、潘晓伟的《协约国干涉西伯利亚革命时期美日矛盾探析》(《学习与探索》2008年第2期),海明的《美日联合出后西伯利亚研究》(黑龙江大学硕士论文,2018年),等等。其中,《1918年美国出兵西伯利亚原因探析》利用美国的史料文献和研究论著从"内"(美国决策者对苏俄的认识)、"外"(捷克军团叛乱和美日矛盾)两个方面分析了美国出兵西伯利亚的原因,认为"反对布尔什维主义,颠覆新生的苏维埃政权,是美国政府最终出兵干涉的基本动机和目的,也是主要原因",其次"也是为了抑止日本在西伯利亚的扩

张"。该文虽然发表于20世纪80年代末，但并没有参考Unterberger和细谷千博等美日著名学者的研究成果。《日美共同出兵西伯利亚时期的关系初探》全面利用了日、美、中三国的史料和代表性研究论著，从"协调"与"冲突"的角度分析日美两国在出兵西伯利亚问题上的利益共同点和矛盾所在，总结出这一时期日美关系"相互利用与相互牵制"的特点，认为"日美两国在东北亚的领土扩张政策与门户开放政策之间的矛盾"是当时及其后相当长一段时间内双方关系的主线。《协约国干涉西伯利亚革命时期美日矛盾探析》从美日在出兵西伯利亚问题上的分歧、争夺西伯利亚铁路和中东铁路的控制权以及对西伯利亚的经济侵略三个方面分析了两国在这一特定历史时期的矛盾，认为双方矛盾的根源是美国的"门户开放"政策同日本大陆政策的冲突。该文使用的文献主要是《中俄关系史料》和《美国对外关系文件》以及国内外的研究论著，没有利用日本学者的研究成果。

未刊学位论文有：李朋《东北亚国际关系中的美国政策研究（1784—1931）》（东北师范大学博士论文，2007年），刘磊《美国干涉西伯利亚问题研究》（兰州大学硕士论文，2006年），尉迟光斌《合作与对抗——美日西伯利亚联合干涉问题研究》（上海大学硕士论文，2007年），海明《美日联合出兵西伯利亚研究》（黑龙江大学硕士论文，2018年），等等。其中，《东北亚国际关系中的美国政策研究（1784—1931）》分五个阶段阐述"美国在不同'时代'的'东北亚政策'"，该文认为"美国在干涉苏俄、出兵西伯利亚的问题上的政策，既谨慎，又杂乱无章；在与日本对抗中显得非常被动而不成熟"。作者在阐述美国这一时期东北亚政策的过程中，较多地引用了崔丕教授《近代东北亚国际关系史研究》一书的论点和参考文献，对美日两国学者的代表性研究成果（如Unterberger、细谷千博、原晖之等人的论著）均没有查阅和利用。《美国干涉西伯利亚问题研究》重点分析了威尔逊政府由反对干涉到参加联合出兵、再到单独撤军的政策变化过程和深层次原因。该文较为强调美日之间的矛盾，而较少关注二者在共同利益上的"协调"，其参考的文献主要是《美国对外关系文件》中的"Lansing Papers, 1914–1920""1918, Russian"和《伍德罗·威尔逊文件》以及Unterberger等美国学者的研究论著。《合作与对抗——美日西伯利亚联合干涉问题研究》利用中、美、日等国的史料和研究成果，较为系统地论述了美日联合出兵西伯利亚的决策过程和失败原因。该文认为，"西伯利亚干涉实质上是美国对日本的大陆政策的遏制和日本对美国门户开放政策的挑战"，这一时期两国关系的特点是"合作基础上的对抗"。在文献上，该文较多地参考了美国的史料和论著，对日本史料和代表性研究成果的利用尚需加强。

国内学术界对北洋政府出兵西伯利亚的研究，较具代表性的成果主要有：李永昌《1918—1920 年中国出兵西伯利亚述论》(《近代史研究》1993 年第 1 期),喜富裕《关于中国北洋政府出兵西伯利亚问题》(《东北师大学报》1995 年第 3 期),曲晓范《试述 1918—1921 年北洋政府在西伯利亚的护侨活动》(《华侨华人历史研究》1998 年第 1 期),侯中军《北京政府出兵西伯利亚与中日交涉再研究》(《史学月刊》2011 年第 10 期),郭宁《以攻为守:中国出兵西伯利亚的决策经过(1918—1921)》(《民国档案》2016 年第 2 期),等等。其中,《1918—1920 年中国出兵西伯利亚述论》将"中日共同防敌军事协定"作为北洋政府出兵政策的总根源,对北洋政府的出兵行为持"一边倒"的否定态度,认为北洋政府出兵仅仅是为了得到日本的支持,以实现武力统一。该文没有重视北洋政府救助难侨的各种举措,对北洋政府出兵西伯利亚的评价也不够客观。该文利用的文献主要是《中俄关系史料》和日本、苏联学者的一些通史类著作,没有参考美日学者在协约国出兵西伯利亚问题上的研究专著。《关于中国北洋政府出兵西伯利亚问题》较为全面地阐述了北洋政府当时所处的国际环境、出兵进程、出兵的影响等,客观地认为北洋政府出兵西伯利亚"既有屈从帝国主义列强的一面,又有维护国家主权、民族利益的一面"。不过,受篇幅的限制,该文对具体历史问题的叙述和评价没有充分展开。《试述 1918—1921 年北洋政府在西伯利亚的护侨活动》侧重于对护侨过程的描述,既没有深度的背景分析,也没有系统的历史评价。

除此之外,《中苏外交关系,1917—1927》(林军著,黑龙江人民出版社,1990 年)第一章第三节"北洋政府出兵西伯利亚",《"五四"前夕的中国学生运动》(张惠芝著,山西教育出版社,1996 年)第二章"1918 年学生运动的缘起",《华侨国籍问题与中国国籍立法》(刘华著,广东人民出版社,2004 年)第三章"1912 年北京中华民国政府国籍法:华侨与北京政府",《中俄关系通史》(黄定天著,黑龙江人民出版社,2007 年)第七章"俄国十月革命后的中苏关系",《新时期的中国近代史研究》(陈廷湘主编,四川大学出版社,2008 年)第二章"北洋政府统治时期的中外关系"等也对北洋政府出兵西伯利亚这一历史问题有所论述。其中,《中苏外交关系,1917—1927》评价北洋政府出兵西伯利亚"是一种趁火打劫的行为","是一种以邻为壑的利己主义行为";《"五四"前夕的中国学生运动》认为北洋政府"这次出兵完全是屈从于日本政府的压力,不得不象征性地派出一支军队以资应酬而已",与救助难侨毫无关系;《华侨国籍问题与中国国籍立法》虽然较为全面地总结了北洋政府的侨务政策和护侨举措——军事护侨、外交护侨、立法护侨,但只是陈述史实,并没有进行历史评价;《中俄关系通史》明确提出,"北京政府出兵苏俄与上述帝国主义大量派兵侵入俄境有着本质的区别",其决定出兵的"主要原因是保护华侨";《新时期的中国近代史研究》则是以研究综述的形式,全面介绍了国内学者对北洋政府出兵

西伯利亚的评价。

从整体情况来看，学术界对北洋政府出兵救助俄国远东地区难侨的研究在广度和深度上都有待加强，特别是在北洋政府出兵政策形成的国内外背景、北洋政府出兵西伯利亚的决策过程、北洋政府出兵救助难侨的历史评价等方面，尚有很大的余地可以开展研究。

三、有关问题的说明

西伯利亚通常作为一个地理名词出现，它涵盖的范围西起乌拉尔山脉，东至太平洋，北达北冰洋，南到哈萨克的中北部以及蒙古与中国的边境。远东则是一个政治和文化概念，是16—17世纪西方国家向东扩张过程中相对于近东、中东对亚洲东部的通称，范围大致包括中国、东南亚各国、朝鲜、日本和俄罗斯太平洋沿岸地区。在以往的历史研究中，学术界对西伯利亚和俄国远东地区并没有一个严格、规范的界定。在本书中，俄国远东地区主要指伊尔库茨克以东的东西伯利亚，包括伊尔库茨克、赤塔、布拉戈维申斯克、哈巴罗夫斯克、符拉迪沃斯托克、尼古拉耶夫斯克等重要城市和萨哈林岛。

在本书中，俄境内的地名统一使用俄国名称，如符拉迪沃斯托克、尼古拉耶夫斯克等；引用文献中出现的中方习惯称呼，按照尊重原文的原则，不做处理，如海参崴、海兰泡、伯力等；固有名词仍使用中国名称，如海参崴中华总商会、黑河江北旅俄华侨会、伯力中华总商会等。

第二节　俄国远东地区的华侨

一、俄国远东地区的开发与赴俄华侨

在16世纪中叶以前，沙皇俄国仍然是一个纯粹的欧洲国家，在亚洲并没有领土。1578年，哥萨克开始东侵以后，沙皇的统治范围才逐渐扩展到亚洲。1636年，沙俄军队历经征战，最终到达鄂霍次克海，几乎整个西伯利亚都被纳入俄国的版图。沙俄在向黑龙江流域扩张的过程中，曾多次与清王朝发生冲突。1689年，双方签订《尼布楚条约》，以格尔必齐河和额尔古纳河为界，明确了两国的疆域划分。鸦片战争以后，中国的贫弱和清政府的腐败无能在列强面前暴露无遗。沙俄乘机而动，于1858年和1860年强迫清政府分别签订了《瑷珲条约》

和《北京条约》，通过这两个不平等条约割占了中国外兴安岭以南、黑龙江以北和乌苏里江以东，包括海参崴（符拉迪沃斯托克）和库页岛（萨哈林岛）在内的100多万平方公里的土地。[①] 至此，俄国的版图向东南延伸到了日本海。为加强对这片地广人稀的新领土的专制统治，并使之成为俄国的一个粮食生产基地，沙皇政府开始组织大规模向远东地区移民。由于农奴制的存在，早期鼓励移民的各种政策措施并没有得到很好的落实。随着资本主义的发展和社会矛盾的不断加深，废除农奴制已成大势所趋。1861年3月3日，沙皇亚历山大二世顺应了这一历史趋势。但是，农奴制改革并没有彻底解决农民的土地问题，80%以上的土地仍然由贵族地主控制，[②] 一些地区农民控制的土地甚至远不如改革以前。同年4月，沙皇政府颁布《俄国人与外国人在阿穆尔州和滨海州定居条例》，向俄国人和外国移民开放阿穆尔地区，移居该地的农民每户最多可以得到100俄亩（1俄亩相当于1.09公顷）的土地，免除10次兵役和20年赋税，终身蠲免人头税。[③] 在该法令的刺激下，欧俄的一些无地或少地农民开始向远东地区迁移。不过，这种迁移相当缓慢，面对恶劣的气候条件，只有少数人到达远东并在那里定居下来。

沙皇政府一方面鼓励向远东地区移民，另一方面放宽了对远东地区的投资政策，大力吸收外国资本，希望通过二者的结合，实现远东地区的快速发展。19世纪晚期，沙皇政府颁布法令，在远东地区推行租让制，外国资本家只要交付租金，就可以在划定的矿区内自主经营，产品也能够不受限制地运出俄国。宽松的投资政策，吸引了大批外国投资。这些外国资本主要集中在采矿业，尤其是采金业。至19世纪末，远东地区黄金产量占了全俄总产量的90%。在所有的外国投资中，英国企业在第一次世界大战前一直处于优势地位。英国在俄国的采金公司有50多家，拥有400多处采金点的勒拿金矿公司就是英国的企业。在英国之外，美、法、德、日等国也都有大量资本投入到远东地区的采矿业。美国后来居上，不仅在萨哈林岛的采煤业中独占鳌头，而且还利用第一次世界大战期间西方列强无暇东顾的机会赶超英国，成为远东地区最大的资本输入国。远东地区矿产资源丰富，森林和渔业资源也非常值得一提。自19世纪80年代法国资本家在符拉迪沃斯托克开设了木材加工厂以后，伐木业和木材加工业就逐渐成为远东地区的支柱产业之一。俄国远东海域的渔业资源主要被日、美两国的资本所垄断，其中又

---

① 1884年，俄国政府成立了阿穆尔河沿岸总督辖区，管辖范围包括后贝加尔省、阿穆尔省、滨海省、符拉迪沃斯托克军事辖区和萨哈林岛。

② 根据1877—1878年的统计，在俄国欧洲部分的49省的9150万俄亩私人土地中，有7300万俄亩以上的土地是属于贵族地主的。

③ 王晓菊：《沙俄远东移民运动史略》，《西伯利亚研究》2002年第1期。

以日本为最强。日本企业租赁了大部分俄国渔场，并成立了"渔产工业集团""萨哈林水域海洋捕捞公司"等垄断组织，把持这里的渔业生产。

外国资本的大量涌入，为远东地区的发展提供了必要的资金支持，带来了先进的生产技术和管理方式，彻底改变了这里原有落后的生产经营模式，新兴企业、行业不断涌现，生产规模不断扩大，劳动力需求急遽增加。与此同时，俄国政府主持的一些军事设施和民用基础设施建设也需要大量的劳动力。如前文所述，从俄国欧洲部分移民的过程比较缓慢，对快速发展的远东地区来说明显缓不济急。另外，俄国工人要求的劳动报酬较高，也是用工方较为头疼的问题。于是，以吃苦耐劳著称的中国人便成为俄国当局和企业主的主要选择之一。

当时在俄国远东地区的中国人大致可分为三类：第一类是由不平等条约造成的"中国侨民"，第二类是在俄境内经营工商业的"华商"，第三类是从中国内地来此谋生的"华工"。在本书的研究中，将这三类中国人都归为旅俄华侨。第一类世代居住在黑龙江流域，属于清政府管辖下的中国人民。《瑷珲条约》和《北京条约》签订后，这些人虽然保留了中国国籍，但居住的土地已经被割让给沙俄，他们成了法律意义上的华侨。《瑷珲条约》规定："黑龙江、松花江左岸，由额尔古纳河至松花江海口，作为俄罗斯国所属之地；右岸顺江流至乌苏里河，作为大清国所属之地；由乌苏里河往彼至海所有之地，此地如同接连两国交界明定之间地方，作为两国共管之地……黑龙江左岸，由精奇里河以南至豁尔莫勒津屯，原住之满洲人等，照旧准其各在所住屯中永远居住，仍著满洲国大臣官员管理，俄罗斯人等和好，不得侵犯。"条约中的"所住屯"，俗称六十四屯，据俄国学者统计，居住在这里的清朝臣民有一万多人。《北京条约》不仅承认了《瑷珲条约》的效力，而且还将乌苏里江以东40多万平方公里原属中俄共管的土地划归俄国，使更多的中国人"沦为华侨"。第二类虽然人数不多，却控制了中国人在俄国的大部分财富资源，属于华侨的中上层。第三类与现代严格意义上的华侨还有一定区别，他们中的绝大多数都不在俄国境内定居，多者数年、少者两三个月，赚到一些钱就返回中国老家，类似于现代的"农民工"。这部分人的数量远高于前两类，是在俄中国人的主体。中国人大规模到俄国谋生始于19世纪60年代。此前，清政府把东北视为"龙兴之地"，严禁山海关以南的汉人入内垦荒、定居。然而，在中国内地，随着人口的不断膨胀，人多地少的矛盾日益严重。有资料显示，从1661年至1753年的93年，山东人均耕地面积从10亩多下降至7亩，1766年至1887年，人均占有耕地始终在两三亩水平上徘徊。1855年，黄河在兰考决口，夺大清河入渤海，造成河南、山东诸省灾民遍野。同一时期，南方爆发太平天国运动，北方捻军起义，社会动荡不安，百姓流离失所。土地肥沃、人口稀少的关外地区，一时间成为灾民、难民逃亡的首选之地。中俄

《北京条约》签订以后，清政府有感于沙俄鲸吞中国东北的野心，开始逐步在东北各地弛禁放垦、移民实边。从此，大量华北农民得以流入与俄国接壤的东北地区。有相当一部分人继续北上，进入俄国境内寻求生计。

在开禁后的十数年间，华工赴俄基本都是自发性质的，他们以同乡、亲戚、同行等关系，即地缘、亲缘、业缘等为纽带聚集在一起，搭帮结伙，越过有边无防的中俄边境线，到广阔的俄国远东地区寻求发展。进入19世纪70年代，这种自发的、小股流动的打工行为逐渐被有组织的、大批量的政府或企业招工所取代。① "俄国之远东经营，需用劳力孔多，以1870年由直隶及山东招募中国苦力百五十人为始，继因海参崴建筑要塞、敷设铁路等工程之增加，益感需要中国劳动者，同时甚至连民间企业家，亦盛用中国劳动者。"② 有学者估计，至第一次世界大战后期 "在俄华工总数当在50万人以上"③。赴俄华工主要来源于中国华北和东北地区，其中以山东为最多。他们赴俄的途径有两种：一是陆路，由国内各地辗转而来的华工以哈尔滨为中转站，向西经过满洲里到达后贝加尔地区的赤塔等地，向北经过瑗珲到达布拉戈维申斯克（海兰泡）等地，向东经过绥芬河到达乌苏里江以东的符拉迪沃斯托克等地；二是海路，烟台是华工集结的主要港口，由此可直达符拉迪沃斯托克，或留在当地务工，或再转赴俄国境内其他地区。这些华工 "年龄自十八岁起至三十岁者为多，老人甚少"④，他们的到来充实了远东地区的劳动力队伍，加速了该地区的发展进程。

华侨在俄境内的分布非常广泛，除了上述的赤塔、布拉戈维申斯克、符拉迪沃斯托克以外，贝加尔湖以西的伊尔库茨克、黑龙江与乌苏里江交汇处的哈巴罗夫斯克（伯力）、位于阿穆尔河（黑龙江，俄国的称法）出海口的尼古拉耶夫斯克（庙街）和萨哈林岛都有华侨的身影。据俄国官方1908年1月1日的粗略统计，仅在滨海省和阿穆尔省就有华侨8万多人。⑤

---

① 1860年中英《北京条约》规定："凡有华民情甘出口，或在英国所属各处，或在外洋别地承工，俱准与英人立约为凭，无论单身或愿携带家属一并赴通商各口，下英国船只，毫无禁阻。"沙俄根据1858年中俄《天津条约》中 "日后大清国若有重待外国通商等事，凡有利益之处，毋庸再议，即与俄国一律办理施行"的条款，也取得了招募华工的权利。王铁崖：《中外旧约章汇编》（第一册），生活·读书·新知三联书店，1957年，第88、145页。

② 长野朗著，黄朝琴译：《中华民族之国外发展》，国立暨南大学南洋文化事业部，1929年，第13－14页。

③ 殷剑平：《远东早期开发中的外国劳工（下）》，《西伯利亚研究》1997年第6期。

④ 长野朗著，黄朝琴译：《中华民族之国外发展》，国立暨南大学南洋文化事业部，1929年，第13－14页。

⑤ Л. 保尔霍维季诺夫著，姜延祚译：《俄国远东的中国人》，《黑河学刊》（地方历史版）1985年第4期。

表 1 - 1　20 世纪初俄国滨海省和阿穆尔省各地区的华侨人数

地点	人数
Ⅰ滨海省	
符拉迪沃斯托克市	36 700
哈巴罗夫斯克市	9 788
尼古里斯克—乌苏里斯克市	4 000
尼古拉耶夫斯克市	9 000
南乌苏里斯科耶县	11 300
哈巴罗夫斯科耶县	300
乌丁斯科耶县	200
滨海山区	1 052
Ⅱ阿穆尔省	
布拉戈维申斯克	5 725
阿穆尔斯科耶县	1 124
矿区（不包括布列亚地区）	6 593
阿穆尔哥萨克区	409
总计	86 191

此外，在远东广阔的森林地区，还有零星分散的华侨在那里从事采参、狩猎等活动。可以这样说，远东大部分地区的大多数行业里都有辛勤劳作的华侨，"几乎达到不论哪个省离开中国人就不能生存的程度。城市的普通居民几乎离开中国人寸步难行，只要愿意，黄种人可以满足他们的一切：市面上中国店铺比俄国店铺多，木匠、铁匠、钳工等作坊里的工人和部分大工匠是中国人，大小工厂（场）和货栈里的伙计是中国人，农村农民家里的雇工也是中国人……不管你到哪里，都能见到中国（人）的影子"①。这些忙碌在俄国远东地区各个行业、被俄国人称作"中国人""黄种人"的华侨，为当地的开发与繁荣作出了不可磨灭的贡献：

（1）农业。农业是华侨最为熟悉的生产方式，地广人稀的俄国远东地区遍布着大小不等的农场，成了很多初来乍到的中国人务工的首选对象。据统计，1897 年在阿穆尔省的华侨当中，从事农业生产的占 33.1%。② 在农业生产领域，

---

① Л. 保尔霍维季诺夫著，姜延祚译：《俄国远东的中国人》，《黑河学刊》（地方历史版）1985 年第 4 期。

② 李永昌：《旅俄华工与十月革命》，河北教育出版社，1988 年，第 18 页。

他们的情形也各不相同，有些是从地主手中租地种粮，有些是直接到农场打工，按工取酬，还有一些在无人管辖的边远地区开垦荒地。他们种植的作物中，有粮食，也有蔬菜，居住在城镇周边的中国菜农是俄国远东地区农副产品的主要供应者。

（2）采矿业。采矿业是华侨集聚的又一重要行业。外国资本大规模进入俄国远东地区以后，这里的采矿业获得了突飞猛进的发展。华工是俄国远东地区采矿业的主力军，1906—1909 年，仅采金业的华工就达 50 865 人。另据李志学的研究，1910 年华工占采金工人总数的 82.3%，1913 年上升至 87.6%。①

（3）筑路业。1891 年，西伯利亚大铁路先后从东西两端的符拉迪沃斯托克和车里雅宾斯克动工兴建，成千上万的俄国贫苦农民和囚犯参与了施工。在极其恶劣的条件下，频频发生工人伤亡和逃亡的事件。为了解决劳动力不足的问题，俄国当局多次派人到中国山东、河南、东北等地招募工人。"从 1892 年到 1916 年西伯利亚铁路全线贯通，先后有大约 20 万华工在筑路工程中从事最艰苦的工作。"②

（4）建筑业。自 1870 年俄国当局从中国招募 150 名工人修建哈巴罗夫斯克军营以后，华工就逐渐成为俄国远东地区建筑业的主要依靠力量之一。他们不仅在俄国政府主持的军事工程和市政建设中工作，而且还受雇于企业主和个人，从事商用和民用工程建设。"1906—1910 年间在滨海州公共工程中每年平均有 18 379 名俄罗斯工人（19.3%）和 76 975 名外国工人（80.7%），其中主要为华人"③，"1907 年高峰时达到 12 万多人"④。

（5）捕捞业。俄国远东海洋生物资源丰富，吸引了不同国家的渔民和企业来此捕捞。其中，捕鱼和猎取海兽主要为日本人和美国人把持，华侨除了一部分在外国渔业公司工作以外，多数都是在近海活动，捞取海参、蟹、贝类和海带。

（6）工商业。华侨在俄国远东地区的商业活动最早是从向俄国军队与移民供应食品和日用品开始的，后来逐渐扩展到整个商品流通领域。由中国商人开展的贸易活动，一般额度不高，但形式灵活，很多交易都是通过以货易货的方式完成的。在阿穆尔河流域广泛存在的舢板贸易就是一个很好的例证，中国商人利用这种体积小、吃水浅、枯水期也能在江上自由航行的小船为俄国城镇带来了粮食、食用油等生活必需品，运回畅销的毛皮、珍贵药材和海产品。"在阿穆尔沿

---

① 李志学：《试析 1860 年—1914 年间的赴俄华侨》，《暨南学报》（人文科学与社会科学版）2006 年第 1 期。

② 李明欢：《欧洲华侨华人史》，中国华侨出版社，2002 年，第 800 页。

③ A. 拉林著，阎国栋译：《俄罗斯华侨历史概述》，《华侨华人历史研究》2005 年第 2 期。

④ 殷剑平：《远东早期开发中的外国劳工（下）》，《西伯利亚研究》1997 年第 6 期。

岸地区，不论何种形式的商业活动，无一不有中国人的存在。从集市上的生活必需品、杂品商贩，农村的小铺，到各城市的大商店、商行，到处都是中国人。他们的商行越办越多，而当地一些不算小的非中国商行，却每况愈下。"① 至 20 世纪初，中国商人几乎垄断了从布拉戈维申斯克到符拉迪沃斯托克一线的零售业市场。② 在这个过程中，出现了一些实力雄厚的商号和富甲一方的大商人。"到 1910 年，整个远东地区已有 789 家中国商号，年营业额为 14 560 438 卢布。"③ 一些中国商人集聚一定的资本之后，也开始把商业触角伸展到其他领域，如华商纪凤台就不仅拥有众多的商业网点，而且还开设了面粉厂、砖瓦厂等实体企业。

（7）其他行业。如伐木与木材加工、内河航运和近海运输、服务业等行业，都有为数众多的华工忙碌其间。

随着华工的大量涌入和华商实力的不断增强，在俄国当局内部开始出现另外一种声音，即所谓的"黄祸论"。这种歪理邪说在十九世纪七八十年代就已经初现端倪：1873 年，俄国无政府主义者巴枯宁在他的新书《国家制度和无政府状态》耸人听闻地宣称，"一些人认为，中国一国有四亿居民，另一些人则认为有近六亿居民，这些居民在这个帝国境内显然住得太拥挤了，于是现在便象阻挡不住的潮流，越来越多地成群结队向外迁徙……从鞑靼海峡到乌拉尔山脉和里海的整个西伯利亚边区就不再是俄国的了"④。曾在日俄战争期间担任俄军司令的阿·尼·库罗帕特金也夸张地鼓吹："中国人这样涌入阿穆尔沿岸地区……西伯利亚的剩余土地将转入非俄罗斯种族之手。"⑤ 为配合沙皇政府在远东的排华企图，1909 年前后，欧俄的一些报刊相继发表了一批宣扬"黄色威胁"的文章，如刊登在《西伯利亚问题》上的《黄种人与阿穆尔采金业的工人问题》《远东的黄种人问题》《远东的经济危险》等。

俄国当局敌视甚至排斥在俄华侨的借口颇多，很难一一列举，归纳起来主要

① Л. 保尔霍维季诺夫著，姜延祚译：《俄国远东的中国人》，《黑河学刊》（地方历史版）1985 年第 4 期。

② 华侨在西伯利亚商业领域（还有部分制造业）的优势一直延续到苏俄早期，据俄国学者的研究称："1918 年 8 月 1 日，布拉戈维申斯克 834 个商业企业中，209 个企业是俄罗斯人的（约占总数的 25.1%），505 个企业是中国人的（约占总数的 60.6%）。在 1919 年布拉戈维申斯克登记的 1 064 个企业中，苏俄公民拥有 476 个企业，中国公民拥有 528 个企业。纺织、水果、蔬菜、食品杂货、服装、皮鞋等行业大多掌握在中国人手中，其中 56 个纺织企业中国公民拥有 45 个，90 个水果企业、两个蔬菜企业者是中国人的，76 个食品杂货企业中国公民拥有 63 个。" O. V. 扎列斯卡娅：《苏俄阿穆尔州与中国东北边境地区 1917—1924 年间的经贸关系》，《黑龙江史志》2004 年第 4 期。

③ 殷剑平：《帝国主义时期西伯利亚与远东的外国资本（上）》，《西伯利亚研究》1998 年第 2 期。

④ 巴枯宁著，马骧聪等译：《国家制度和无政府状态》，商务印书馆，1982 年，第 107－108 页。

⑤ 阿·尼·库罗帕特金著，A. B. 林赛、中国社会科学院近代史研究所翻译室译：《俄国军队与对日战争》，商务印书馆，1980 年，第 42 页。

集中在以下三点：①经济层面上，与远东地区俄国人日常生活密切相关的商品零售业长期被中国商人把持，影响了俄国商人在该领域的发展空间；华工吃苦耐劳，对工作条件和报酬要求不高，使俄国工人在与他们竞争的过程中常常处于劣势；远东地区华侨的绝对数量与俄国人相比虽然不占上风，但华侨以青壮年劳动力为主，老弱妇孺很少，团体竞争力优势明显，严重威胁到俄国人在该地区社会生产中的主导地位；华侨，尤其是华工，挣到的钱除了必需的生活开支以外，很少在俄国境内消费，大部分现金都被带回中国，"每年因携出货币导致的损失达到2 000万卢布"①，影响了正常的资金流动；华侨在一些俄国政府管辖不到的地方非法进行的狩猎、采药、采矿、捕捞等活动，使俄国遭受了资源和税收的双重损失。②政治层面上，俄国远东地区华侨数量庞大，在城镇和矿区的分布较为集中，对沙皇政府在该地区的统治是一个潜在的威胁；华侨乡土观念浓重，对俄罗斯帝国缺乏政治认同，极少有人愿意加入俄国国籍，无论在俄境内生活多长时间，他们也都仅会效忠于中国政府。他们仍把俄国远东地区视为中国的领土，沿用中国名称称呼那里的城镇，如海参崴、伯力、庙街、海兰泡等；相当一部分华侨是通过非法途径进入俄国境内的，他们既没有中国政府颁发的护照或其他身份证明，也没有得到过俄国政府的签证或居留许可，俄国政府对他们的数量、职业、分布和流动几乎一无所知，更谈不上进行有效的管理；华侨漠视俄国的法律制度，他们以地域、行业、宗教等为纽带结成各种社团组织，除了公开的侨团以外，还有很多秘密组织，由这些社团组织按照中国的法律和道德规范处理华侨之间的纠纷和其他问题，甚至与俄国地方政府进行交涉。同时，华侨社团大多都与中国政府有着千丝万缕的关系，有的社团领袖甚至接受中国政府的领导和任命，这就形成了事实上的"治外法权"。③文化层面上，华侨所受的传统文化影响根深蒂固，忠君爱国，信奉祖先，绝大多数人都拒绝接受俄国的文化规范和皈依东正教。"华人几乎不被同化。攒钱归国是他们多数人暂居异国他乡的唯一目的。"②此外，华侨的流动性很强，随着季节而来去，在俄境内的生息繁衍十分有限，时间上也很难让俄国文化在他们中间得到传承。

　　基于上述判断，俄国当局在20世纪初期制造了一起又一起的排华事件。第一次由沙俄政府发动的大规模排华行动是发生在1900年的江东六十四屯惨案。该年7月17日至21日，俄国军队利用中国发生义和团运动的机会，诬陷华侨将会针对他们举行暴动，从而大肆屠杀、驱逐居住在布拉戈维申斯克和江东六十四屯的中国侨民，造成7 000多人伤亡。据《瑷珲县志》［民国九年（1920）］收

---

① A. 拉林著，阎国栋译：《俄罗斯华侨历史概述》，《华侨华人历史研究》2005年第2期。

② K. A. 特卡乔娃著，林凤江译：《俄罗斯远东移民史初探》，《西伯利亚研究》1995年第1期。

录的瑷珲副都统衙门笔帖式杨继功记述："二十一日（公历7月17日）午前十一钟时，遥望彼岸，俄驱无数华侨圈围江边，喧声震野。细瞥俄兵，各持刀斧，东砍西劈，断尸粉骨，音震酸鼻，伤重者毙岸，伤轻者死江，未受伤者皆投水溺亡，骸骨漂溢，蔽满江洋。"① 事件发生以后，沙俄政府单方面宣布不再受《瑷珲条约》的限制，将原来约定由中国人永久居住的江东六十四屯据为己有。

　　日俄战争期间，出于自身安全考虑，大批华商和华工返回国内。1905年9月，《朴茨茅斯和约》签订以后，俄国在远东地区再次掀起排华浪潮：一是从源头上禁止中国人入境。这年冬天，俄国当局以哈尔滨发生鼠疫为借口，"假名防疫，水陆口岸及沿边一带禁绝华民入境。今虽鼠气已销，犹不尽弛前禁"；二是从内部消除华商和华工的生存基础，使他们无法在俄境内立足。一方面制定针对在俄华侨的特别政策，对华侨进行百般刁难和迫害，使其不堪重负："一、重其捐税。如身票税、医院费及地方之附加税等多立名目，务令较从前加倍担任。二、高其生活程度。假卫生之名，凡居处不得狭隘，门面必须装潢，衣服必须整洁，凡华商须用之品，或加收捐税。三、苛其罚办。华侨如有售卖窳败货品，或短少权量，或对买主失礼，或居处违式等事，均乘机罗织，从重科罚。"另一方面禁止华侨从事众多行业，以断绝其经济来源："所有雇佣之华伙，均勒令减少"，"向来渔猎、农佃、砖窑、车脚、操驾、篷船，华人皆得操业为雇。近来禁止华人一切渔业，又禁止猎户打貂……砖瓦一项为工厂之要需，每年约费十万卢布之价、大半为华人窑工所吸取。近来一概封禁，不准华人烧埴……以上华人生计产业，因禁绝外工，悉数被夺，则华工之食力者，遂更无所藉资"。②

　　1910年，俄国政府颁布《限制居住在阿穆尔河沿岸地区总督辖区和伊尔库茨克总督辖区的外贝加尔省的外国籍人口的法令》，以法律的形式禁止远东地区的公共工程雇佣外国人。虽然"外国人"的定义广泛，在俄的朝鲜人、日本人都在禁止之列，但中国工人的数量最多，所受影响最为严重。与此同时，为了进一步限制中国人入境和居留，俄国当局还在远东地区推行"过江小票"和"居留票"制度。"过江小票"是在中俄边境50俄里之内的自由贸易区使用的一种临时通行证，有效期仅为3天，逾期滞留者重罚。"居留票"是外国人在俄国远东地区长期居留的许可证，必须在入境后1个月内持护照和签证到指定机构换领，否则就会遭到拘捕或驱逐。俄国当局经常利用查票的机会向华商和华工发难，对他们进行肆意迫害。1911年在符拉迪沃斯托克几次针对华侨的查票过程中，"无论有票无票，一概逐拿，接连发辫，牵扯驱行，凌轹之情，不堪言

---

① 孙蓉图：《瑷珲县志》卷8，成文出版社，1974年，第321页。
② 丁进军选编：《宣统年间华侨经商及佣工史料》，《历史档案》1986年第3期。

状……围守居住华人稠密之房屋，或于楼房，或于院落，无论有无眷属，小卖营业，一并搜查牵拘，以致被拘者之财产，损失抛弃，甚于被盗"。俄国当局"穷其残酷，实欲陷华人于死地……对待华侨种种行为，甚于对待囚犯"。① 不仅如此，1912 年，俄国驻奉天（沈阳）、烟台的领馆还先后照会中国地方政府，禁止华人赴俄务工。更为极端的是，阿穆尔沿岸地区的立法机构竟然"通过了迄今最激进的措施：从俄国城市里驱赶亚洲人"②。

沙俄政府的排华政策和行为，给广大的华商和华工带来了深重的苦难，很多人因此而断绝生计，甚至失去生命。而另一方面，由于中国人减少，俄国远东的一些企业和工程在用工上出现困难，居民的日常生活也受到了影响。为此，俄国内部开始有人呼吁政府修改禁用华工的政策，缓解劳动力不足对经济发展产生的压力。不过，迫使沙俄政府改变前期排华政策的直接原因却是战争。1914 年，第一次世界大战爆发，参战的帝国主义国家对劳动力的需求急遽增加。英法等国竞相从中国招募工人到欧洲为战争服务，俄国也不例外。俄国是帝国主义链条上最薄弱的环节，却承担着协约国在东线抵抗德奥军队的主要任务。长期持续的战争使俄国经济濒临崩溃，大量青壮年劳动力被征召入伍又使俄国后方人力匮乏，社会生产难以为继。在这种情况下，1915 年，俄国政府颁布允许华工入境的临时条例，再次大规模从中国招工。

俄国在华招工的形式既有经中国政府批准的正式招募，也有非法的私下招募。正式招募须向中国政府提交招工申请，说明招工人数、工作地点、薪酬待遇等相关事宜，经批准后，方可在指定地点和规定期限内进行招募。对于数量较大的，中方还要派员监察。由于中国长期处于内忧外患之中，政府软弱无能，不少官员贪赃枉法、唯利是图，对俄国招工的审批与监管大多流于形式，基本上听之任之。如 1916 年"俄国采办材料处"代表达聂尔主持的招工活动，本来批注的总数是 2 万人，4 个月招募完毕，最后实际持续了半年之久，招收华工"至少当在 4 万人以上"③。尽管如此，但正式招募毕竟次数有限，相比之下，私下招募的频率更高、总数更大。这种形式一般由俄国企业主、投机分子及其中方代理人深入到中国境内开展招募，他们虽然没有经过中国政府批准，但有些也能够通过贿赂官员、请求俄国领事保护等手段得以半公开，甚至明目张胆地进行。如：1915—1916 年俄商"东胜面粉公司"执事德利金在东北各地的私自招工活动，他在高峰期一次就运走 8 000 多名华工。由于招募的数量庞大，在中国还出现了

---

① 陈翰笙编：《华工出国史料汇编》（第一辑），中华书局，1985 年，第 1809 – 1810 页。
② B. 扎采平（常胜）：《华人对俄罗斯远东城市发展的贡献》，《西伯利亚研究》2007 年第 4 期。
③ 李永昌：《十月革命前夕的旅俄华工》，《世界历史》1987 年第 5 期。

专门为招工服务的中介公司，如与达聂尔合作的"义成公司"。① 这些华工到了俄国以后，一部分被分派到远东各地的工业企业和建筑工程中从事艰苦而繁重的体力劳动，还有相当一部分被运送到俄国的欧洲部分修筑铁路，甚至在前线直接为战争服务。至"十月革命前夕，旅俄华工约有四十万人，其中在欧俄地区有十万人，其余大部分在西伯利亚和远东地区"②。

旅俄华侨为远东地区的开发，乃至俄国的社会发展，作出了积极的贡献。在阿穆尔河沿岸地区，"到处都可以见到中国人，到处都可以见到中国人的商品，人们住的是中国人盖的红砖房子，用的简单的器具都是中国的工匠生产的，喝的是中国人的茶叶，吃的是中国人生产的面粉和蔬菜，家庭所需的一切日用杂品都得到中国开的店铺里去购买……总之，在这些地方离开中国人就寸步难行"③。然而，华侨在俄国的社会地位却十分低下，尤其是处于最底层的广大华工。沙俄政府和资本家视华工生命如草芥，惨无人道地剥削和奴役他们：一是工作环境恶劣。华工从事的工作多数都是俄国工人不愿干的最繁重、最危险的苦活，如开凿隧道、垦荒、筑路、采矿等；所使用的工具简单而原始，如铁锤、铁锹、独轮车等；工作时间漫长，一般都在 12 个小时以上，毫无节假日可言。二是生活条件艰苦。大多数华工住的是工棚，吃的是粗粮烂菜。远离城镇的工人，还不得不向企业主或农场主购买食品和生活必需品，遭受他们的再次盘剥。有的华工甚至常年衣不蔽体、食不果腹。另外，缺少必要的卫生和医疗条件，华工受伤或者患病以后很难得到有效的救治，不少人因此而落下残疾或死亡。三是待遇微薄。华工获得的劳动报酬至少要比俄国工人低 20% ~30%，有的甚至更差。据殷剑平的研究，1911 年滨海州俄国工人的日平均工资为 2.43 卢布，平均月薪为 58.27 卢布，中国工人相应的则分别为 1.59 卢布和 38.08 卢布；阿穆尔州，俄国工人的平均日工资和月薪是 2.89 卢布和 68.45 卢布，中国工人是 2.15 卢布和 50.17 卢布。④四是人身权利难以得到保障。为监督华工劳动和防止华工逃跑，许多企业主都聘请了监工和打手，不仅擅立私刑，任意凌虐和迫害华工，而且还限制他们的人身自由，役之如犬马，鬻之如奴隶。除此之外，华工还要承受来自中国工头的双重剥削与压迫。在华工较为集中的工厂、矿区、建筑工地和农场，都有中国工头或把头作为俄方雇主的代理人，直接管理广大穷苦华工。华工的工资由工头或把头

① 陈三井、吕芳上、杨翠华主编：《欧战华工史料（1912—1921）》，台湾"中央研究院"近代史研究所，1997 年，第 603－607 页。

② 薛衔天：《旅俄华人共产党组织的形成》，《国外中国近代史研究》第 14 辑，中国社会科学出版社，1989 年，第 317 页。

③ 华侨华人百科全书编辑委员会：《华侨华人百科全书·历史卷》，中国华侨出版社，2002 年，第 93 页。

④ 殷剑平：《远东早期开发中的外国劳工（下）》，《西伯利亚研究》1997 年第 6 期。

代领和代管，回国时再统一结算，经过层层盘剥以后，工资发到他们手里时已经所剩无几了。

华商是华侨的中上层，他们在俄境内拥有一定的产业或资产，有的还与俄国地方政府和官员保持着密切的联系，如前面提到的哈巴罗夫斯克大华商纪凤台。不过，由于中国在国际社会中长期处于落后挨打、任人宰割的地位，华商背后没有强大的祖国做后盾，即使遵纪守法，仍难免遭受俄国当局的迫害。俄国局势一旦发生风吹草动，华商往往首当其冲，成为各种势力敲诈勒索甚至洗劫的对象。在历次排华活动中，华商都损失惨重，几乎无一幸免。二月革命以后，沙皇政府被推翻，广大华侨的处境非但没有得到改善，反而变得更加险恶。

二、苏俄早期远东地区华侨的艰难处境

1917 年，俄国先后发生了二月资产阶级革命和十月社会主义革命，一年之内经历了帝俄统治终结、资产阶级临时政府瓦解、苏维埃政权建立等重大历史变革。远东地区虽然是俄国的组成部分，但由于以下三种原因，其所受的影响远不及欧俄强烈：一是地理位置特殊，远离欧俄政治中心。经济较为发达的伊尔库茨克、赤塔、哈巴罗夫斯克、符拉迪沃斯托克等重要城市距离首都圣彼得堡均有数千公里之遥，最远的符拉迪沃斯托克甚至近万公里。在交通和信息不发达的年代，起源于欧俄的革命浪潮传到地广人稀的远东地区，其影响力已明显减弱。二是社会矛盾相对缓和。俄国远东地区的社会经济以农业为主，国家土地所有制占绝对优势，土地私有化和集中程度不高，大部分农民都能够获得足以维持生计的土地，并不存在像欧俄那样尖锐的土地矛盾。三是革命基础薄弱。俄国远东地区工人阶级的数量较少，在该地区总人口中所占的比例不足 10%。群众接受的革命宣传少，革命意识淡薄。至 1917 年，远东地区的布尔什维克党员仅有一万多人，更缺乏具有号召力的革命领袖。十月革命爆发后，尽管布尔什维克通过军事手段先后夺得了伊尔库茨克、符拉迪沃斯托克、哈巴罗夫斯克、布拉戈维申斯克等重要城市的控制权，但是新建立的苏维埃政权很快就在内外反动势力的联合进攻下被颠覆，布尔什维克党组织不得不转入地下，远东地区又陷入更为严重的动荡之中。

1918 年，俄国远东地区先后出现以杰尔别尔为首的"西伯利亚临时政府"和"西伯利亚自治临时政府"、以霍尔瓦特为首的"全俄临时政府"、以沃洛戈茨基为首的"西伯利亚临时政府"和"全俄临时政府"、以高尔察克为首的"全俄政府"等一系列白卫政权。这些反动势力不但没有带来片刻的安宁和发展，反而加剧了远东地区的政局动荡。

　　以杰尔别尔为内阁总理的"西伯利亚临时政府"成立于1918年初，由40多名原西伯利亚州议会议员通过选举产生。该政府在鄂木斯克成立后，包括杰尔别尔在内的大部分成员就一路逃亡到远东地区，被称为"车轮上的政府"。杰尔别尔也曾到哈尔滨寻求中国北洋政府的承认和支持，但遭到拒绝。1918年6月，叛乱的捷克军团①推翻了符拉迪沃斯托克的苏维埃政权。杰尔别尔伺机而动，在捷克军团的保护下进驻符拉迪沃斯托克，宣布成立"西伯利亚自治临时政府"。这个政府既没有广泛的群众基础，也没有明确的政治纲领，民众和各方势力都拒绝承认其合法性。8月，霍尔瓦特率"全俄临时政府"的工作内阁抵达符拉迪沃斯托克，在东方学院设立了"摄政府"。这样，仅在符拉迪沃斯托克一个城市，就同时存在两个号称代表俄国的"政府"。

　　霍尔瓦特原是沙皇政府任命的中东铁路管理局局长，由于忠实执行沙皇的侵华政策，两次晋升后从上校升为中将。沙皇政府被推翻后，霍尔瓦特组织沙俄残余分子在哈尔滨成立"远东拥护祖国和宪法会议委员会"（也称"远东护国卫法团"），并以护路为借口，大肆招募军队。1918年5月，霍尔瓦特又联合西伯利亚军团司令普列什阔夫，成立设有军事、外交、政治和军需4个处的准政府机构——"救国会"。对此，北洋政府和吉林地方当局坚决反对，要求霍尔瓦特将该机构尽早解散或迁出中国国境。7月，霍尔瓦特率领招募的军队，到达俄国境内的格罗捷沃，宣布成立"全俄临时政府"，自任"最高执政"。霍尔瓦特政府得到了日本的承认和援助，却遭到美、英两国的抵制。该政府进驻符拉迪沃斯托克以后，虽然得到沙俄残余势力和一些资本家的支持，但最终还是被沃洛戈茨基主导的"西伯利亚临时政府"吞并。

　　沃洛戈茨基曾经是鄂木斯克原"西伯利亚临时政府"成员，内阁总理杰尔别尔逃亡后，沃洛戈茨基组织留在鄂木斯克的其他成员，借助捷克军团的力量，推翻当地的苏维埃政权，于1918年6月23日建立了反动的白卫政府。沃洛戈茨基政府继续沿用"西伯利亚临时政府"的名号，废除苏维埃政权颁布的一切法

---

　　①　捷克军团主要是由奥籍捷克斯洛伐克战俘组成的，大约5万人。这些人本来是奥匈帝国境内的被压迫民族，"一战"期间投降了俄国，后来又被俄国改编用来抵抗德国军队。1918年1月，捷克斯洛伐克宣布独立。为了换取法国的承认，捷克斯洛伐克与法国达成协议，将在俄的捷克军团调往法国战场对德作战。《布列斯特——立托夫斯克和约》签订以后，苏俄也有意将捷克军团遣返回国。经过协商，1918年3月15日苏俄政府同意将捷克军团解除武装，经西伯利亚铁路、符拉迪沃斯托克，绕道海路送返欧洲。但是，早在3月6日英国就已经对苏俄展开了武装干涉。此时，协约国并不急于将捷克军团调往西线，而是希望其留在俄国境内，成为其干涉苏俄的一支重要力量。在英、法的不断煽动下，5月25日，车里雅宾斯克的捷克军团士兵首先爆发武装叛乱。随后，伊尔库茨克、鄂木斯克、雅库茨克等地的捷克军团也发生了叛乱。6月28日，捷克军团占领了符拉迪沃斯托克，推翻了当地的苏维埃政府。直到1920年协约国对苏俄的武装干涉失败以后，捷克军团才随着协约国联军撤出俄国远东地区。

令，恢复革命前的统治秩序。该政府成立后，杰尔别尔曾试图"回归"，使其领导的"西伯利亚自治临时政府"得到"西伯利亚临时政府"的承认，但遭到沃洛戈茨基和鄂木斯克市议会的拒绝。在这种情况下，杰尔别尔及其领导的政府逐渐淡出西伯利亚的政治舞台，直至彻底消失。而在另一方面，沃洛戈茨基却积极同霍尔瓦特接触，就两个政府的合并事宜展开谈判。10月，霍尔瓦特领导的"全俄临时政府"正式并入"西伯利亚临时政府"，其本人也接受"西伯利亚临时政府"的任命，出任该政府的远东最高全权代表。沃洛戈茨基政府吞并了霍尔瓦特政府以后，又相继收编了其他一些地方势力，形式上统一了西伯利亚。沙俄时期的黑海舰队司令高尔察克在该政府中担任陆海军部部长。11月，高尔察克发动政变，自任全俄最高执政，在鄂木斯克建立军事独裁政权——"全俄政府"。

至1920年1月下台，高尔察克在俄国远东地区进行了长达14个月的反动统治。在此期间，高尔察克政府既没有系统的施政计划，也没有完善的经济措施，政治上一盘散沙，政令的执行力仅限于"首都"鄂木斯克市内，经济上一片混乱，百业凋敝，民不聊生，穷兵黩武成为其维持政权的主要手段。1919年春，高尔察克军队从东方2 000多公里的战线上向苏俄政权发起全面进攻，一度占领了乌拉尔山脉以西的大片地区。但是，在苏俄红军"一切为了东线"的反攻下，高尔察克很快全军覆没。1920年2月，高尔察克被捕获处决，西伯利亚势力最大的反动政权灭亡。

除上述政权之外，还有一些实力不强，影响却极为恶劣的反动势力，如谢米诺夫、加莫夫、卡尔梅科夫等人各自领导的白俄军事团伙。其中，谢米诺夫匪帮对华侨的危害最深。谢米诺夫是沙俄时代的哥萨克上尉，十月革命后，纠集各地的土匪和其他反动势力，反对苏维埃新政权。1918年4月，在日本的支持下成立了所谓的"外贝加尔地方临时政府"。8月，占领赤塔，以此为据点进行了两年多的残暴统治。高尔察克上台后，谢米诺夫表面上接受高尔察克政权的管辖，出任阿穆尔地方军区司令，实际上根本不受鄂木斯克政府约束。谢米诺夫匪帮长期在中俄边境地区活动，给两国人民带来了深重的苦难。

第一次世界大战期间，沙俄招募了数以十万计的华工。革命爆发后，俄国政局动荡，战事频仍，社会生产受到严重破坏，大量工人失业，华工更是首当其冲。很多华工失去生活来源后，不得不四处流浪。在留学生刘泽荣发起的"中华旅俄联合会"的奔走呼号下，大约4万名华工幸运地被送回祖国。1918年5月，捷克军团发动叛乱，切断了西伯利亚大铁路，使这种本已十分艰难的输送工作被迫停止，大批华工因此滞留在鄂木斯克和伊尔库茨克等地，境遇相当悲惨。据中国驻伊尔库茨克领事魏渤报告，当地有华工20多万人，"各该处华工每日仅食面

三四华两"①。在远东地区的其他地方，类似的情况也普遍存在，有的甚至更为严重。在此期间，北洋政府曾就华工问题与高尔察克政府进行交涉，希望其能够组织运送滞留华工返回中国。然而，鄂木斯克当局根本没有掌控当地局势的能力和解决问题的诚意，更不会有针对华工的具体救济措施。当时，高尔察克政府关心的是如何搜刮掠夺人民，如何增加财政收入，以维持其反革命活动所需的庞大军事开支。为此，在其统治的 14 个月中，高尔察克政府出台了一系列的反动政策。这些政策使包括华侨在内的广大人民处境更为艰难。以其经济政策为例：高尔察克政权坚持军事至上，无视经济发展的客观规律，对地区经济发展和人民生活漠不关心，在经济政策上的"作为"就是发行货币，通过所谓的货币改革，人为地制造通货膨胀，掠夺社会财富。1918 年，在远东地区流通的货币多达数十种，有罗曼诺夫王朝纸币、克伦斯基政府纸币、日元（包括日本军票）、苏维埃政府纸币，还有一些商会和银行发行的纸币。为争取流通领域的控制权，高尔察克政府从 1919 年 1 月 1 日开始发行新钞票，发行数额一年之内就达到 150 亿卢布。这些被称为"西比尔克"的纸币，不仅印制质量低劣，而且没有相应的黄金储备支撑，在市场上的公信度很差，购买能力远不如克伦斯基政府纸币。面对这种窘境，高尔察克政府不是从自身查找原因，而是采用高压手段，强制推行西比尔克。导致的恶果就是极度的通货膨胀，普通工人和农民的生活进一步恶化。与此同时，高尔察克政府还通过增加商品专卖种类和普通税收比例，对人民进行强取豪夺。糖、盐、烈酒等重要生活必需品都被纳入政府专卖的行列，一般商品的征税比例则提高了数倍，甚至十倍以上，如茶和伏特加酒的税一年间上涨了 1 000%，火柴和酵母上涨了 400%。② 货币大幅贬值、税收肆意提高，使主要从事零售业的中国商人损失惨重，不少原本殷实的华侨因此而破产。

不仅如此，俄国远东地区的华侨还要忍受反动势力施加的各种额外负担。如白俄当局不断借助换领"居留票"的机会，大肆敲诈广大华侨。"居留票"是外国人在俄国远东地区长期居留的一种许可证，俄国方面对"居留票"查验十分严厉，无票和票证过期的华侨经常会遭到罚款、驱逐，甚至拘捕。1918 年，符拉迪沃斯托克当局突然对华侨停止发放"居留票"，③ 到期即不再续票。很多华侨因此成为非法居留者，随时都有被驱逐、拘捕的危险。为了继续在俄境内生存，广大华侨不得不任由当局敲诈勒索。实际上，华侨对远东地区的社会发展有

---

① 《中俄关系史料·俄政变与一般交涉》（一），台湾"中央研究院"近代史研究所，1984 年，第 351 页。

② 黄秋迪：《苏俄国内战争时期高尔察克反动政府的货币政策》，《西伯利亚研究》2005 年第 6 期。

③ "俄吏与华韩通事勾串勒索，滥罚分肥，违者挨打，不与续票。"《中俄关系史料·出兵西伯利亚》，台湾"中央研究院"近代史研究所，1984 年，第 149 页。

着不可或缺的作用，俄国人对此认识非常清楚，他们只是通过"居留票"搜刮钱财，并不想真正把华侨驱逐出远东地区。"俄官……因华侨去，市停工辍，立受窘困，故不欲。"① 还有一个原因，就是华侨在远东地区积累了巨额财富，② 一旦全部撤出，将会使当地本已濒临崩溃的经济雪上加霜。为此，俄方当局明令禁止侨民携带 500 卢布以上的现金出境，一旦查获，即行没收。③ 远东地区各方势力经常依据这项禁令，沿途设卡，搜查、洗劫华侨。1919 年 1 月 1 日，谢米诺夫军队扣押华商 70 多人，一次就劫走现金 665 万多卢布。虽然经过中国官员多方交涉，人员得以释放，但钱款却拒不退还。

随着远东地区局势的不断恶化，华侨的财产损失日益惨重，最为严重的是生命安全也无法保障。据阿穆尔省华侨总会报告："俄乱蔓延，地方险象环生，数十万侨民生命日居釜底，千百万财产形若垒卵……财产任便处置，生命随意蹂躏。"④ 关于华侨遭受凌虐、被害的消息不绝于耳。"抢劫、暗杀、恶诈、陷害日有数起。旅俄华人不得聊生。"苏俄红军从 1919 年 5 月开始在东线发动反攻后，高尔察克的反革命军队伤亡惨重。为解决兵源不足的问题，白俄当局在阿穆尔地区强行征兵，18~50 岁的健康男性都在征集之列，一些华侨也被强制入伍，成为俄国内战的牺牲品。白俄统治远东地区的后期，屡次以军事需要为名，扣押华侨的货物，冻结华侨存款，向华侨征收重税，或者诬陷华侨私通布尔什维克，肆意迫害。这一时期，华侨如果返回祖国，财物均不准运出俄境。谢米诺夫在赤塔发布命令，萨贝加尔省各城镇严禁华侨居住，停留不能超过三天，否则监禁三个月，或者罚款 3 000 卢布，而且还要被驱逐出境。这项禁令导致很多华侨有家难归，房屋财产形同没收。更为恶劣的是，谢米诺夫还纵容所部军警公开对华侨实施抢劫，与土匪无异。⑤

除了白俄反动势力的残暴统治外，远东地区的华侨还要不断遭受来自外国武装势力的迫害，其中为害最深的是日本军队。苏俄政权宣布退出帝国主义世界大战之后，日、美、英等国联合出兵对苏俄革命进行武装干涉，日本是侵略军的急

---

① 《中俄关系史料·出兵西伯利亚》，台湾"中央研究院"近代史研究所，1984 年，第 66 页。

② 据中国驻符拉迪沃斯托克总领事邵恒浚汇报："现查崴埠一隅，侨商事业，除存款不计外，其存货所值，已逾四千五百余万，双城子不足二百家，亦有一千八百余万。其他如伯利、驿马河、三道河子等处，尚未据报，想亦为数甚钜。"《中俄关系史料·出兵西伯利亚》，台湾"中央研究院"近代史研究所，1984 年，第 49 页。

③ 此项规定表面上对所有民众，包括各国侨民都有约束力，实际执行中仅针对中国人，俄国人、日本人、朝鲜人等均不受此限制。

④ 《中俄关系史料·出兵西伯利亚》，台湾"中央研究院"近代史研究所，1984 年，第 510 页。

⑤ 《中俄关系史料·出兵西伯利亚》，台湾"中央研究院"近代史研究所，1984 年，第 552、633、663、671、672、679 页。

先锋。1918 年 1 月，就有日军军舰驶抵符拉迪沃斯托克。此后，日军源源不断侵入俄国远东地区。日本虽与中国北洋政府有"共同防敌"的协定，但对俄境内的华侨却屡加迫害。如 1918 年冬，伊尔库茨克百货匮乏、物价奇高，日军运去的货物只卖给俄国人，不卖给华侨，致使城内四千多名华商和华工生活陷入绝境；1919 年 7 月，阿穆尔州的华侨代表向中国驻俄公使刘镜人反映，日军经常诬陷华侨私通布尔什维克，逮捕后任意处分，造成很多冤情；同年 10 月，日军在漠河对岸的依格那什搜捕苏俄游击队，一无所获，竟枪杀四名无辜华侨泄愤；11 月，日军进驻黑河对岸的布拉戈维申斯克之后，在城中以缉拿乱党为名，随意拘捕华侨，抢劫华商物资。① 迫害华侨的类似事件，不胜枚举。

三、旅俄华侨的多元性反应

1917 年发生在欧俄的两次革命，彻底改变了远东地区华侨的生存状态。在革命后的阵痛期，俄国远东地区政局动荡、社会秩序紊乱、经济濒临崩溃，广大华侨处境艰辛。对于俄国革命，他们心态各异，反应不一。

俄国发生革命后，虽然新旧社会制度更替造成的动荡给广大华侨带来沉重的苦难，却使生活在社会最底层的华侨看到了翻身解放的希望。苏维埃政权建立伊始即颁布和平法令，呼吁各国停止战争，实现不割地不赔款的和平。随后又宣布放弃沙皇政府过去攫取的各种权力，包括放弃沙皇政府在满洲夺取的一切特权，恢复中国对中东铁路沿线地区的主权，放弃俄国公民在中国的地产权，放弃旧俄政府以种种借口强加于中国的赔款，等等。在对华侨政策上，苏俄政府强调"绝不能把华侨和东方其他国家的旅俄侨民视为资产阶级，他们对本国卖国政府的政策，不负哪怕一丝一毫的责任"，要求各级苏维埃把华侨看作"东方的天然同盟者"，吸收他们共同参加反对帝国主义的斗争；大力支持旅俄华侨成立革命性组织，组建华人红军队伍；对自愿返回祖国的华侨，尽可能地向他们提供帮助；在解放区给华侨以平等待遇，取消华侨携币出境限制，革除华侨过境印花税和居留票等弊政，保护华侨在俄财产货物不受侵犯；特许华侨在阿穆尔地区享有一定限度的治外法权，允许侨会拥有枪支。②

在苏俄政策的感召下，部分底层华侨勇敢地同苏俄革命者站在一起，成为俄

---

① 《中俄关系史料·出兵西伯利亚》，台湾"中央研究院"近代史研究所，1984 年，第 406、532、570、633 页。

② 外交人民委员部致全俄特别委员会、各级工农兵苏维埃和地方特别委员会的信；苏俄阿穆尔当局致中国黑河道尹施绍常照会；海参崴临时政府宣布给华侨以平等待遇。薛衔天、李嘉谷等：《中苏国家关系史资料汇编（1917—1924 年）》，中国社会科学出版社，1993 年，第 629 - 633 页。

国社会主义革命和国家统一的拥护者和参与者。据有关研究，在苏俄国内战争期间，在红军中至少有3个华人团，5个华人营，7个华人连，共5万余人。[①] 从欧俄到远东，都有华人红军的身影，如乌拉尔地区任辅臣领导的"红鹰团"、伏尔加河流域包其三领导的华人营、彼得格勒华人国际支队、北高加索的中国赤卫队、伊尔库茨克的中国和朝鲜同志教导营等。不过，这些仅是成建制的华人队伍，还有大量的华人游击队和零散分布的华人士兵无法完全统计。其中，远东地区从1918年开始就有华侨组成的游击队活跃着。远东地区的游击队数量多，活动范围广，打击的对象主要是谢米诺夫、高尔察克等白俄反动势力和日、美等外国干涉者。这些游击队规模不等，少者几十人，多者几百人，最多的达到数千人。陈柏川领导的"老头游击队"活跃在阿穆尔河沿岸和后贝加尔地区，高峰期近600人。王银宗领导的矿工游击队有400多人，李福领导的游击队有800多人，佟罗领导的游击队有500多人，古马辰领导的游击队有200多人，等等。远东地区最为著名的华人游击队是辛季武领导的游击队。这支队伍多达3 300人，下设4个团，有步枪1 500支，主要活动在乌苏里江沿岸，从哈巴罗夫斯克到符拉迪沃斯托克的广大地区都是他们打击白俄武装和外国干涉军的战场。有人统计，截至1919年5月，阿穆尔地区的华人游击队歼灭的白匪军和日军就有17 600多人。[②] 在俄国远东地区的解放过程中，华人游击队发挥了重要的作用。据哈尔滨联络员张天骥向北洋政府督办参战事务处汇报，在与谢米诺夫的一次大战中，红军"约万五千名，内有多数华人"，满洲里附近的华人游击队"二十、三十成群冒充华工，沿额尔古纳河北上投入激党，并供给激党武器"，[③] 使红军实力剧增。另据黑龙江督军孙烈臣向北京报告，在东进的苏俄军队中，先遣的华人游击队和红军约有三万人，白俄统治区还有大量尚未查明的"归附激党之华工"[④]。

1920年3月，布拉戈维申斯克解放后，远东地区的华人游击队大部分都被改组为正式红军。4月，远东共和国成立后，这些华侨红军队伍又被编入共和国人民革命军的建制。苏俄在远东地区的军事胜利，使华侨参加红军的热情更为高涨，据人民革命军外国分部报告："中国同志的大多数人表示热烈希望参加红军，到任何一个前线去作战。最热烈希望同日本人作战……伊尔库茨克的同志们对实

① 刘志青：《华侨与苏俄国内战争》，《军事历史》1992年第2期。

② 李永昌：《苏联十月革命和国内战争时期的旅俄华人组织及其活动》，《社会科学辑刊》1985年第3期。

③ 薛衔天、李嘉谷等：《中苏国家关系史资料汇编（1917—1924年）》，中国社会科学出版社，1993年，第24页。

④ 薛衔天、李嘉谷等：《中苏国家关系史资料汇编（1917—1924年）》，中国社会科学出版社，1993年，第26页。

现他们从中国和朝鲜同志中建立红军东方军的愿望已等不及了。愿意报名参加红军的人太多了，以致不得不劝阻那些没有得到批准和允许的人报名和注册。"在此之前，华侨参加红军，与苏俄人民并肩打击白俄和外国反动势力，就已经引起了各帝国主义政府的高度重视。在凡尔赛和会上，协约国代表纷纷向中国代表团施加压力。为此，中国代表团团长、外交总长陆征祥致函旅俄华工联合会主席刘绍周（刘泽荣），要求其对旅俄华侨施加影响，禁止华侨参加苏俄红军。但是，这一企图遭到了华人红军战士的集体抵制。1919 年 11 月 25 日，在莫斯科召开的华人红军战士大会通过决议，向全世界郑重声明："协约国及其仆从对于在俄国和西伯利亚自愿建立华人国际支队进行诋毁的一切企图均属徒劳……俄国华人国际支队是由华人自己发起，依靠自己的力量组建的，它有华人自愿者自己选出的指挥人员。高尔察克、尤登尼奇、邓尼金的军队经协约国默许对华人进行的任何诋谤、任何威胁和迫害都吓不倒为使被压迫民族摆脱资本家统治而浴血奋战的华人……华人国际支队号召本队全体战友为无产者战胜资产者，为全世界革命胜利更加积极地建立一支支新的队伍。"[1]

在长期的革命实践中，很多华侨接受马克思主义理论，加入布尔什维克党，在红军和游击队中还成立了华侨布尔什维克党组织。远东地区的伊尔库茨克、布拉戈维申斯克、上乌丁斯克、哈巴罗夫斯克等地也都建立了华侨党支部或党的分支机构。这些华侨党组织都"加入俄共（布）地方组织并成为其不可分离的部分"[2]。华侨党员和党组织不仅在武装斗争中发挥领导作用，而且还在贫苦华侨中传播革命思想，为新生的苏维埃政权争取更广泛的群众基础。1920 年 5 月，华侨布尔什维克党员创办的旬刊《共产主义之星》在阿穆尔地区发行。此后短短半年时间，这个地区的华侨党员就向民众散发了 58 000 份旬刊。[3] 国内战争期间，华侨党员和党组织发动的华侨革命群众达 20 万人之多。[4]

除了直接参加军事斗争以外，华侨还以各种方式支持布尔什维克领导的社会主义革命和国内战争，如帮助红军和游击队运送物资、救护伤员，向其提供力所能及的物资援助等。远东地区华侨为苏俄政权战胜白俄反动势力和外国干涉军作

---

① 薛衔天、李嘉谷等：《中苏国家关系史资料汇编（1917—1924 年）》，中国社会科学出版社，1993 年，第 14 – 26 页。

② 薛衔天、李嘉谷等：《中苏国家关系史资料汇编（1917—1924 年）》，中国社会科学出版社，1993 年，第 26 页。

③ 李玉贞：《十月革命前后的旅俄华人组织及其活动》，《吉林大学社会科学学报》1981 年第 5 期。

④ "尽管我们在阿穆尔原始森林中备受苦难，但我们仍然组织起二十万中国人，他们意识到了自己的阶级利益，同我们步调一致地建立社会主义制度。从哈巴罗夫斯克到库页岛，全部阿穆尔边区解放了，苏维埃政权恢复了。"薛衔天、李嘉谷等：《中苏国家关系史资料汇编（1917—1924 年）》，中国社会科学出版社，1993 年，第 24 页。

出了不可磨灭的贡献。

对大多数的华侨而言，他们背井离乡来到俄国的主要目的就是改变生存环境，寻求更好的发展。凭借自己的勤劳和智慧，很多人都有所收获，或者说小有成就，一些人还积累了数额颇巨的财富。尽管沙俄政府视华侨为低等人种，对华侨百般欺凌、压迫，但其国内政局平稳、社会安定，华侨的生命财产尚有所保障。十月革命后，苏俄政权在相当长的一段时间内都没能在远东地区建立有效的统治。俄国远东地区先后出现杰尔别尔、霍尔瓦特、沃洛戈茨基、高尔察克等反动政府和谢米诺夫、加莫夫、卡尔梅科夫等匪军、捷克叛乱军团，以及日、英、美、法、意等国的干涉军。这一地区原有的正常社会秩序遭到严重破坏，陷入极度的混乱状态。受其影响，广大华侨财产损失惨重，人身安全难以得到保障，处境日益艰难。在这种情况下，普通华侨，尤其是拥有一定资产的中上层华侨最关心的莫过于自己的切身利益，只要能够为民众带来和平与安定，谁掌握政权并不重要。在苏俄早期，普通华侨与远东地区的多数民众一样，接受的革命宣传较少，思想觉悟不高，对于社会主义革命和苏俄政权也缺乏了解，视其"如大祸之将至"。面对纷乱的局势，普通华侨既难以自保，又无望得到俄方的保障，恐惧之下只有求助于祖国的政府，一方面向北洋政府驻俄国各地的领事机构反映情况，另一方面由侨团、商会直接向北京中央政府求援。1917 年 11 月，十月革命的消息一传到远东地区，北洋政府驻符拉迪沃斯托克总领馆就有"华侨群来面商安全办法"。12 月，当地的中华总商会专门致函北京方面，请求政府派军舰前来保商护侨。① 此后，海参崴中华总商会、黑河江北（布拉戈维申斯克）旅俄华侨

① 《中俄关系史料·出兵西伯利亚》，台湾"中央研究院"近代史研究所，1984 年，第 1 - 3 页。

会、伯力中华总商会、阿穆尔省华侨总会等商会、侨会又陆续多次致电请兵护侨。[①] 1918年5月，远东地区的局势更为恶化，华侨被抢、被害的事件屡屡发生，[②] 为使北洋政府能够早日派兵，伊尔库茨克的华侨主动表示愿意腾出自己的房舍，无偿提供给中国军队使用。在向总领馆和中央政府请求保护的同时，华侨还就近向东北地方当局（主要是东三省巡阅使张作霖和黑龙江督军孙烈臣）求助，"商民呼吁乞援之电，日必数至"，黑河商会的代表甚至住在沈阳，不断促请奉军出境护侨。[③]

俄国远东地区的旅俄华侨达数十万之众，分布在当地社会的各个阶层，人员素质良莠不齐。如许多俄国民众一样，一些华侨也加入了霍尔瓦特、谢米诺夫、高尔察克等领导的白俄军队，甚至成为打家劫舍的"胡匪"[④]。将他们详细区分，大致可以归为以下四类：一是自愿应招的华人雇佣军。十月革命后，霍尔瓦特、高尔察克等沙皇政府和资产阶级临时政府时期的反动人物为了达到各自的政治目的，相继在俄国远东地区和中国东北招募军队，扩充实力。俄国远东地区的一些华侨或迫于生计，或善恶不分、唯利是图，或别有所图，纷纷应召入伍，成为白俄雇佣军。据

---

①　1917年12月海参崴中华总商会致陆是元总领事函；1918年3月11日黑河江北旅俄华侨会致大总统、国务总理、外交总长电；8月9日伯力中华总商会致大总统、国务总理、外交总长、陆军总长电；1919年5月29日阿穆尔华侨总会致大总统、国务院、外交部电；6月5日、6月29日、7月8日、10月25日、12月16日，阿穆尔华侨总会又多次致电北京方面，陈述华侨的险恶处境，请求北洋政府出兵护侨。在6月5日的电文中，代理会长宋云桐列举了出兵的六大必要理由："阿穆尔省幅员辽阔，华侨无地不有。近年俄乱蔓延，结果无期，数十万华侨，千百万财产，无人保障，一旦有事，任人处置，势成无主之民。华人动作不惟受人监视，甚且任便蹂躏。此其应速派兵一要也。现在国际联盟待遇即应平等。查阿穆尔俄人待遇各国人民，皆得享其自由，独对华侨，比前尤苛。如限制纸币五百元出口，渡口解衣检验，第三国亦派兵在江口帮同监视。华侨一入其境，即须受其制裁，随便罚科，任意监狱，人道攸关，公理何存。此其应速派兵二要也。华侨总会为社会机关，遇事四面掣肘。强权之下，安有公理。发生一事，纵即理由十分充足，有谁能认我为正式交涉。中国驻外领事，皆距弯远千里，请命缓不济急。虽临近有瑷珲交涉员，国界关系，权限不能行使于国外，与侨民毫无补救。多数生灵，日处釜底。此其应速派兵三要也。自山东问题发生，暨戊通公司船事与航权争持，愈惹第三国动心，对于侨民咸生恶感，国权所在，机不可失。此其应速派兵四要也。俄国纸币紊乱达于极点，商战将来我必失败，即不能不于经济上先事着手。查中国财政虽属困难，对于俄国尚有绰裕。第三国已藉军用票行使问题遍设银行，发展国外经济，我既加入联盟，正可仿照办理。此其应速派兵五要也。既属国际联盟，权利自应平等。阿穆尔省第三国兵力虽厚，而侨民比我不及百分之一，且已设有领事。我也应即仿办，保护侨民生命财产。况现值俄边多故，险象环生，阿省驻兵于侨民、于国际，有百益而无一害。此其应速派兵六要也。"参见《中俄关系史料·出兵西伯利亚》，台湾"中央研究院"近代史研究所，1984年，第9、33、242、500、510、511、515、535、574、663页。

②　如1918年5月14日外交部接到邵恒浚总领事报告："华民又被俄匪惨害九人"；5月22日再次接到邵恒浚报告："华商被抢，遇害者又有数人……华民被韩人逼逐，被俄人枪击，被俄人诬诈，被通事敲诈，被房主驱逐……均来叫器不已"；1919年7月25日接到刘镜人公使报告：两名华侨被白俄警察无理枪击，一死一伤。参见《中俄关系史料·出兵西伯利亚》，台湾"中央研究院"近代史研究所，1984年，第138、149、536页。

③　《中俄关系史料·出兵西伯利亚》，台湾"中央研究院"近代史研究所，1984年，第681页。

④　东北地区对土匪的称呼，又称"胡子"。

邵恒浚总领事 1918 年 6 月向外交部报告，在与苏俄红军交战的谢米诺夫军队中"有华人数千为助"。另据傅仰贤金事 1918 年 8 月向外交部提交的《赴海参崴调查报告》称："谢米诺夫、阿尔罗夫（即加莫夫）、阔尔麻廓夫（即卡尔梅科夫）等，均系雇募华人，充当兵役（由哈尔滨至海参崴沿铁路一带华人充当俄兵者触目皆是，地方官无力阻禁）。"① 在中东铁路的运输记录中，也经常可以看到来往华人白军的记载，谢米诺夫、霍尔瓦特进出中国国境也都有华人士兵随行。② 二是被强征入伍的华人白军。华侨虽不是俄国公民，但在远东的白俄统治区内却要和俄国民众一样承担各种差役。如 1919 年 8 月阿穆尔省当局按照高尔察克政府的命令在当地征召新兵，"凡男丁自十八岁至五十岁，均行征集，并禁止出境旅行，以防规避"③，有些在此居住的华侨也被强制入伍服役。三是土匪。在俄国远东地区局势动荡之际，地方治安管理机构近乎瘫痪，华侨中的一些恶徒趁火打劫，与俄国的"胡匪"同流合污，杀人越货、绑票勒索，无恶不作，给中俄两国民众造成了严重的伤害。邵恒浚总领事也不得不对外承认："华侨胡匪实繁有徒……凶焰日张，华洋均受其扰。"1918 年 5 月，符拉迪沃斯托克、毛口崴、蒙古街一带的华俄"胡匪"暗中勾结，图谋抢劫乌苏里斯克、符拉迪沃斯托克的华俄富商，在这一带民众间引起了极大的恐慌。四是在白俄政府和其他机构服务的为虎作伥者，如华人"通事""坐办"等。这些人仰仗白俄反动势力，以鱼肉同胞为能事，见白俄主子则摇尾乞怜，对普通华侨则敲诈勒索，"为虎作伥，毒害之烈，内地所无"④。

尽管上述这些人在全体远东地区华侨中只占了很小一部分，但是他们却给这里的华侨带来了深重的苦难。如西伯利亚华侨联合会曾向中国驻符拉迪沃斯托克总领馆反映，谢米诺夫在满洲里、赤塔一带招募了很多华人士兵，这些人不顾手足之情、乡里之义，"仗势抢掠，残告同胞"，使广大华侨苦不堪言；另据吉林督军孟恩远 1919 年 4 月报告，在符拉迪沃斯托克东北的苏子河、倭雷干等地，约 500 名霍尔瓦特的华人雇佣军，"见俄人则指为过激派而枪杀之"，造成当地的华俄矛盾急剧激化，俄国民众视华人为仇敌，普通华侨不敢在当地立足，纷纷停

---

① 《中俄关系史料·出兵西伯利亚》，台湾"中央研究院"近代史研究所，1984 年，第 186、258 页。

② 如东省铁路公司督办郭宗熙向北京密报的"外军经过中东路线数目单"记载："（民国八年三月）二十八日由哈赴崴……俄霍将军一员，随员十四员，兵十二名，华、俄兵十四名"；同年四月"二十九日由满到哈俄将军谢米诺夫一员，兵一百五十名，华、俄兵二十五名，停驻老票房前"；五月"七日由崴到哈俄军将谢米诺夫一员，兵一百四十名，华、俄兵四十名"；"十日由满到哈俄军官四员，兵一百名，华、俄兵四十名。十一日由满到哈俄军官二员，兵十四名，华、俄兵四十名"。《中俄关系史料·出兵西伯利亚》，台湾"中央研究院"近代史研究所，1984 年，第 538－542 页。

③ 《中俄关系史料·出兵西伯利亚》，台湾"中央研究院"近代史研究所，1984 年，第 552 页。

④ 《中俄关系史料·出兵西伯利亚》，台湾"中央研究院"近代史研究所，1984 年，第 46、148、187、188、197 页。

业逃难，损失惨重。[①]

第三节　北洋政府出兵救助难侨政策的形成

一、十月革命前后的东北亚局势

明代和清代前期，东北亚一直维持着一种简单而稳定的国际关系，即以中国为中心，朝鲜、日本为藩属国或朝贡国的"华夷秩序"。16—17世纪，沙俄势力侵入远东后，东北亚的国际关系由此加入了俄国元素。1840年鸦片战争爆发，西方列强蜂拥而至，传统的华夷秩序开始瓦解，东北亚逐渐成为列强殖民扩张的竞技场。在这个过程中，由于国家实力的不均衡和利益要求不同，列强之间的矛盾变得日益尖锐，其中尤为突出的是英俄矛盾。1861年的对马岛事件使双方矛盾完全公开化。该事件后，俄国暂时由战略进攻转为战略保守，在东北亚的扩张态势有所收敛。19世纪70—90年代，通过明治维新实现富国强兵的日本很快走上扩张之路，继发动侵略朝鲜、中国的战争之后，又联合英国同俄国争夺远东地区的霸权。东北亚的国际关系中，中日矛盾遂成为中国与列强之间最为激烈的矛盾，日俄矛盾则取代英俄矛盾上升为列强内部的主要矛盾。

1904年，日俄矛盾最终以帝国主义战争的形式表现出来。战争期间，英美表面上宣布中立，实际上却大力支持日本。1905年9月，在美国的调停下，日俄签订了《朴茨茅斯和约》。然而，日俄战争后，日本并没有如美国预期的那样在中国东北南部实行"门户开放"，而是极力地将之据为己有。不仅如此，日本还通过《日法协定》《日俄协定》《日俄密约》和《第二次英日同盟条约》，在对华事务中组成一个日、英、法、俄四国相互合作、相互牵制的利益共同体，把美国孤立在外。东北亚的国际局势因此出现了一些较大的变化：一是朝鲜半岛由俄、日"共同管理"转变为日本单独控制；二是中国东北由俄国独霸转变为日、俄南北分治；三是列强内部的主要矛盾由日俄矛盾转化为日美矛盾，斗争的格局由日英同盟制俄转变为日俄勾结侵华排美。

[①] 《中俄关系史料·出兵西伯利亚》，台湾"中央研究院"近代史研究所，1984年，第495－497页。

这一阶段，美国先后推出的哈里曼环球铁路计划①、新法铁路计划与东三省币制改革计划、锦瑷铁路计划和满洲铁路中立化计划（也称"诺克斯计划"）②以及四国银行团借款计划③都因为日、俄从中作梗而夭折。1917年4月，美国加入第一次世界大战后，在远东的对日竞争中更显得力不从心，不得不作出一些让步。11月，美日签订《兰辛—石井协定》，在协定中美国承认了日本对中国拥有"特殊利益"。美国试图通过牺牲中国的利益，缓和与日本的矛盾。从实际效果来看，美国的目的并没有实现。十月革命后，日本趁机大肆向"北满"④和俄国远东地区扩张，不仅导致日美矛盾再度激化，而且东北亚相关国家之间的关系也因此发生了根本性的变化。

十月革命后，作为帝国主义列强的俄国不复存在，东北亚的国际关系出现了一些重大变化：一是通过三次《日俄协定》和四次《日俄密约》建立起来的日俄战略同盟随之烟消云散，俄国由日本的盟友转变为日本的侵略对象；二是俄中关系由侵略与被侵略的关系转为平等的国家关系，鉴于苏俄政权坚持和平外交政策，中国得以部分摆脱沙俄时代不平等条约的约束；三是日、俄、美关系由日俄勾结共同排斥美国转为日美既有联合又有对抗，即日美基于共同利益联合出兵俄国远东、武装干涉苏俄革命，同时又为了各自国家利益明争暗斗、激烈对抗；四是中日关系出现了新情况，日本加大了侵略中国的力度，试图攫取沙俄留下的侵略遗产，独吞原来分属于日俄两国势力范围的中国东北。

与此同时，十月革命引发的协约国联合出兵俄国远东，也为中国救助旅俄难侨创造了条件。中国得以一改自鸦片战争以来形成的落后挨打局面，首次以"平等"的身份参与重大国际事务。

---

① 即先向日本收购南满铁路，然后向俄国购买中东铁路，再进一步取得西伯利亚大铁路的使用权，最终借助轮船航运与美国的铁路系统连接起来，实现全球铁路运输贯通。1905年10月，哈里曼曾与日本首相桂太郎就收购南满铁路一事达成初步备忘录，但最后因为遭到日本政府其他内阁成员的反对而归于无效。

② 该计划有两个方案，其一是由美、英、日、俄等国贷款给清政府，帮助其赎回东三省的所有铁路，然后在贷款方的联合监管下经营；其二是先由美、英等国投资修筑锦瑷铁路，然后贷款给清政府，再由清政府用这些贷款赎回该铁路，依此类推逐步实现东北地区全部铁路的"中立化"。

③ 日、俄先是发出照会，极力反对四国银行团借款，其后又不断向英、法施加压力。1912年，四国银行团不得不接受日、俄加入，组成六国银行团。在两国银行团中，日、俄借助英、法的力量，屡屡与美国作对，使美国日渐处于劣势。1913年3月，美国新总统威尔逊发表《美国对华政策声明》，很快退出六国银行团。美国利用银行团借款计划压制日、俄的企图遂彻底失败。

④ 1907年7月的第一次《日俄密约》，"从俄韩边界西北端起划一直线至珲春，从珲春划一直线到毕尔滕湖（即镜泊湖）之极北端，再由此划一直线至秀水甸子，由此沿松花江至嫩江口止，再沿嫩江上溯到嫩江与洮儿河交流之点，再由此点起沿洮儿河至此河横过东经一百二十二度止"，将中国东北划分为"南满"和"北满"，分别归为日本和俄国的势力范围。褚德新、梁德主编：《中外约章汇要（1689—1949）》，黑龙江人民出版社，1991年，第390页。

二、列强出兵西伯利亚政策的形成

二月革命后，俄国出现了资产阶级临时政府和工农兵代表苏维埃两个政权并存的局面。1917 年 11 月 7 日，以列宁为首的布尔什维克领导彼得格勒的工人和士兵发动武装起义，推翻了克伦斯基领导的资产阶级临时政府，建立了苏维埃政权。革命成功以后，苏俄政府废弃了帝俄政府和临时政府的外交方针，实行新的和平外交政策。11 月 8 日，第二次全俄工兵苏维埃代表大会首先通过列宁起草的《和平法令》，向一切交战国政府和人民呼吁立即缔结停战协定，实现"不割地（即不侵占别国领土，不强迫合并别的民族）不赔款的和平"，并宣布"废除秘密外交，决意在全体人民面前完全公开地进行一切谈判"。[1] 12 月 3 日，苏俄政府发表《致俄国与东方全体穆斯林和劳动人民书》，宣布"废除由被推翻的沙皇所签订的，由克伦斯基政府批准的侵夺君士坦丁堡的密约"和"瓜分波斯的条约"，实行民族自由和宗教自由。[2] 12 月 6 日，苏俄外交人民委员部正式发表《关于公布秘密外交文件的声明》。在一个多月的时间里，先后公布了 100 多份秘密外交文件，其中包括第四次《日俄密约》。1918 年 1 月 25 日，全俄苏维埃第三次代表大会通过《被剥削劳动人民权利宣言》，再次号召废除密约，实现停战，缔结以民族自决为基础的不兼并、不赔款的民主和约。3 月 3 日，苏俄与德国及其同盟国签订《布列斯特—立托夫斯克和约》，退出了第一次世界大战。为了避免协约国的武装干涉，从 1917 年 12 月开始，苏俄政府先后通过不同渠道向日本提出建立正常国家关系的建议，甚至表示：如果日本不参与出兵，苏俄愿意向日本提供远东地区的一些利权，如萨哈林岛和滨海州的煤炭、石油开采权等。尽管苏俄政府积极推动和平外交政策，并在国家利权上作出了很大的让步，但并没能够阻止帝国主义列强武装干涉的步伐。英、法、日、美等协约国成员先后出台政策，从东西两线进兵苏俄。

英、法两国是武装干涉苏俄的倡导者和推动者，也是联合干涉的重要参与者。英、法之所以如此敌视苏俄政权，原因主要有以下几点：一是意识形态对立。十月革命胜利后，苏俄政府通过《和平法令》《被剥削劳动人民权利宣言》等一系列文件，提出废除密约，实现不割地不赔款的和平、民族自决等主张。苏俄的这些主张和宣传极大地鼓舞了世界人民，特别是殖民地半殖民地人民的革命

---

① 中共中央编译局：《列宁选集》（第 3 卷），人民出版社，1972 年，第 355 页。
② 薛衔天、李嘉谷等：《中苏国家关系史资料汇编（1917—1924 年）》，中国社会科学出版社，1993年，第 3 - 4 页。

斗争。而英、法在世界各地拥有众多的殖民地，其中英国更是当时世界上最大的殖民帝国，以苏俄为策源地的世界革命运动直接威胁到英、法的殖民统治。此外，苏俄政权提出的废除土地私有制，对工厂、矿山、银行、铁路、森林等实行国有化的政策措施，与资本主义制度格格不入，这也是英、法等帝国主义国家难以容忍的。二是利益驱使。俄国是帝国主义链条上最薄弱的环节，经济能力十分虚弱。十月革命前，帝俄政府和临时政府所欠外债高达 160 亿卢布，其中长期债务超过 70 亿卢布。英、法两国是俄国的主要债权国，仅英国的贷款就高达 6 亿英镑。[①] 为彻底摆脱外国资本主义的控制和盘剥，苏俄政府宣布"废除沙皇、地主和资产阶级政府订借的一切债务"，英、法对此反应强烈。三是战争的需要。《布列斯特—立托夫斯克和约》签订以后，苏俄退出了帝国主义战争，德奥联军得到了喘息的机会，开始把部署在东线的兵力大量调往西线。1918 年 3—7 月，德军集合东西两线的兵力对英、法联军发动五次大规模的攻势。在 5 月底发动的第三次攻势中，德军成功突破法军的防线，一直进逼到巴黎的近郊地区。尽管英、法联军得到了美军的及时援助，但仍然损失惨重。为此，英、法急切希望通过武装干涉，迫使俄国再次投入战争，重建东线，缓解西线的压力。另外，英、法还担心苏俄与德国勾连在一起，甚至被德国控制。当时，在苏俄境内储存有大批的军用物资，仅符拉迪沃斯托克就有 64.8 万吨的军用储备，其中"包括 13.6 万吨铁路物资，6 万吨硝酸钠，1.5 万吨炸药，5.8 万吨铁丝，7 万吨炮弹，4.3 万吨磷酸盐，2.7 万吨金属材料，以及 7.8 万吨茶叶、大米、棉花和橡胶"[②]。一旦苏俄夺取这些物资并将其卖给德国人，对协约国来说其后果将不堪设想。

正是出于上述这些考虑，英、法两国都极力主张协约国对苏俄进行武装干涉：一方面派遣军队直接对苏俄进行威胁和攻击；另一方面采用怂恿、游说等手段促使日美等国参与联合干涉行动。早在 1917 年 11 月 23 日，英、法就达成了"关于南俄行动问题的协定"，将高加索、亚美尼亚、格鲁吉亚等地划为英国的势力范围，将乌克兰、克里米亚等地划入法国的势力范围。当然，完全依靠双方的实力，实现该协定的计划尚有很大的难度，英、法不得不考虑借助日、美等国的力量。12 月 3 日，法国代表福熙将军在协约国最高军事会议上首先提议，由日、美两国出兵占领西伯利亚大铁路。12 月 7 日，英国战时内阁会议也通过一个计划，即由日本和美国联合出兵符拉迪沃斯托克，一方面守护协约国储存在这里的军用物资，确保其不落入德国人的手中；另一方面控制西伯利亚大铁路，打

---

① 胡才珍：《浅议英国武装干涉苏俄的原因》，《武汉大学学报》1986 年第 4 期。
② 唐纳德·E. 戴维斯、尤金·P. 特兰尼著，徐以骅等译：《第一次冷战——伍德罗·威尔逊对美苏关系的遗产》，北京大学出版社，2007 年，第 111 页。

开一条从远东直通南俄的陆上通道。同时，派遣一支英军赶赴摩尔曼斯克，既能够保护存放在当地的军火，又可以作为必要时大规模出兵的先头部队。英国战时内阁在讨论这个计划的时候，就日本出兵的问题也曾犹疑。英国担心日本在占领东西伯利亚后停滞不前，拒绝按照英国的计划继续向乌拉尔山以西挺进，以打通与南俄的交通线。但是，英国最后还是决定不惜冒险一试。

1918 年 2 月 9 日，乌克兰拉达政府在苏俄之前与德奥签订了停战协定。随后，德国 45 万大军进驻乌克兰。这不仅使英、法瓜分南俄的计划在一定程度上落空，而且也增加了两国武装干涉苏俄的紧迫感。两国根据乌克兰的局势推断，如果俄、德媾和谈判成功，苏俄很快也会落入德国的控制之下。为了防患于未然，英、法都认为有必要尽早对苏俄进行武装干涉。在英、法的游说和坚持下，2 月 18 日，协约国最高军事会议、军事代表委员会联合签署《第 16 号共同备忘录》（*Joint Note No. 16*），决定：只要日本作出适当保证，就建议由日军与一协约国联合委员会共同占领从符拉迪沃斯托克至哈尔滨的西伯利亚铁路。[①] 俄德《布列斯特—立托夫斯克和约》签订后，从伊尔库茨克传来消息——第一次世界大战期间俄国俘虏的大约 3 万名德奥士兵被布尔什维克重新武装起来，苏俄准备用其对抗协约国军队。[②] 虽然后来证实这是反布尔什维克的俄国人故意散布的谣言，但当时却促使英、法加快了武装干涉苏俄的步伐。3 月 6 日，英军首先在摩尔曼斯克登陆，拉开了协约国武装干涉苏俄的序幕。同日，英国向日本驻伦敦的珍田大使提议，为了防止德国势力东进，协约国委托日本占领西伯利亚铁路。由于美国的反对，该提议被日本方面暂时搁置起来。为此，英国联合法国、意大利不断向美国施压，要求美国同意日本在远东出兵。4 月 5 日，日军借本国商人遇害之机在符拉迪沃斯托克登岸，英国马上也派出了 50 人的小股部队参与行动。7 月 2 日，英、法最终说服美国组建多国联军从远东对苏俄进行武装干涉。一个月后，英、法军队相继在符拉迪沃斯托克登陆。

早在幕府时期，日本国内就曾出现所谓的"海外雄飞论"。鼓吹该论调的代表人物本多利明认为，日本的当务之急是夺取朝鲜半岛，然后继续北图，占领中国东北和西伯利亚沿海地区，将"'本部'（首都）迁到与伦敦同一纬度的堪察加，在与巴黎同一纬度的'西唐太岛'（库页岛）建筑大城郭，更加发展与山丹（滨海边疆区）和满洲的贸易，以完成'大日本帝国'的建设"[③]。这一思想成为日本"北进"政策的理论渊源，从明治初年的"征韩论"到 1907 年及其以后历

[①]　细谷千博：《ロシア革命と日本》，原书房，1972 年，第 31 – 32 页。

[②]　这些俘虏主要关押在伊尔库茨克和赤塔等地。Betty Miller Unterberger, *America's Siberian Expedition*, *1918 – 1920*, Duke University Press, 1956, p. 45.

[③]　崔丕：《近代东北亚国际关系史研究》，东北师范大学出版社，1992 年，第 92 – 93 页。

次制定的《帝国国防方针》都对其有所继承。即使是在与沙俄关系最为密切的十年（1905—1915 年）中，日本也一刻都没有放弃侵吞俄国远东的野心。第一次世界大战和俄国革命，打破了原有的国际格局，并在俄国国内引起了极大的混乱，为日本实施"北进"计划、实现多年的夙愿提供了良机。

1917 年 11 月，日本满铁理事川上俊彦通过四个多月的亲身侦察，在其撰写的《俄国视察报告书》中向政府建议：如果苏俄单独与德国媾和，"日本至少要占领满洲北部及直至贝加尔湖沿岸的俄国远东领土"；如果苏俄继续参战，日本也要"以在该地区获得各种利权为条件，尽可能大量地投放公私资本"，以确保战后有足够的发言权。[①] 此后，日本国内也不断出现对俄进兵的呼声。参谋本部总长上原勇作、次长田中义一、外相本野一郎等人都是出兵论的积极鼓吹者。参谋本部在 11 月中旬便开始着手制订出兵西伯利亚的计划。与此同时，日本的外交部门也积极行动起来。继 12 月 7 日，本野外相首次提出出兵西伯利亚的问题以后，外务省很快就笼了一份供咨询的出兵政策文件。该文件由《俄国单独媾和时日本的对俄政策》《日本将来出兵西伯利亚时的措施》和《俄属远东的措施》组成。在文件中，针对俄德之间可能发生的媾和，提出了三种不同的预案，并假设了若干种可能出现的"事态"，作为日本出兵西伯利亚的前提条件。[②] 这些急进势力希望通过出兵西伯利亚，实现以下一些目的："第一，扼杀俄国革命；第二，乘机夺取贝加尔湖以东的西伯利亚为日本领土，或在此建立日本的傀儡国家；第三，使北西伯利亚和南满洲之间的北满和内外蒙古自然地落入日本手中；因之第四，强化对中国的统治，建立起对抗大战后英美等向亚洲扩张势力的基地；此外，第五，则企图转移日本人民革命热情于对外战争上面。"[③] 1918 年 1 月，符拉迪沃斯克的旧俄地方政府请求协约国派舰支援，以应对布尔什维克的威胁。日本乘机派遣"石见"号和"朝日"号军舰开赴符拉迪沃斯克，在协约国就出兵问题达成共识之前，造成在俄境内保持军事存在的既成事实。但是，受自身实力的限制，日本仍不敢贸然抛开协约国，单独大规模进兵西伯利亚。以

---

① 日本外务省编：《日本外交文书》大正六年（1917）第 1 册，1967 年，第 594 页。

② 三种预案："一是与协约国保持同一步调，日本本身不采取积极行动或单独行动；二是怂恿协约国各国，共同或单独以俄国背信行为为理由而出兵；三是与协约国保持同一步调的同时，与俄国直接交涉，以确保日本的利益。""事态"包括："①布尔什克政府的势力深入东西伯利亚、哈尔滨，或偏袒德国势力乃至追随德国阴谋之时；②上述地区陷于混乱状态，日本或协约国之侨民的生命财产得不到安全保障之时；③德国将海参崴用作潜艇基地，或当地的军需物资或'北满'的物资有被德国利用之时；④反布尔什维克的势力在整个西伯利亚或部分地区宣布自治或独立，布尔什维克政府对此加以进攻之时。"参见崔丕：《近代东北亚国际关系史研究》，东北师范大学出版社，1992 年，第 339 - 340 页。

③ 井上清、铃木正四著，杨辉译：《日本近代史》（下册），商务印书馆香港分馆，1979 年，第 383 页。

山县有朋为代表的元老派就提出，由于日本在军需品补给、军费筹措等方面还有求于英、美，所以应该在明确英、法、美等国的对俄政策之后，再决定是否出兵、何时出兵。否则，因在时机不成熟的情况下出兵而导致与英、美交恶，将会使日本陷入被动。有鉴于此，当英国向美国建议由日本作为协约国的"受托者"单独出兵西伯利亚，而美国表示反对时，①日本政府很快声明："这次干涉根本不是出于帝国政府的希望和提议"，"不过，今后一旦敌人在西伯利亚的活动愈益发展，帝国国防的安全遭到威胁时，当然就不能不采取自卫手段，届时希望美国政府给予友好的支持"。②

日本虽然表面上应承不会单独出兵西伯利亚，但实际上仍在积极为出兵做准备：一方面大力扶持哥萨克头目谢米诺夫，充作日本在俄国境内的爪牙；③另一方面借题发挥，以保护侨民的名义派遣海军陆战队登陆符拉迪沃斯托克，试探苏俄和协约国的反应。④日军的登陆行动在国际上遭到了多方面的反对，其中苏俄政府首先向日本提出了抗议，指出日军的行动是侵略西伯利亚和侵犯俄国主权的表现，应予立即撤离。同时，美国也对日军的行动表示担忧。在日本国内，陆军省认为出兵的时机尚早，明确表示反对海军陆战队的登陆行动。在各方面的压力下，积极主张出兵的外相本野一郎被迫辞职。⑤不过，日本政府内部主张对俄用兵的势力仍然占据主导地位。寺内内阁为了获取民众的支持，控制媒体营造出兵的舆论氛围，禁止报刊刊载反对出兵的内容，对于违禁者给以停刊的处分。在日本发表出兵宣言前，被禁止发行的报刊超过50种。为进一步扫清出兵西伯利亚的障碍，日本政府通过经济诱惑、外交施压等手段，先后与中国北洋政府签订了

①　1918年1月28日和2月6日，英国政府两次向美国建议，邀请日本作为协约国的"受托者"，从远东向俄境内出兵，以保护当时唯一能够直达南俄的交通线——西伯利亚大铁路。对此，美国在2月18日致英国政府的照会中明确表示反对：如果将来必须对西伯利亚进行军事干涉或者占领西伯利亚大铁路，那也应该采取国际合作的方式，而不是让一国作为其他国家的受托者单独行动。United States Department of State, *Papers Relating to the Foreign Relations of the United States*, 1918, Russia, Vol. 2, Washington：United States Government Printing Office, 1932, pp. 35 –41.

②　日本外务省编：《日本外交文书》大正七年（1918）第1册，1968年，第711 –712页。

③　日本向谢米诺夫提供了大量的武器援助，并唆使其向俄国地方苏维埃政权进攻。1918年4月，谢米诺夫在日本的支持下成立了所谓的"外贝加尔地方临时政府"。

④　1918年4月4日，符拉迪沃斯托克发生了3名日本商人遇害事件，停靠在该港的日本军舰借机派遣陆战队于次日上岸。在日本国内，外相本野一郎在日本政府高层中间散发《关于出兵西伯利亚之我见》，极力鼓吹对俄出兵。

⑤　根据伊东巳代治（枢密顾问官、临时外交调查委员会委员，阁外最有力的政府协助者）的说法，本野被迫辞职的原因是："出兵属于国家大事，必须有个正当的名义。一是帝国的自卫，二是协约国的共同作战。若为自卫出兵，就必须有远东迫于危险的事实，如为共同作战而出兵，必须有英、法、美等联合要求。而本野外相在这两个事实都未具体化时，便仓率与英、法、美试谈出兵问题，也不顾美国暗中表示反对……"井上清著，尚永清译：《日本军国主义》（第二册），商务印书馆，1985年，第187页。

《中日陆军共同防敌军事协定》和《中日海军共同防敌军事协定》。中日军事协定为日本侵入东北提供了合法依据，借此日军能够以中国东北为跳板和基地，沿中东铁路向北长驱直入西伯利亚。至此，日本已经在舆论和法理上为出兵西伯利亚做好了准备，只待一个较好的时机便可付诸实施。适逢其会，1918 年 5 月底，俄国境内发生了捷克军团叛乱事件。为"拯救"捷克军团和一些其他目的，[①] 7 月 2 日，协约国最高军事会议决定组建一支以日军为主力，美军和其他国家军队共同参与的联合武装，进军西伯利亚，对苏俄实施干涉。[②] 协约国的决定使日本如获至宝，日本随即就出兵的具体问题与美国展开协商。根据美国政府的计划，联合出兵美、日两军都以 7 000 人为限。

日本政府内部对美国的方案并不以为然，新任外相后藤新平、陆相大岛健一、参谋本部次长田中义一和首相寺内正毅都主张不受美国的限制，大举出兵西伯利亚。在 7 月 16—17 日召开的外交调查委员会上，后藤外相提出不仅要与美国联合出兵符拉迪沃斯托克，而且还要单独进兵西伯利亚。大岛陆相更是在其散发的《关于出兵俄国远东领土的要领》中鼓吹，日本应派遣一支 14.8 万人的军队占领整个西伯利亚地区。只有政友会总裁原敬和萨摩派的牧野伸显从平衡美日关系的角度考虑，反对大规模出兵的计划。[③] 日本政府最终形成并向美国提出的意见是：出兵人数由 7 000 人增至 12 000 人，军事行动的范围可以根据援助捷克军团的需要扩展到符拉迪沃斯托克以外的地区，并能够在必要时继续增兵。然而，美国仅在出兵人数上同意了日本的要求，对日本提出的扩大出兵范围和后续增兵仍然持反对意见。不过，此次美国的反对意见并没有实质性地影响到日本的决策。8 月 2 日，日本在没有通知美国的情况下发表出兵宣言，开始大规模向俄国远东地区进兵。

1917—1920 年，威尔逊领导的美国政府对苏俄的政策先后经历了拒绝直接干涉、反对日本单独干涉、参加联合出兵、单方面撤军等四个阶段。在短期内出现如此之大的政策变化，其根源在于不同时期美国国家利益的不同需求。第一次

---

① 包括：①防止德国从军事和经济上控制俄国；②最为关键的是通过干涉使俄国重新投入战斗，进而迫使德国人无法从东线调集更多的军队支援西线，甚至把已经调到西线的军队再调回东线；③通过重建东线缩短战争的时间；④防止俄国孤立于西欧之外；⑤防止存放在符拉迪沃斯托克的重要军用物资落入德国人之手。可参见 United States Department of State, *Papers Relating to the Foreign Relations of the United States*, 1918, Russia, Vol. 2, Washington：United States Government Printing Office, 1932, p. 245.

② 协约国最高军事会议认为：从地缘和运输条件上考虑，要及时对俄国采取行动，干涉军的大部分必须由日本军队组成。但是，要保持干涉的联合性，又必须有美国军队和其他协约国成员军队的参加。可参见 United States Department of State, *Papers Relating to the Foreign Relations of the United States*, 1918, Russia, Vol. 2, Washington：United States Government Printing Office, 1932, p. 246.

③ 日本外交调查委员会成立于 1917 年 6 月，委员包括首相、外相、陆相、海相、政友会总裁、国民党总理等日本政界的重要人物，原敬和牧野伸显都是其中的成员。

世界大战前，美俄关系相对比较疏远，除 1832 年签订《美俄航海与通商条约》和 1867 年阿拉斯加领土交易之外，两国之间几乎没有发生更为重大的外交事件。1913 年威尔逊上台时，美俄贸易只占两国贸易总额的百分之一左右。在威尔逊执政的前几年中，圣彼得堡①的美国大使馆内甚至没有到任的大使，直到戴维·R. 弗朗西斯出任驻俄大使以后，美俄之间的外交沟通才逐渐顺畅起来。不过，直到沙皇统治的最后一年，俄美关系仍较一般。

二月革命后不久，即 1917 年 3 月 22 日，美国迅速承认了以李沃夫亲王为首的临时政府。此前的 3 月 20 日，威尔逊政府的内阁会议已经决定放弃中立政策，加入协约国对德奥作战。美国希望能够通过外交承认，与俄国临时政府建立良好的关系。俄国军队尽管武器落后、士气低落，却在前线拖住了德奥 126 个步兵师。能够与俄国保持合作，并使其继续留在协约国阵营内，对美国来说相当重要。为了"加强友谊、鼓励俄国民主政权，并寻找'导致两国政府有效合作以开展反对德国独裁政权战争的最佳方式和途径'"②，威尔逊政府向俄国派遣了两个特使团——鲁特使团和史蒂文斯铁路调查团。鲁特使团于 1917 年 6 月抵达俄国，向临时政府表达了美国希望俄国继续对德作战的意图，并提供了一些贷款。鲁特使团在俄国活动了一个多月，并没有取得什么值得一书的成果，最终无功而返。史蒂文斯铁路调查团虽然在俄国受到临时政府的信任，一度取得了西伯利亚铁路符拉迪沃斯托克终点站的控制权，但由于没有得到美国政府的有力支持而毫无建树，几个月之后也黯然撤到日本。1917 年 3 月至 11 月，在鲁特使团和史蒂文斯铁路调查团以外，美国还向俄国派遣了 500 名青年会干事和一些红十字会工作人员。然而，一直到临时政府被推翻，美国都没有形成完整而有效的对俄政策。

十月革命后，新生的苏维埃政权向交战双方呼吁缔结不割地不赔款的停战协定。威尔逊政府对此不以为意，认为列宁领导的政府是由"空想家"组成的，维持不了几天或几周便会被推翻。观望、不作为是当时威尔逊政府对苏俄政权的基本外交策略。威尔逊政府既不承认苏维埃政权，也不与其发生接触。这一时期，英、法两国都主张对苏俄进行武装干涉，建议美国与日本联合出兵西伯利亚，占领符拉迪沃斯托克，控制西伯利亚铁路。然而威尔逊政府并没有接受英法的建议，而是另有一番打算。1918 年 1 月 8 日，威尔逊总统在国会发表著名的

---

① 1914 年被改称为彼得格勒。
② 唐纳德·E. 戴维斯、尤金·P. 特兰尼著，徐以骅等译：《第一次冷战——伍德罗·威尔逊对美苏关系的遗产》，北京大学出版社，2007 年，第 37 页。

"十四点"演说,① 根据美国的国家利益设计了结束第一次世界大战的纲领和战后世界的蓝图:

(1) 公开的和平条约,必须公开缔结,缔结后不得有任何种类的秘密的国际谅解,而外交也必须始终在众目睽睽之下坦率进行。

(2) 领海以外,无论平时或战时,必须保持公海航行的绝对自由。只有执行国际条约时,才能以国际行动全部封锁或部分封锁公海。

(3) 在一切赞成和平和参加维护和平的国家当中尽可能地消除一切经济壁垒,建立平等的贸易条件。

(4) 充分互相保证,各国军备必须裁减至符合维持国内安全的最低限度。

(5) 对所有关于殖民地的要求做出自由的、坦率的和绝对公平的调整。此项调整的基础,就是要严格遵守这样一个原则,即在决定所有这样的主权问题时,有关居民的利益必须与管治权待决的政府的合理要求同等重视。

(6) 必须从俄国的全部领土上撤出外国军队。在解决有关俄国的一切问题时,世界上的其他国家须保证最良好的和最自由的合作,使俄国能够得到一个无阻碍的和顺利的机会来独立决定它自己的政治发展和国家政策,保证它在自己选择的制度下进入自由国家的社会时受到诚挚的欢迎;它不仅会受到欢迎,而且还可以获得它所需要的和渴望取得的各种援助。在未来的日子里,各姊妹国家对俄国的待遇,将严峻地考验它们是否抱着良好的意愿,是否理解俄国那些与它们本身利益有所区别的需要,是否具有理智的和无私的同情。

(7) 全世界都会同意,必须从比利时撤军,比利时的领土必须恢复,比利时享有与其他一切自由国家相同的主权,不得加以任何限制。要想恢复各国对于它们自己曾经制定并决心用来处理相互关系的那些法律的信任,再没有其他任何行动可以比这一行动更为有效的了。假设无此项表示和好的行动,国际法的整个体系与效力,将永远受到损害。

(8) 全部法国领土必须解放,被侵占的那部分领土必须归还法国。一八七一年普鲁士在阿尔萨斯—洛林问题上对法国的侵犯曾扰乱世界和平几乎达五十年之久,现在为了再次保证有利于全世界的和平,必须予以纠正。

(9) 意大利边界的重新调整,必须按照显然可识的民族界线来实现。

(10) 对于我们希望保障其国际地位的奥匈帝国治下的各民族,必须给予最自由的机会,使之获得自治的发展。

---

① 王绳祖主编:《国际关系史资料选编》(上册,第二分册),武汉大学出版社,1983年,第397—406页。

（11）必须从罗马尼亚、塞尔维亚和门的内哥罗撤退军队；被占领的领土必须归还；塞尔维亚应获得自由而安全的出海口；巴尔干各国之间的相互关系应以历史上建立起来的政治归属和民族界限为准则，通过友好的协商来决定；对巴尔干各国的政治和经济的独立与领土的完整，亦应予以国际的保证。

（12）对目前奥斯曼帝国的土耳其部分，必须保证它有稳固的主权；但是对现在受土耳其统治的其他民族，则必须保证他们生活的真正安全和在自治的基础上绝对不受干扰的发展机会。达达尼尔海峡，必须在国际保证下作为对所有国家的船只和商业的自由通道，永远开放。

（13）必须成立一个独立的波兰国。它必须包括无可争议地是由波兰人所居住的领土，它必须获得一个自由的和稳固的出海口。其政治和经济独立以及领土完整必须由国际条约来保证。

（14）为了大小国家都能相互保证政治独立和领土完整，必须成立一个具有特定盟约的普遍性的国际联盟。

　　"十四点"和平纲领表面上标榜公开外交、航海自由、民族自决，实际上却包藏着美国政府众多不可告人的目的：一是以反对秘密外交打破英、法等国长期以来私下勾结瓜分世界的习惯，为新兴的美国将来参与大国分赃创造前提条件；二是以倡导航海自由和贸易自由颠覆老牌资本主义国家的海上霸权和商业霸权，为美国扩张经济势力争取发展空间；三是以调整殖民地权利为幌子压制被压迫民族的民族独立，排挤老牌殖民主义国家，对世界范围的殖民地进行重新洗牌；四是以自由国家的认可为诱饵，煽动俄国人民反对苏维埃政权，以重建波兰为理由，肢解俄国；五是以创立国际组织破除欧洲大国对世界权力的垄断，增加美国的话语权。关于俄国问题，美国政府在"十四点"的官方注解中露骨地宣称："所谓俄国的领土，是否就是指原属于俄罗斯帝国的领土而言？显然不是的，因为第十三点规定波兰独立，这是一项排除恢复俄罗斯帝国领土的建议。既然承认对波兰人的待遇是正当的，那么给予芬兰人、立陶宛人、拉脱维亚人，或许还有乌克兰人以同样的待遇，也无疑必须承认是正当……至于大俄罗斯和西伯利亚，和会理应提出一个咨文，要求建立一个足以充分代表这些领土讲话的政府……在最近的将来，俄国问题的实质看来是这样的，①承认若干临时政府；②对这些政府并通过这些政府进行援助。"① 由此可见，"十四点"和平纲领关于俄国的陈述本质上就是一个肢解俄国的方案。威尔逊政府希望通过承认波兰、芬兰等国独立

---

①　王绳祖主编：《国际关系史资料选编》（上册，第二分册），武汉大学出版社，1983年，第401 - 402页。

和支持高尔察克、邓尼金等白俄匪帮建立临时政府，以间接的方式从俄国内部颠覆苏维埃政权，达到不战而屈人之兵的目的。正是基于这种考虑，威尔逊政府在1918年早期拒绝直接对苏俄进行武装干涉。

威尔逊政府对苏俄奉行间接干涉的政策，是美国传统的孤立主义和新兴的全球主义相互平衡的结果。美国孤立主义的早期形式是中立主义，以华盛顿发表的《中立宣言》和《告别演说》为代表，标榜美国政府处理国际关系的最高行动准则，就是"在扩大我们的贸易关系时，应尽可能避免政治上的联系"①。孤立主义在美国历经百年，一直都是当政者制定对外政策所遵循的重要原则。威尔逊在位期间，孤立主义在美国政府内部仍然相当盛行。1918年初，俄国的局势尚未完全明朗。美国如果在此时出兵对苏俄进行武装干涉，需要冒很大的风险，不仅侵犯别国主权、干涉别国内政，有违威尔逊政府所标榜的道义原则，而且也很难在国内得到支持。但与此同时，美国国内新兴的全球主义，又让威尔逊政府对俄国发生的革命不能袖手旁观。美国的全球主义倾向最早在《门罗宣言》中就已经初现端倪。门罗宣言的三个原则——反对欧洲国家再在美洲争夺殖民地原则、不许欧洲国家干涉美洲事务和美国不干涉欧洲事务原则、美洲是美洲人的美洲原则，不但明确提出把欧洲列强排斥在美洲之外，而且也隐藏着美国日后争夺世界霸权的野心。1898年美西战争是美国全球主义发展的一个重要表现。这次战争，除了古巴、波多黎各和关岛，美国还"意外"地获得了菲律宾，使其"走出"美洲，真正加入到争霸世界的行列，初步实现了"太平洋帝国"的梦想。1905年的日俄朴茨茅斯和谈与1906年的阿尔黑西拉斯会议，美国开始调解大国之间的纠纷，化解国际危机。这两次会议，美国通过积极参与世界重大事务，成功地扩大了自己在全球范围的影响。第一次世界大战的爆发，为美国谋求国际事务主导权、建立世界新秩序创造了难得的机会。美国自诩为正义、民主、自由的化身，把参加帝国主义战争美化成维护世界正义，"为世界拯救民主"，"使世界适于人类生存和安居乐业"。十月革命后，俄国建立了在意识形态上与资本主义完全对立的社会主义政权，该政权还发出了与协约国战争宣传格格不入的和平号召。这对美国来说，无疑是难以容忍的。为抵消苏俄革命与《和平法令》的影响，威尔逊政府抛出"十四点"和平纲领，一方面向世界表明美国坚持和平、民主的态度，另一方面直接向俄国民众喊话，策动反布尔什维克情绪，争取从内部瓦解苏俄政权，把俄国重新推入战争轨道。

"十四点"和平纲领发表以后，并没有取得威尔逊政府预期的效果，特别是在俄国方面，苏维埃政权不仅在俄国逐渐稳固下来，而且还在3月3日与德国签

---

① 华盛顿著，聂崇信、吕德本、熊希龄译：《华盛顿选集》，商务印书馆，1983年，第324页。

订了《布列斯特—立托夫斯克和约》。在苏俄批准《布列斯特—立托夫斯克和约》一周后，德国在西线发动了大规模的春季攻势。英、法等美国的盟友再次要求威尔逊政府同意对苏俄进行武装干涉，以重建东线，缓解德军对西线的军事压力，否则将"委托"日本单独出兵干涉。而早在1918年1月，日本就已经向符拉迪沃斯托克派遣了两艘军舰，并一直在该地保持着军事存在，此时更是对出兵西伯利亚跃跃欲试。考虑到日本可能利用干涉苏俄的机会控制西伯利亚铁路，侵占滨海省乃至整个西伯利亚，并借助英日同盟把美国完全排斥在远东利益之外，威尔逊政府强烈反对日本单独出兵干涉，并提出两点理由："第一，这一政策会促使俄国的极端革命势力更为壮大，并动摇俄国对协约国和美国的信任；第二，这种做法与美国为民主而战的目的相违背，并将严重危及美国所坚持的道义立场。"① 威尔逊政府认为，即使将来必须对俄用兵，那也应该通过国际合作的方式而不是由某一势力独自去完成。换而言之，出兵西伯利亚的干涉行动必须有美国的参与，甚至由美国主导才能展开。美国的强硬态度在协约国内部暂时取得了成功，英、日等国被迫接受美国的立场，日本声称不会轻易单独出兵。

然而，这种短暂的妥协很快就被打破，4月5日，日本海军陆战队以护侨为名在符拉迪沃斯托克登陆，英军也派出了小股部队响应日军的行动。日、英军队的侵略行为遭到了苏俄的严正抗议。为避免协约国从远东发动武装干涉，苏俄策略性地提出，可以有条件地与协约国合作，即在不干涉俄国内政的前提下，接受协约国而不是日本单独进行的军事干预。② 但是，英、法等协约国成员并不接受苏俄的建议，执意认为苏俄与德国仍在互相勾结。4月25日，英国外交大臣贝尔福向美国国务卿兰辛递交了一份新的干涉建议：为重建俄国战线，协约国应该从北部的摩尔曼斯克、南部的外高加索、东部的西伯利亚向俄国派遣武装部队。其中东部的行动最为重要，主要任务由日军和美军共同承担。5月16日、19日，日本与中国先后签订《中日陆军共同防敌军事协定》和《中日海军共同防敌军事协定》，为其侵占东北并以东北为基地进兵西伯利亚做好了准备。面对日本的逼人势头和英、法等国不断施加的压力，威尔逊政府关于出兵的态度有所软化。5月24日，美军"奥林匹亚"号军舰驶抵摩尔曼斯克，迈出了美国武装干涉苏俄的第一步。在远东方面，威尔逊政府还在继续观望，一方面等待出兵的最佳时机，另一方面积累与英、日等国讨价还价的筹码，为争取出兵主导权打下基础。

---

① Betty Miller Unterberger, *America's Siberian Expedition*, *1918–1920*, Duke University Press, 1956, p. 3.

② Betty Miller Unterberger, *America's Siberian Expedition*, *1918–1920*, Duke University Press, 1956, p. 40；唐纳德·E. 戴维斯、尤金·P. 特兰尼著，徐以骅等译：《第一次冷战——伍德罗·威尔逊对美苏关系的遗产》，北京大学出版社，2007年，第140页。

5月底，捷克军团叛乱事件爆发以后，"拯救"捷克军团成了协约国出兵西伯利亚的又一"正当理由"。不过，英、法都十分清楚，没有美国提供的人力、物力和财政支持，干涉的目标很难实现；如果完全依赖日本，日本单独出兵后能否按照英、法的意图行动仍非常值得怀疑，况且日本当时宣称拒绝在没有得到美国同意和支持的情况下向西伯利亚发动军事远征。为此，英、法不得不继续向威尔逊政府施压，要求美国尽早对西伯利亚出兵。英、法列举了三大理由："首先，捷克军团控制着西西伯利亚，但有被伊尔库茨克有组织的德奥战俘消灭的危险，协约国有义务赶在这些英勇的盟友被歼灭之前采取拯救行动；再者说，拯救捷克军团的干涉行动还能够为协约国提供一个控制西伯利亚的好机会。其次，为把俄国人民从德国的专制统治下解救出来，协约国的干涉是很有必要的。必须阻止德国控制西伯利亚和当地的资源，因为一旦德国人攻占这个粮食产区，他们就能够以饥饿相威胁，迫使俄国人民服从他们的意志。最后，对赢得大战的胜利而言，协约国的干涉也是非常必要的。重建东线可以阻止德国从东部抽调军队支援西线，这对缩短战争时间具有决定性的意义。"① 威尔逊政府意识到，协约国出兵西伯利亚已势在必行，再作抵制将有损美国的国家利益。7月6日，威尔逊总统与国务卿兰辛、国防部部长贝克等人就俄国问题召开会议，讨论后同意出兵西伯利亚、参加联合干涉，条件是：第一，由日本政府向驻扎在符拉迪沃斯托克的捷克斯洛伐克人提供轻武器、机枪和弹药，美国尽可能快地分担费用和补给；第二，美、日两国各向符拉迪沃斯托克派遣7000人的部队，以守卫捷克斯洛伐克人向伊尔库茨克进发的交通线，并且日本应立即出兵；第三，派遣美军和协约国联军登陆，与捷克斯洛伐克人共同占领符拉迪沃斯托克；第四，美、日两国政府公开宣布出兵旨在帮助捷克斯洛伐克人抗击德奥战俘，无意干涉俄国内政，并保证不损害俄国主权。② 英、法、意都对美国最终做出同意出兵西伯利亚的决定表示欢迎，但英国认为14000人不足以实现干涉的目的。日本在对美国的回复中表示，日本不接受7000人的限制，计划派兵12000人，并保留根据形势发展需要向符拉迪沃斯托克或其他地方增兵的权利。此外，美、日两国还就联军指挥权问题发生了一番争执。最后，双方达成妥协，美国出兵7000人，日军限制在12000人以内，联军由日本将军大谷喜久藏统一指挥。8月2日，日本在没有提前通知美国的情况下发表了出兵宣言。让美国人更为不满的是，日本的宣言中既

① Betty Miller Unterberger, *America's Siberian Expedition*, *1918 - 1920*, Duke University Press, 1956, pp. 67 - 68.

② Betty Miller Unterberger, *America's Siberian Expedition*, *1918 - 1920*, Duke University Press, 1956, p. 70；唐纳德·E. 戴维斯、尤金·P. 特兰尼著，徐以骅等译：《第一次冷战——伍德罗·威尔逊对美苏关系的遗产》，北京大学出版社，2007年，第153页。

没有说明计划派遣的具体人数，也没有提到由美国建议的对西伯利亚的经济援助。但是，美国已经别无选择，只能按照原计划出兵。美国人既不愿意看到新生的苏维埃政权完全控制俄国，更不愿意放纵日本扩张势力、独霸远东。因此，美国紧随日本之后也发表了出兵宣言，全面展开对苏俄的武装干涉和对远东霸权的角逐。

三、北洋政府出兵救助难侨政策的形成

辛亥革命推翻了在中国延续两千多年的封建帝制，建立了中华民国，开创了中国近代史的共和时代。但是，由于资产阶级民主革命的不彻底性，新生的民国政府并没有为饱受苦难的中国人民带来长治久安的生活，军阀专政、南北分裂反而成为民国早期的重要特征。

中华民国建立以后，为尽早结束民国政府与清政府南北对峙的局面，实现真正的国家共和，以孙中山为领袖的革命党人在临时大总统人选、定都地点等问题上向以袁世凯为首的北洋军阀妥协，致使革命成果最终被北洋军阀窃取。早期，革命党人曾试图以责任内阁制约束袁世凯，以政党政治建成西式民主体制。然而，这对于一心独揽大权、实行专制统治的北洋军阀来说，不啻与虎谋皮，双方的矛盾和冲突逐渐公开化、全面化。1913 年初，国民党在国会选举中获胜，成为国会第一大党。为防止国民党组阁后对自己的专制统治不利，袁世凯派人刺杀了国民党的重要领导人——宋教仁。宋案真相大白后，革命派与北洋军阀势成水火，矛盾趋于白热化，而北洋军阀对武力消灭革命派、实行独裁统治的图谋也不再加以掩饰。4 月 26 日，北京政府与英、法、德、俄、日五国银行团①正式签订《善后借款合同》，以盐税作担保，向列强借款 2 500 万英镑。得到列强的支持后，北洋军阀更加有恃无恐，于 6 月先后免去属于革命派的江西都督李烈钧、广东都督胡汉民和安徽都督柏文蔚的职务，公然向革命派挑衅。革命派在仓促之中发动"二次革命"，组织武力讨袁。由于革命派力量相对薄弱，缺乏统一的指挥和部署，在北洋军阀的强大攻势下，很快被各个击破。"二次革命"以失败而告终，孙中山、黄兴等革命领导人不得不再次流亡海外，北洋军阀得以独掌北京政府。北洋军阀的代表人物袁世凯在大权独揽后，个人私欲不断膨胀，首先通过不正当手段当选中华民国正式大总统，并迫使国会将总统权力扩展至无限，其后又解散国会、废除《中华民国临时约法》、撤销国务院，最终走向恢复帝制。为得

---

① 如前所述，美国在利用银行团压制日、俄的企图失败以后，于 1913 年 3 月 21 日正式退出银行团，六国银行团遂变成了英、法、德、俄、日五国银行团。

到日本的支持，实现自己的皇帝梦，袁世凯接受了丧权辱国的"二十一条"。1916 年 1 月 1 日，袁世凯改元洪宪，正式称帝。袁世凯的倒行逆施在国内引起了各方面力量的反对：一是云南、贵州、广西等省先后宣布独立，护国战争爆发；二是袁世凯在北洋内部众叛亲离，其左膀右臂段祺瑞和冯国璋，一个对其弃之不顾，另一个组织"五将军密电"，逼迫袁世凯取消帝制；三是列强出于维护本国在华利益之目的，联合向袁世凯施压，要求其恢复共和。在内外交困之下，袁世凯被迫撤销帝制，最后郁郁而亡。

袁世凯败亡后，讨袁的理由自然消失，护国战争随之结束，中国又在形式上恢复了统一。不过，由于军阀专政的问题并没有得到根本性的解决，中国很快重新陷入分裂与动荡之中。袁世凯死后，再无法找到一位军事强人能够取而代之、统率当时中国实力最强的军事集团，北洋军阀遂逐渐分裂为三大派系：以段祺瑞为首的皖系、以冯国璋为首的直系和以张作霖为首的奉系。直系以冯国璋坐镇的南京为核心，控制着长江流域的江苏、江西、湖北等富庶省份；奉系则以关外的东北三省自成体系，独霸一隅；皖系不仅控制着福建、浙江、安徽、山东、陕西等南北数省，而且在袁世凯之后的相当长一段时间内一直掌控着北京中央政府的实权，其代表人物段祺瑞曾三次出任国务总理。在第一次担任国务总理期间，段祺瑞与大总统黎元洪在诸多问题上发生了矛盾，出现"府（总统府）院（国务院）之争"。

"府院之争"表面上是总统与总理之间的权力斗争，实际上却包含着南方地方实力派与北洋军阀、商榷系与研究系、美国与日本等多组利益体之间的矛盾。段祺瑞出任国务总理兼陆军总长，自恃背后有庞大的北洋军事集团作支撑，行事无所顾忌，致使黎元洪的大总统之位形同虚设。为了制衡北洋军阀，维护自己有限的权力，黎元洪对内争取南方地方实力派和前国民党人为其撑腰，对外寻求美国的支持。南方地方实力派，从广义上讲主要包括云南、贵州、四川、广西、广东、湖南六省的军事派系集团，它们实力相对较弱，内部也经常难以团结一致，却是当时国内唯一能够与北洋军阀叫板的军事力量。护国战争后，南方地方实力派名义上接受北京中央政府节制，实际上仍是各自为政。在段祺瑞把持中央政府权力的情况下，南方地方实力派一时难以有所作为，只能通过暗中支持黎元洪来对抗北洋派系。"府院之争"在国会中的表现，就是商榷系与研究系的针锋相对。商榷系，即宪法商榷会，是由部分原国民党人分化、重组而来的，以大总统黎元洪为支持对象；研究系，即宪法研究会，其成员大多来自原进步党，是段祺瑞在国会中依赖的主要力量。两派的争斗纠缠，不但没有为中国带来民主政治的新气象，反而使国会沦为政客、军阀角力的场所。

1917 年初，中国是否参战的问题被提出来以后，府院之间的矛盾更趋激化。1914 年，日本对驻扎在山东的德军发动进攻，袁世凯政府即仿效清廷在日俄战争中

的做法，宣布中立。1917 年 2 月，美国与德国断交后，一方面积极准备对德作战，一方面通过驻华公使芮恩施游说中国政府参战，试图以此拉近中美关系，使美国在加入欧战以后仍能在中国保持强大影响力。日本在了解美国的动作和意图以后，很快作出应对之策：一是转变原先反对的立场，大力主张中国参战；二是主动向北京中央政府提供参战经费支持；三是先后与英、俄、法、意等四国暗中达成谅解，得到了各国在战后媾和会议上支持日本继续独霸中国山东的承诺。日本的种种举动反过来使美国意识到：中国参战不仅不能实现美国的战略目标，而且将会使美国在美、日远东角逐中陷入更为被动的地位。有鉴于此，美国的态度发生了一百八十度的大转弯，开始极力反对中国参战。在北京中央政府方面，总理段祺瑞意图以参战之名，获取日本的财政和军事支持，行壮大皖系力量之实；总统黎元洪则倚仗商榷系议员撑腰和美国的支持，对参战一事进行百般抵制。在双方僵持不下之际，张勋借进京调停之机，导演了一场清室复辟（1917 年 7 月 1 日至 12 日）的丑剧。不过，复辟势力在段祺瑞组织的"讨逆军"的进攻下，很快土崩瓦解。张勋复辟失败以后，"府院之争"也随之成为历史，黎元洪暂时退出中国的政治舞台，段祺瑞则以"再造共和"的功臣自居，指挥皖系控制了北京中央政府的实权。

以段祺瑞为首的皖系军阀在重掌北京政权之后，为巩固自身地位，维护既得利益，对外加紧与日本勾结，对内利用政客集团，解散旧国会、改选大总统。1917—1918 年，段祺瑞政权先后向日本借款 3 亿多日元。这些借款绝大部分都被用于争权夺利的国内政治斗争，仅编练"参战军"和购买军械就花去了 5 200 多万日元。[①] 这支从未参加过第一次世界大战的"参战军"，实际上成为只听命于段祺瑞的派系武装。在得到日本财力支持的同时，段祺瑞政权也把大量的中国权益拱手让给日本，如胶济铁路"归中日两国合办经营"等。[②] 1918 年 5 月，段祺瑞政权还与日本签订了"中日共同防敌军事协定"，为日军进驻东北打开了方便之门。在国内方面，段祺瑞二次出任国务总理后，力主废弃旧国会，意图从国会改选入手，步步为营，排除异己，树立皖系和其本人的绝对权威。为达到目的，段祺瑞先是与研究系合作，后又完全倚重于安福系，通过政客集团的运作，最终组建了所谓的"安福国会"。1918 年 10 月，在段祺瑞的授意下，安福国会选举徐世昌为大总统，将直系头目冯国璋、曹锟排斥在最高权力之外，段祺瑞本人则退居幕后，通过皖系势力继续操纵北京中央政府。

皖系军阀的作为在国内遭到了多方面的反对，以孙中山为领袖的革命党人联

---

① 王芸生：《六十年来中国与日本》（第七卷），生活·读书·新知三联书店，1981 年，第 108－239 页。
② 《中日山东问题换文》第六条，褚德新、梁德主编：《中外约章汇要（1689—1949）》，黑龙江人民出版社，1991 年，第 472 页。

合南方各省的实力派发起护法运动，直系联手奉系发动直皖战争。1917 年 8 月，孙中山召集南下议员在广州召开国会非常会议，组建军政府，联合桂系、滇系军阀发起护法运动，以求得"约法完全恢复、国会职权完全行使"①。9 月，北京政府派遣军队南下进攻护法阵营，南北战争（也称"护法战争"）爆发。由于南北阵营内部的矛盾和分歧以及帝国主义列强的干预，双方时战时和，既都"统一"不了对方，又不能达成和解，最终形成南北对峙的局面。在南方阵营，孙中山及其领导的革命党人坚持武力北伐，推翻北洋军阀统治，恢复临时约法和旧国会，而桂系、滇系等南方军阀追求的却是在保存实力的基础上扩张地盘，增加其与北洋军阀讨价还价的筹码。在护法实践中，南方军阀不但不真心拥护孙中山，不断对其施以掣肘、排挤，而且还或暗或明地与北洋军阀勾结。1918 年 5 月，南方军阀操纵非常国会，改组军政府，将孙中山完全架空。孙中山认识到"南与北如一丘之貉"，愤而出走上海。

在北洋军阀内部，皖系主战，却以直系军队为主要作战力量，企图借刀杀人，坐收渔人之利；直系主和，不愿为皖系征战卖命，并与南方军阀在一定时期形成了事实上的联盟关系。皖系和直系矛盾不断激化，最终刀兵相见。国际方面，1918 年以后第一次世界大战的形势已趋于明朗，美、英、法、意等帝国主义列强逐渐腾出手来重新干预中国事务：一是扶植亲英美的直系和南方军阀，压制亲日的皖系军阀，以之打破日本势力在中国独大的局面；二是大力劝导南北双方议和，尽早恢复中国国内的和平与稳定，为战后美欧对华商品与资本输出铺平道路。在日本，1918 年 9 月寺内正毅下野后，主张与欧美列强协调的原敬上台主政，调整了日本前期援段征南的对华政策，减缓了对皖系军阀的支持。同年 12 月，美、英、法、意、日等国驻华公使和驻穗总领事分别向北京中央政府和广州军政府提出"劝告书"，建议双方早日实现和平。列强态度的变化使皖系主战派大受挫折，主和的声音在北京中央政府内部占了上风。1919 年 2 月，南北双方在上海举行和平会谈。不过，由于军阀之间在地盘、势力范围、军费等方面要价不同，难以达成妥协，和谈最后无果而终，南北由对抗转为对峙。

南北战争后期，皖系与直系两派在主战与主和、人事任免等问题上的矛盾逐渐发展到不可调和的地步，② 最终导致直皖战争爆发。1920 年 7 月，直系联合奉系在北京周边地区与皖系展开激战，皖系迅速溃败。直皖战争后，奉系以胜利者

---

① 《孙中山全集》（第四卷），中华书局，1986 年，第 185 页。
② 1920 年 2 月皖系拟以段祺瑞的妻弟吴光新取代赵倜出任河南督军，因遭到各方面的反对没有成功，反而导致赵倜倒向直系；5 月，吴佩孚不顾皖系的反对，率部北撤，湖南失守；同月，与直系、奉系首领关系颇为密切的国务总理靳云鹏因皖系内部的压力而辞职，直系在奉系的支持下对皖系干将徐树铮和安福国会发出声讨，直系与皖系矛盾公开化。

的身份强势介入中央政权，形成了直系与奉系共治北京中央政府的局面。这种以实力均衡为前提的"共治"仅维持了不到两年的时间即宣告解体，1922 年 4 月直系与奉系反目，中国北方又一次陷入军阀混战之中。

在南方，1920 年 8 月孙中山发动粤军陈炯明部进行武力讨桂，成功将桂系势力驱离广东。11 月，孙中山返回广州重建军政府。次年 4 月，非常国会选举孙中山为中华民国大总统。6—9 月孙中山联合滇系力量再次发动讨桂战争，统一了两广地区。1922 年 2 月，孙中山组织南方力量誓师北伐，希望能够推翻直系军阀政权，实现国家统一。6 月，正值北伐军在江西前线节节胜利之际，陈炯明在广州发动兵变，导致第一次北伐半途而废。直到 1928 年，中华民国才在形式上再次完成国家统一。

北洋政府出兵政策的形成过程十分复杂，涉及日、美、英、法、苏俄等多方博弈，掺杂着南方护法阵营、国内民众、爱国留学生、海外华侨与北洋军阀以及北洋军阀内部的多种矛盾和冲突。十月革命爆发之际，中国内部刚刚经历"府院之争"和清室复辟，南北双方在是否坚持根据临时约法产生的旧国会的问题上争执不下，最终兵戎相见。南北战争中，段祺瑞主导的"武力统一"不仅遭到了南方护法阵营的坚决抵抗，而且在北洋军阀内部也无法取得直系的有力配合。为此，段祺瑞急需得到帝国主义列强的支持。当时能够向段祺瑞提供实际支持的只有日本和美国，而美国曾经是"府院之争"中府方的靠山，与皖系并没有太多的合作关系。况且美国参战以后一直把对外政策重心放在欧洲，在远东的对日竞争中整体上处于守势。为了缓和与日本的矛盾，美国主动邀请日本就当时的国际形势和中国问题展开商谈，双方于 1917 年 11 月签署《兰辛—石井协定》，美国明确承认日本在中国拥有特殊利益。此前，为避免引起日本政府的不快，美国政府已经责令芝加哥银行中止与北洋政府的 500 万美元借款谈判。与之相反的是，这一时期日本却利用自身的地缘优势和经济优势源源不断地对皖系控制的北洋政府进行财政"输血":[①]

表 1 - 2　日本与皖系控制的北洋政府的借贷明细

借款名称	借款金额	签约日期
善后借款第一次垫款	1 000 万日元	1917 年 8 月 28 日
第二次交通银行借款	2 000 万日元	1917 年 9 月 28 日

① 王芸生:《六十年来中国与日本》（第七卷），生活·读书·新知三联书店，1981 年，第 127 - 170 页。

（续上表）

借款名称	借款金额	签约日期
吉长铁路借款	4 511 250 日元	1917 年 10 月 12 日
善后借款第二次垫款	1 000 万日元	1918 年 1 月 6 日
四郑铁路短期借款	260 万日元	1918 年 2 月 12 日
无线电台借款	536 267 英镑	1918 年 2 月 21 日
有线电报借款	2 000 万日元	1918 年 4 月 30 日
吉会铁路借款	1 000 万日元	1918 年 6 月 18 日
善后借款第三次垫款	1 000 万日元	1918 年 7 月 5 日
吉黑两省金矿及森林借款	3 000 万日元	1918 年 8 月 2 日
满蒙四铁路借款	2 000 万日元	1918 年 9 月 28 日
济顺高徐二铁路借款	2 000 万日元	1918 年 9 月 28 日
参战借款	2 000 万日元	1918 年 9 月 28 日

日本的这些借款在一定程度上缓解了北洋政府的财政困难，使段祺瑞力主的"武力统一"、选举新国会、编练参战军等得以付诸实施。当然，日本向北洋政府提供如此之多的低利息、无折扣、轻担保的借款，并不是真如章宗祥所说的那样"以实业为名，不涉内政"①，而是包藏着巨大的政治祸心。1916 年 10 月，寺内正毅组阁以后，一改大隈重信对华强硬的形象，极力鼓吹"日中亲善""日中提携"，推行所谓的"菊分根"政策，力图通过经济渗透和经济控制使中国殖民化。寺内主政期间，兴业银行、台湾银行、朝鲜银行等日本银行按照政府的意图对华借款 3.86 亿多日元，涉及金融、交通、矿业、林业、电信等多个领域，造成中国在关系国计民生的重要经济领域对日本的严重依赖。在日本的经济诱惑下，皖系军阀控制的北京中央政府完全倒向日本，在政治上唯日本马首是瞻。十月革命爆发后，日本政府内部以本野一郎、上原勇作、田中义一等为代表的急进派认为，应抓住这个"天佑"之机出兵西伯利亚：夺取日本垂涎已久的贝加尔湖以东的俄国领土和东北、外蒙等中国领土，实现日本建立"大陆帝国"的夙愿；抢占与美欧列强竞争的先机，重点防止具有明显优势的美国经济势力大规模进入上述地区；保持军事存在，确保日本在战后和会上的话语权；消除苏俄社会主义革命可能对中国、朝鲜以及日本本土产生的影响，维护殖民统治安全和国内社会稳定；诱使中国"共同防敌"，借此"合法"占据中国东北，获取沙俄时代

---

① 王芸生：《六十年来中国与日本》（第七卷），生活·读书·新知三联书店，1981 年，第 171 页。

通过战争都无法得到的利权，并从组织、指挥、武器装备等方面控制中国军队。

在日本出兵西伯利亚的整个计划中，侵占与俄国接壤、可作为日军进入俄境的跳板与基地的东北是至关重要的一个环节。有鉴于此，日本从 1918 年初就开始游说、恐吓北洋政府，要求中国与日本"共同防敌"。2 月 5 日，日本参谋本部次长田中义一亲访中国驻日公使章宗祥，危言耸听地提出："俄国情势于联合国日形不利。德国利用俄国，东亚和平深恐为之扰乱。德俘在西伯利亚一带不下十余万人，一旦解放，即为劲敌……微闻德国已有阴谋，一面从西伯利亚侵入东方，一面在甘肃新疆一带鼓动回教徒肇事。万一见诸事实，中国国防吃紧，即日本国防吃紧……从军事上着想，两国国防实非迅谋共同行动不可。"① 在北京，日本驻华使馆和北洋政府顾问青木宣纯中将也不断向大总统冯国璋等人游说，鼓动北洋政府与日本"提携"，共同出兵。此时，段祺瑞已因"武力统一"遭到直系的抵制而下野，执政不足三个月的王士珍内阁也不敢拒绝日本的要求，只是提出一个容易向国内民众交代的主张：华境内事，中国自行处理，华境外事，可与日本共同处理。即便如此，日本政府仍然非常不满，本野一郎蛮横地提出：既有共同防敌之目的，即不当先分轸域。为了尽早使北洋政府同意与日本"共同防敌"，田中义一于 2 月 26 日再次会晤章宗祥，提出了两个供中国选择的方案：一是先由两国外交机构缔结共同防敌的条约，再由两国军方商定具体的军事布置；二是先由两国军方商定军事布置，外交机构予以认可，待时机成熟再缔结条约。

经过权衡之后，北洋政府原则上同意了第二种方案，只是提出协定的有效时间应以欧战终了为限。3 月 25 日，也即段祺瑞再次出任国务总理的第三天，中日两国就"共同防敌"问题进行了换文。随后，两国各派代表在北京举行谈判，商定军事协定的具体事宜。5 月 16 日、19 日，双方先后签订《中日陆军共同防敌军事协定》和《中日海军共同防敌军事协定》以及《中日海军共同防敌军事协定》说明书。军事协定从条文上看是两国在平等的基础上，从维护远东和平和本国安全以及承担参战国应尽之义务的目的出发，针对共同的敌人缔结的军事互助条约。实际上，上述协定不仅赋予日本进兵中国东北和由中国境内出兵西伯利亚的合法权利，而且还使日军顺理成章地取得了参与共同防敌的中国军队的指挥权。此外，中国处于军事行动区域之内的地方政府对日本还"须尽力协助"，"意味在中国领土上，用中国人民的钱，替日本军队修建旨在压制中国和苏维埃国家的军事基地"。②

中日共同防敌换文和谈判的消息一经传出，立即遭到了来自各方的反对。

---

① 王芸生：《六十年来中国与日本》（第七卷），生活·读书·新知三联书店，1981 年，第 241 –242 页。
② 井上清著，尚永清译：《日本军国主义》（第二册），商务印书馆，1985 年，第 196 页。

1918 年 4、5 月间，北京《晨钟报》、上海《民国日报》等报刊相继发表文章，严词抨击所谓的"共同防敌"，号召民众起来反抗。4 月 20 日，赵世钰、李述膺等 120 名旧国会①议员发表《旅沪国会议员反对中日订立密约宣言》，严正声明：根据"我国约法，缔结条约必得国会同意，否则不生效力。今国会被武力压迫，非法解散。内阁非法组织，一切对外缔结之条约，当认为私人行动，不能代表国家。纵使伪内阁与日人订立何等条件，国人决不承认"②。学界、商界、地方政界、侨界等各界团体和普通民众也竞相疾呼，反对北洋政府与日本"共同防敌"。

4 月下旬，留日中国学生在东京等地发起罢学归国运动，并成立留日学生救国团。截至 6 月，归国的留日学生有 3 000 多人，几乎全部归来。他们分赴上海、北京和原籍，联合国内高校学生，发动集体请愿、抗议，要求北洋政府废除"中日共同防敌军事协定"，直至 10 月活动才基本结束。这期间，大总统冯国璋、国务总理段祺瑞、中方谈判代表靳云鹏被迫分别接见学生代表，对"共同防敌"作出解释。5 月 1 日、4 日、9 日、17 日，6 月 1 日，中华全国商会联合会多次致电北洋政府，并派代表赴北京请愿，要求政府"俯顺民意，严词拒绝，以救危亡"，否则"我商民决不承认"。其中，四川代表胡炳塈还从日俄同盟、日德山东交恶的历史和中日互相管辖军队的条文等几个方面陈述了"中日共同防敌军事协定"的弊端和危害。武昌各善堂更是把"中日共同防敌军事协定"视同日本以之吞并朝鲜的《日韩协约》，提出："宁死刀锯，亡韩惨痛，誓不为续。"5 月 1 日、17 日、26 日，7 月 5 日，江苏省教育会、龙溪教育会和广西桂平绅、学、商、农各界先后电请北洋政府"宣布取消（军事协定），以平众怒"。5 月 6 日、25 日，6 月 22 日，河南省议会、吉林省议会和新疆省长杨增新亦致电北京中央政府，要求公布军事协定内容，"以安人心"。消息传到国外，澳大利亚、美国、爪哇、缅甸等地的华侨纷纷到中国驻当地使领馆询问、请愿，或者直接致电北洋政府，反对与日本"共同防敌"，并表示"海外侨民，决不承认（中日军事协定）"。甚至中国的驻外使节也为政府的行为感到忧虑，如驻英公使施肇基就请求当局以"全国命脉所系，更望始终坚执，以顾大局"，驻美公使顾维钧则直言利害，一针见血地指出"共同防敌"的军事协定将会使中国遭受"大损失"。③

北洋政府与日本就"共同防敌"事宜进行谈判并签订军事协定，引起了美、

---

① 即清室复辟时期遭张勋强行解散的国会。

② 薛衔天、李嘉谷等：《中苏国家关系史资料汇编（1917—1924 年）》，中国社会科学出版社，1993 年，第 44 页。

③《中俄关系史料·出兵西伯利亚》，台湾"中央研究院"近代史研究所，1984 年，第 120、122、124、127、129、145、146、147、149、159、160、161、164、175、180、181、182、185、193、194、205 页。

英、法、意等帝国主义列强和苏俄的强烈关注。其中，美国政府早在 3 月初就曾向中国公使顾维钧询问"中国……是否与日本人提携，同入西伯利亚"，并带警告性质地提醒"此等举动，行之中国境内，国际上影响颇大"。① 4 月 23 日，美国国务院再次向顾维钧探询中日"共同防敌"谈判的相关事宜。同一天，英国《泰晤士报》也发表评论，把"中日共同防敌军事协定"比作旨在灭亡中国的"二十一条"。此后，美、英、法、意等国均不断通过驻华使节向北洋政府了解中日订约的进展和具体内容。列强之所以对"中日共同防敌军事协定"如此重视，是与这一时期的国际局势密不可分的。当时俄、德《布列斯特—立托夫斯克和约》已经签署，德军正在西线发动大规模的春季攻势，英、法力主"委托"日本从西伯利亚对苏俄进行干涉，日本对此也跃跃欲试，却遭到了美国的坚决反对。美国政府高层对日本借单独干涉之机侵占西伯利亚、独霸远东的野心洞若观火，他们担心一旦日军根据"中日共同防敌军事协定""合法"进驻中国东北，日本势必会以中国东北为基地单独出兵西伯利亚，并对中国东北和西伯利亚实行"门户关闭"，将其完全纳入囊中。威尔逊总统认为，美国必须遏制日本的军事冒险，保持西伯利亚和中国东北的"门户开放"。② 因此，美国一方面在协约国内部极力反对由日本独自出兵干涉，提出必要时应以国际合作的方式进行联合干涉；另一方面建议中国北洋政府单独占领和守卫中东铁路，③ 并再次警告"日本急欲出兵，似非中国之福"④。不过，限于在远东的实力，美国很难有实质性的反对措施。在中日订约已不可逆转的情况下，威尔逊政府只能希望通过在中东铁路问题上支持北洋政府，对日本形成一定的牵制。

与美国的态度不同的是，英、法、意等国并没有对中日签订"共同防敌军事协定"表示任何异议。自苏俄宣布退出帝国主义战争以后，英、法就一直在积极筹划武装干涉，企图实现其扼杀苏俄革命、重建东线和瓜分南俄的多重目的。"委托"日本从西伯利亚进攻苏俄，打通符拉迪沃斯托克至南俄的交通线，直至挑起日、德全面冲突是英、法干涉计划的另一重要内容。⑤《布列斯特—立托夫斯克和约》签订以后，英、法希望日本出兵西伯利亚的心情更为急切。尽管英、法对日本逼迫中国签订"共同防敌军事协定"的野心十分明了，但并不愿在这个关键时刻开罪日本。不仅如此，英、法、意还联合起来不断向威尔逊政府施

---

① 《中俄关系史料·出兵西伯利亚》，台湾"中央研究院"近代史研究所，1984 年，第 35 页。

② Betty Miller Unterberger, *America's Siberian Expedition*, *1918 – 1920*, Duke University Press, 1956, p. 232.

③ United States Department of State, *Papers Relating to the Foreign Relations of the United States*, 1918, Russia, Vol. 2, Washington: United States Government Printing Office, 1932, p. 58.

④ 《中俄关系史料·出兵西伯利亚》，台湾"中央研究院"近代史研究所，1984 年，第 202 页。

⑤ 细谷千博：《ロシア革命と日本》，原书房，1972 年，第 27 – 28 页。

压，要求美国同意日本出兵西伯利亚。正是美国反对乏力和英、法、意的纵容，使日本更加肆无忌惮，最终迫使中国签署了"共同防敌"的相关文件。"中日共同防敌军事协定"的签订同样也引起了苏俄的重视，苏维埃政权密切关注军事协定的内容以及中国国内的反订约运动，外交人民委员契切林在第五次苏维埃代表大会上就提到："在远东，正在为反对强加给人民的秘密条约而进行斗争。中国南方公开声明，它不承认不久前同邻国签署的盟约，因该盟约剥夺了中国人民决定自己命运的权力，势必把中国人民引向血腥的屠杀。"①

尽管中日之间签订了"共同防敌军事协定"，但是和参战一样，北洋政府并没有切实打算出兵"防敌"。实际控制北京中央政府权力的皖系军阀的主要目的仍是通过"共同防敌"，获取日本的财政支持，扩充自身实力，完成其"武力统一"大业，并在北洋内部的派系斗争中占据上风。因此，在订约交涉的过程中，北洋政府就指示章宗祥，要求其向日本方面说明："中俄接壤，关系密切，非至必要时，万不轻于用兵，第一步只能作为实行准备。"②"共同防敌军事协定"签署后，日本陆续向北洋政府提供了多笔巨额借款，大部分都被以段祺瑞为首的皖系军阀用于压服异己的国内斗争。即使是利用日本的参战借款和军械编练的参战军也从没有出国"参战"，而是全部被用在直皖战争的战场上。由此可见皖系控制的北京政府"假参战、真内战"的本质用心。1918 年，真正促使北洋政府派遣海、陆军出兵俄国境内的，却是俄国远东地区的华侨问题。

如前所述，十月革命后苏俄在相当长的一段时间内都没能够在远东地区建立稳固而有效的统治，这里先后出现了以杰尔别尔为首的"西伯利亚临时政府"和"西伯利亚自治临时政府"、以霍尔瓦特为首的"全俄临时政府"、以沃洛戈茨基为首的"西伯利亚临时政府"和"全俄临时政府"、以高尔察克为首的"全俄政府"等一系列白卫政权，同时还有谢米诺夫、加莫夫、卡尔梅科夫等匪军不断兴风作浪、为非作歹。动荡的局势使远东地区旅俄华侨的处境十分艰难，不仅财产损失惨重，而且人身安全也难以得到保障。在向俄国方面求助无门的情况下，广大华侨开始转向祖国政府求援：一是向中国驻当地的外交机构反映情况，寻求保护。1917 年 11 月中旬，当符拉迪沃斯托克传出贫民准备暴动的消息后，华侨纷纷聚集到中国总领馆，与陆是元总领事商讨应对之策。此后随着远东地区局势的逐步恶化，每有重大不利消息传来或者受到迫害，③华侨都会到领馆请求保护，甚至出现"来馆呼吁，接踵而至"的情况。与此同时，华侨和侨团还委

---

① 薛衔天、李嘉谷等：《中苏国家关系史资料汇编（1917—1924 年）》，中国社会科学出版社，1993年，第 8 页。

② 王芸生：《六十年来中国与日本》（第七卷），生活·读书·新知三联书店，1981 年，第 246 页。

③ 《中俄关系史料·出兵西伯利亚》，台湾"中央研究院"近代史研究所，1984 年，第 34 页。

托总领馆向政府反映他们的困难处境，请求政府出兵保护。如海参崴中华总商会就曾一再函请当地的中国总领事馆，"迅速电达外交部，向彼驻京俄使要求，准我即派军舰来崴保护，并遣陆战精兵，发往离崴接近之吉林省所属之图门（们）江，及东宁县、虎林县、绥芬河四处预先驻扎，一旦有事，调遣较易"①。二是由侨团组织出面，直接请求北洋政府派兵护侨保商。远东地区局势出现动荡以后，海参崴中华总商会、黑河江北旅俄华侨会、伯力中华总商会、阿穆尔省华侨总会等侨团组织就不断致电北京中央政府，请求政府派遣军舰和陆军部队前来实施保护。1918 年 3 月 11 日黑河江北旅俄华侨会致电北洋政府的大总统、国务总理和外交总长："华商经营俄边界阿穆尔省，现值内乱、政乱，两党争权夺利，全省响应，华侨人口数十万，财产数万万，受该乱党扰害，实不聊生，屡请黑龙江督军进兵保护，苦无中央命令，未敢擅进，意将华侨生命财产置诸脑外。华侨虽经营俄界，亦中华国民一分子，俄边界距黑河一江之隔，日本人百口，现进兵数千，俄全境华侨连电乞，今为代电中央，若不从速进兵保护，不念华侨受其涂炭，即中国权利亦将损失，黑河更有何立足之地。素悉大总统、总理、总长爱民如子，准如所请，不啻救华侨于水火之情。"8 月 9 日伯力中华总商会致电大总统、国务总理、外交总长和陆军总长："俄领伯力党争剧烈，闻崴口联军进境，庙街口军舰入港，多数党与侨民将成恶感，交通断绝，险象环生，侨民生命，朝不保夕，伏惟鉴原，迅赐设法派兵保护。"三是就近向中国东北地方政府求助。1918 年 2 月，在哈巴罗夫斯克即将发生革命之际，当地的中华总商会"迳呈请吉督酌派军队，驻防绥远，并函请绥远县知事，禀请派遣军队"。②

此外，中国驻符拉迪沃斯托克和伊尔库茨克的外交人员也不断将耳闻目睹的华侨境况、当地局势的发展、各国对俄外交与军事动向等报告给北洋政府，并一再建议政府派兵救助难侨。早在 1917 年 11、12 月，陆是元总领事就把符拉迪沃斯托克粮食短缺、政局不稳、华侨希望祖国政府派遣军舰前来护侨的情况向外交部作了反映。12 月底，陆是元再次电请政府"及早筹帷，为未雨绸缪之计"，以保护俄境内华侨的生命财产。邵恒浚接任驻符拉迪沃斯托克总领事后，也就派舰护侨的问题多次请示外交部。针对当时中国的国情和华侨的险恶处境，邵恒浚致函外交总长，提出"华工或受排失业，或被胁入会，劫夺命案，时有所闻，食粮缺乏，尤足为虑……我侨民之众，关系之巨，处常之难，应变之险，远非他国之比。果真处于绝交或交战地位，又或猝值暴变，人有自卫之力，我何所持。人可鼓棹而去，我将焉往。前虑运粮为梗，我先受饿，兹虞风云莫测，我先蒙难"，

① 《中俄关系史料·出兵西伯利亚》，台湾"中央研究院"近代史研究所，1984 年，第 9 页。
② 《中俄关系史料·出兵西伯利亚》，台湾"中央研究院"近代史研究所，1984 年，第 14 页。

请外交部"与海军部筹商接应之法",派遣军舰到符拉迪沃斯托克保护华侨。1918 年 4 月 5 日,日本海军陆战队借三名日本商人遇害之机在符拉迪沃斯托克登陆,英国军舰也随即派兵登岸,当地局势骤然紧张起来。"侨商不无惊疑",纷纷到总领馆询问政府派舰的进展情况。邵恒浚一日连发四电,催促中国军舰尽快前来护侨。5 月 14 日,邵恒浚向外交部报告,哈巴罗夫斯克、符拉迪沃斯托克等地先后有二十几名华侨遇害。不仅如此,符拉迪沃斯托克地方当局还故意排华,突然提高华侨居留票的价格,按照十倍于其他国家侨民的标准向华侨收取,逾期补交则加倍罚款。邵恒浚认为这"不仅有关侨民之疾苦,亦实有碍国家之体面",政府应及时出兵声援华侨。①

各方面关于旅俄华侨处境的报告和派兵护侨的呼吁、请示,引起了北洋政府的高度重视,外交部、海军部、交通部、财政部、督办参战事务处、参陆办公处、参谋本部等部门相互协调,采取了一系列的有力措施援助、保护华侨:第一,通过外交手段对旅俄华侨进行领事保护;第二,以民事方式从陆路、海路接运难侨归国;第三,通过军事手段对华侨施以声援和保护。黑龙江、吉林、山东等地方政府也都积极配合北京中央政府的救侨护侨工作,在难侨安置、禁止华工赴俄等方面认真贯彻中央的政策、指令。但是,俄国远东地区华侨众多,分布广泛,中国国内又正处于南北战争时期,北洋政府既没有精力也没有实力对广大旅俄华侨实施全面救助和保护。1918 年 5 月捷克军团叛乱发生以后,远东地区的局势进一步恶化,华侨的处境也变得更加艰难,难侨到当地中国总领馆"窦极呼诉,络绎不绝"。

这一时期,美、日、英、法等协约国列强经过不断的讨价还价,逐步在出兵西伯利亚、从远东对苏俄实施武装干涉的问题上形成共识,联合军事行动即将展开。北洋政府得知"协商各国将公共出兵海参崴,共弭俄乱"后马上意识到,如果能够参加协约国的"公共出兵",不仅可以尽参战之义务,在将来的媾和会议上争取一定的话语权,而且还能够实现护侨保商的目的。1918 年 7 月 20 日,北洋政府同时指示驻英公使施肇基、驻法公使胡维德、驻日公使章宗祥、驻美公使顾维钧就中国参加联合出兵的问题征询所驻国政府的意见,其中在发往驻日、美公使的电报中和盘托出了北洋政府的真实目的:"此次若协商各国公共出兵,我国对于参战应尽之义务,自应一致派遣一二千人,并以保护领馆、侨商。"②然而,北洋政府的出兵计划却遭到了日本的反对。当时,日本正企图借出兵西伯

---

① 《中俄关系史料·出兵西伯利亚》,台湾"中央研究院"近代史研究所,1984 年,第 1、2、4、9、29、67、68、138、139 页。

② 《中俄关系史料·出兵西伯利亚》,台湾"中央研究院"近代史研究所,1984 年,第 210 页。

利亚之机，侵占中国东北、控制中东铁路，如果中国参加联合出兵，乘机收回旧俄势力占有的各种利权，势必影响到日本这一阴谋的实施。为此，日本不遗余力地阻挠中国出兵。早在同年3月份北洋政府拟派海容舰赴符拉迪沃斯托克护侨之时，日本就曾提出"现在既无必要，亦以不派为妥，万一有事，该处华侨由（停泊在符拉迪沃斯托克的）日舰保护"，[①] 以示反对。6月，日本以签约不久的"中日共同防敌军事协定"为依据，派人到东北等地进行军事勘察，并要求在中东铁路长春至哈尔滨段架设军用电话，为今后的出兵和长期侵占作准备。北洋政府提出的出兵计划打乱了日本的如意算盘，日本驻华公使林权助明确表示："中国似无派兵之必要。"此外，日本政府还声称，这次出兵的目的是专门援助捷克军团，与一般的保护领馆和侨商不同，也和中日军事协定的"共同防敌"毫无关系。针对日本的态度，北洋政府在出兵理由的表述上作了变通，提出："此事……以援助契克（捷克军团）为宗旨"。至此，日本一时再无反对的理由，寺内正毅无奈地表示："出兵与否，为中国之自由，日本固无须恳愿，亦自无拦阻之理……中国既已决定，惟兵数似无须甚多。"[②]

与此同时，北洋政府参加联合出兵的要求相继得到美、法等国的赞同。7月26日，美国助理国务卿布雷肯尼奇·朗在与顾维钧公使的会谈中表示：美国欢迎中国参加协约国在西伯利亚的联合军事行动，同时美国政府也认为，中国政府应自行掌控中东铁路。[③] 7月30日，法国外长毕勋也向胡维德公使表示："中国派兵，法政府毫无反对之意。"[④] 得到美、法等国的支持之后，北洋政府更加坚定了出兵的决心，8月3日正式任命海容舰长林建章为代将，并着手组建赴俄部队。除了先前赴符拉迪沃斯托克护侨的海容舰继续留驻以外，北洋政府拟再派遣一支军士1 600人、夫役700人的陆军部队，分两批进入俄境。8月2日、3日、8日，日本、美国、英国先后发表出兵宣言，正式从远东对苏俄实施武装干涉。北洋政府本计划紧随列强之后出兵，但由于在运兵问题上受到日本的百般刁难，[⑤] 赴俄军队迟迟难以成行，直到8月22日该问题解决以后才正式发表出兵宣言。

① 《中俄关系史料·出兵西伯利亚》，台湾"中央研究院"近代史研究所，1984年，第48、52页。

② 《中俄关系史料·出兵西伯利亚》，台湾"中央研究院"近代史研究所，1984年，第216、223页。

③ United States Department of State, *Papers Relating to the Foreign Relations of the United States*, 1918, Russia, Vol. 2, Washington: United States Government Printing Office, 1932, pp. 304 – 305；《中俄关系史料·出兵西伯利亚》，台湾"中央研究院"近代史研究所，1984年，第223页。

④ 《中俄关系史料·出兵西伯利亚》，台湾"中央研究院"近代史研究所，1984年，第229页。

⑤ 日本方面以车辆不敷使用为由，对中国使用南满铁路运兵一再拖延，并提出苛刻条件："一、勉强设法每日只能运送一百八十人，并盼于三日前通知。二、车辆不足，中国军队只可用有篷货车。三、铁路附属地已无空余，中国军队须此外另寻营舍地段。四、军队抵奉天、长春后，须彼此注意，勿使两军之间生出误会。"《中俄关系史料·出兵西伯利亚》，台湾"中央研究院"近代史研究所，1984年，第249 – 250页。

鉴于联合出兵的性质，北洋政府隐去了"稍图将来和会地步"与"保护领馆、侨商"的真实目的，对外宣称："中俄接壤，睦谊素敦。自俄国内乱发生以来，中欧诸国势力日东渐于西伯利亚方面，在该方面之德奥俘虏且阻止捷克军之东进。中国因对于俄国政府及俄国人民不忍坐视捷克军团被迫于德奥俘虏，故本于美国之提议，派遣相当之军队前往海参崴。此次出兵系赞同联合各友邦之义举，而以尊重俄国领土与主权为目的，决不干涉俄国内政。一俟贯彻此目的，即当撤退全部军队。"①

第四节　北洋政府救助俄国远东地区难侨的历史进程

一、正式出兵前的救助行动

1918 年 8 月 22 日的宣言，是北洋政府正式出兵俄国远东的标志，但它并不是救助难侨行动的开始。早在此前十个多月的时间里，北洋政府就已经通过外交、商业、军事等手段陆续开展了一系列的护侨、救侨行动。1917 年 11 月，十月革命的消息传来以后，远东各地的局势日益紧张，符拉迪沃斯托克当局开始对粮食实行管制，华侨惶恐之下不断向当地的中国总领馆求助。中国总领事一方面迅速将华侨的处境和请求报告给北京中央政府，另一方面积极向俄方交涉，尽可能地为华侨提供领事保护。北洋政府外交部 12 月 12 日收到总领馆的报告以后，第二天就致函海军部，咨询派舰护侨的可行性。海军部虽然也认为符拉迪沃斯托克华侨众多，应当派舰前往保护，但因"现时国内多事，军舰不敷分布"，只得建议通过外交途径对华侨施以保护。收到海军部的回复后，外交部并没有就此不管，而是于当天再次函请海军部以侨民生命财产和国家大局为重，抽调军舰赴俄护侨。12 月 24 日，海军部以军务吃紧、实在无舰可调为由，再次予以回绝。从当时的国内形势来看，海军部所言基本属实，并无推脱之处。该年 7 月孙中山在广州发起"护法运动"以后，得到了海军第一舰队的积极响应。7 月 21 日，海军总长程璧光率领第一舰队由上海开赴广东，宣布脱离北洋政府，加入护法阵营。第一舰队的出走，使北洋政府本来就很弱小的海军元气大伤。12 月，又正值南北战争烽烟再起之际，大总统冯国璋在曹锟、张怀芝、张作霖等主战派的联

---

① 薛衔天、李嘉谷等：《中苏国家关系史资料汇编（1917—1924 年）》，中国社会科学出版社，1993年，第 48 页。

合威逼下，不得不于 16 日发布作战命令，指示各部进攻护法阵营。此时要求海军部派遣军舰赴俄护侨，确有为难之处。

1918 年 1 月 5 日，符拉迪沃斯托克总领馆向外交部转呈了当地中华总商会关于派遣陆军到图们江、东宁县、虎林县、绥芬河等地声援华侨的请示函。华侨的请求得到了北洋政府国务院的重视，国务会议经过讨论决定：由陆军部会商奉天、吉林两省，派遣军队前往保护。① 1 月底，伯力中华总商会也提出了类似的请求，外交部依照成例，直接致电吉林督军孟恩远，请其派兵前往临近哈巴罗夫斯克的绥远县驻扎，以备护侨。尽管东北的奉系军阀与实际控制北京中央政府的皖系军阀关系并不融洽，甚至剑拔弩张，② 但在救助难侨问题上却难得见地相互配合。这一时期，北洋政府救助难侨的举措大多都是由奉、吉、黑三省的地方政府具体完成的。2 月 18 日，黑河对岸的布拉戈维申斯克发生战事，日本五六百人带枪结队出面干涉，华侨处境危急，黑河道尹张寿增立即向黑龙江督军鲍贵卿请示："可否由增商明俄官，派兵过境保护。"鉴于出境救助难侨有侵犯俄国主权之嫌，鲍贵卿没有同意越界用兵，但指示黑河官员要尽力保护华侨转运回国的贵重财物，并列出华侨在俄境内损失财物的清单，以便于日后向俄方要求赔偿。此外，鲍又派遣驻扎在嫩江的骑兵第三营驰援黑河驻军，充实当地兵力，对布拉戈维申斯克的华侨形成声援之势。考虑到俄国局势一时难以安定，华侨以后可能经常遭遇各种紧急情况，黑龙江地方当局还制定了三款保护办法在华侨中宣传、实施："一、财产造册送交俄官，以为损失索赔根据。二、紧急时悬挂国旗，标示华侨。三、各商设团自卫。"③

北洋政府和东北地方当局的上述举措并没能从根本上改变广大旅俄华侨的处境，为他们的生命财产提供安全保障。2 月 27 日，符拉迪沃斯托克总领馆向外交部报告：当地的旧俄政权已被推翻，（布尔什维克领导的）"军工"正在谋取财政权和警察权，社会秩序大乱，华侨被排挤失业、遇难的事件时有发生，粮荒问题尤为严重；中国和各国领事联合向俄方提出交涉，目前仍没有结果。3 月 2 日、11 日，海参崴中华总商会、黑河江北旅俄华侨会也分别以函、电的形式再次请求北洋政府派遣海军、陆军赴俄护侨。其中，海参崴中华总商会从护侨和维护国家主权的双重角度陈述了派舰的必要性："英、日、美等国，因俄国违背联军国之协约，与德国单独议和，已派有军舰来崴停泊，以作示威之运动。我国既已实行加入战团，亦当速派军舰来崴，相机应变，不但得以保护侨民之生命财

---

① 《中俄关系史料·出兵西伯利亚》，台湾"中央研究院"近代史研究所，1984 年，第 9 – 11 页。

② 1918 年 2 月 25 日，张作霖所部奉军在秦皇岛劫走了北京中央政府以参战名义从日本购置的一大批军械。此后，奉军又大举入关，驻扎在京津要地，对北京中央政府构成直接威胁。

③ 《中俄关系史料·出兵西伯利亚》，台湾"中央研究院"近代史研究所，1984 年，第 16 – 18 页。

产，假令一旦失和，俄国退让之际，该三国对于俄国亦必有所以要求，倘或咸争利权，提起分割租界事，该三国定收捷足先登之效，此千载不遇之机会，而我国侨民较诸他国众多，若无武力以作后盾，未免向隅矣。"① 根据总领馆对俄国局势和华侨处境的报告以及侨团组织的请求，3 月 13 日，北洋政府经过研究决定：派遣一艘军舰赴符拉迪沃斯托克护侨，由海军部"妥速筹办"。3 月 20 日，海军部正式指派海容舰承担此次护侨任务。

日本得到中国即将派舰赴俄的消息以后，立即作出强硬反应，予以阻挠。3 月 21 日，停泊在符拉迪沃斯托克的日本军舰派员到中国总领馆就中国派舰一事诘问邵恒浚总领事，指责中国派舰不但于事无补，反而会增加过激党（布尔什维克）对黄种人的恶感，指出中国军舰不如不派，提出华侨由日舰保护的无理要求。针对日本方面强词夺理的诘难，邵恒浚据理力争，明确指出中国派舰"非欲对待过激党"，主要目的是前来保商护侨。但是，日本外相本野一郎在 26 日与中国公使章宗祥的会谈中对中国派舰仍然持反对意见，并以中日"共同防敌"谈判为理由，要求中国政府将此事留待军事协定签约以后再作决定。这一阶段，日本正急于逼迫中国与之"共同防敌"，以此实现其"合法"侵入中国东北的野心。虽然中日两国已于 3 月 25 日进行了"共同防敌"换文，但双方的签约谈判尚未展开，协定正式签署更需要较长时日。因此，日本并不希望中国在此期间独自对外采取军事行动，以致生出枝节，影响"中日共同防敌军事协定"的缔约进程。由此可见，日本反对中国派舰，提出由日舰保护华侨，其用心就是要将中国纳入其主张的"协同处置""共同防敌"轨道，以便于达到其更深层次的目的，并不简单是本野宣称的"（中日互相保护侨民）同为相当比例，恢复体面问题"。

日本的阻挠虽然给北洋政府带来了一定的压力，但并没能改变其遣舰护侨的既定决策。北洋政府外交部一方面指示章宗祥妥善做好对日解释工作，另一方面积极协调各方面关系，督促军舰尽快赴俄护侨。3 月 30 日，外交部函请海军部"转饬海容军舰，即日开驶"。4 月 6 日，外交部同时致函国务院秘书厅和海军部，请它们"速饬海容克日开驶，安侨众为荷"。得知海容舰确定于 4 月 9 日出发后，外交部立即通知符拉迪沃斯托克总领馆，要求其将军舰所需的煤、粮等物筹备妥当。4 月 16 日，海容舰顺利抵达符拉迪沃斯托克。次日，海容舰便投入当地的救助难侨行动，与符拉迪沃斯托克总领馆积极配合，组织难侨乘坐"飞鲸"轮归国。海容舰的到来，不仅极大地缓解了华侨的恐慌情绪，使侨众"群情欣慰"，而且也使总领馆在对外交涉中有所依靠，处理各种涉侨事宜更加从容。

---

① 《中俄关系史料·出兵西伯利亚》，台湾"中央研究院"近代史研究所，1984 年，第 35 页。

一次，华侨运送两具灵柩回国，遭到俄方的无理纠缠，在外交交涉难以奏效的情况下，总领馆"请海容派兵四十名，登岸排立，始得将柩装运"。6月28日，先期抵达符拉迪沃斯托克的捷克战俘发动武装叛乱，推翻了当地的苏维埃政权，并与布尔什维克领导的军队展开激战。为保护华侨和中国总领馆的安全，海容舰紧急派兵登岸。7月3日，待战事基本结束以后，海容舰官兵才陆续回舰。除了在力所能及的范围内向华侨提供安全保障外，海容舰还多次在用工问题上帮助侨众维护自身权利。当时符拉迪沃斯托克社会秩序混乱，俄方一些势力趁机大肆排挤华工，要求当地的资本家只得雇佣俄国工人，一旦发现仍在使用华工者，立即聚众前往滋扰、恐吓，甚至强行以俄国工人取代华工。在收到华工的求助以后，海容舰多次派兵赶往现场，武装保护华工的正常工作。在中国海军的保护下，类似事件发生的次数逐渐减少。①

在遣舰护侨的同时，北洋政府还借助商业力量，以民事方式从陆路、海路接运难侨归国。3月31日，符拉迪沃斯托克总领馆再次发来告急电，称："俄官宣告不负治安责任，变在眉睫……他国多加船将妇孺运出……请与哈路速订加车，并多派商轮，赶将侨民运出，军舰亦须加派。"外交部收电后，立即商请东省铁路督办和交通部尽快调派车辆、商船前往符拉迪沃斯托克救运侨民。二者对此事都相当重视，4月2日东省铁路方面就已经调度妥当，只"候邵总领事要车，随时如数照拨"；4月3日，交通部也复函称，除了联系注册行驶符拉迪沃斯托克航线的烟台华商正记公司得利轮船和上海华商金叙屏上海号轮船，其还饬令招商局调派专轮前往符拉迪沃斯托克接侨，此外也建议外交部通过中国驻仁川总领馆联系仁川华侨交通公司，委托该公司派船赴俄运侨。但是，派船接侨的实际运作过程并不如交通部设想的那样顺利。首先遇到的困难是上海号出航未归，得利号船小不适用，其他公司一时也没有大船只可以调用。4月6日，仁川总领事张国威又传来不利消息，当地华侨交通公司无船可派，如果租用日本商船，必须征得（日本驻）朝鲜总督府的同意。鉴于租用日船事关中日交涉，北洋政府最终放弃了这一选择。

同日，交通部向国务院报告，招商局确定派遣"飞鲸"轮赴符拉迪沃斯托克接侨，但条件苛刻：一是以红十字会的名义，不公开使用招商局的名号；二是船租要价每日2 000元；三是保险必须按船本50万两、洋人大副每人5万两、洋人船员每人4万两投保，并且兵险必须先行拨付，否则拒绝开行。针对"飞鲸"轮的这些要求，财政部经过多方调查后提出：参照1916年新裕号沉没后对遇难

---

① 《中俄关系史料·出兵西伯利亚》，台湾"中央研究院"近代史研究所，1984年，第46、52、56、72、150、258页。

英国人的赔偿和1917年福建使用商船运兵时洋人船员的保费金额，仅同意按照每人1万两的标准为洋人大副和船员投保；符拉迪沃斯托克当前并无战事，不必投保兵险；船费由侨民自行负担。符拉迪沃斯托克总领馆则向政府建议，既然中外均已知道"飞鲸"轮"系（北京）中央政府所派，专济穷民"，就不应使用红十字会的名义，更不应向侨民收取高价船费。4月10日，经过外交部、交通部、财政部、符拉迪沃斯托克总领馆、招商局等多方的不断协商，"飞鲸"轮终于起锚开赴符拉迪沃斯托克。4月18日，"飞鲸"轮按照总领馆的安排，搭载了1 165名华侨返航驶往烟台。考虑到所接侨民绝大部分都是受难穷侨，北洋政府收取的船费十分低廉：除50名富裕侨商每人收140卢布以外，其他1 046名穷侨均按每人10卢布收取，对于总领馆强制遣返的69名匪徒、疯癫之人则完全免费。①

为配合上述护侨、接侨行动，北洋政府还在其他方面做了大量的工作。第一，弛粮禁，缓解华侨遭遇的食品短缺困难。十月革命爆发以后，北洋政府曾于1917年12月24日发布命令，禁止向俄境内出口粮食。在多次接到符拉迪沃斯托克总领馆和侨团组织关于当地粮食匮乏、食品短缺的报告之后，1918年3月底，北洋政府税务处指示总税务司，对运粮前往符拉迪沃斯托克的华商一概从速放行。第二，暂停华工赴俄。为了防止华工继续流向俄国远东地区，给护侨、接侨工作增加不必要的压力，北洋政府根据符拉迪沃斯托克总领馆的建议，饬令哈尔滨、烟台等口岸从1918年4月起停发赴俄工照。第三，妥善安置难侨。在"飞鲸"轮抵达烟台之前，北洋政府就已经将此次所接难侨的具体人数电告山东督军张怀芝、省长孙发绪，要求山东地方政府按照全部归农的原则对难侨进行安置，不能任其流离失所。第四，派员赴符拉迪沃斯托克，深入了解侨情和总领馆、海容舰救助难侨的情况。苏俄革命以来，北洋政府得到的关于旅俄华侨的信息主要来自符拉迪沃斯托克总领馆的报告和各地侨团组织的来电，对很多情况的了解都不够及时全面。有感于此，1918年7月，北洋政府派遣外交部佥事傅仰贤前往符拉迪沃斯托克，通过实地调研，深入了解华侨的真实状况和总领馆、海容舰救助难侨的进展及成效。8月16日，傅仰贤向北洋政府提交了一份较长篇幅的调查报告，一一陈述了捷克军团、西伯利亚临时政府、霍尔瓦特等各方势力的情况和华侨的处境以及海容舰护侨的成效。

这一时期，北洋政府采取的充实边防军力声援华侨、派遣军舰护侨、安排火车和商船接运难侨等一系列救助措施，在一定程度上缓解了华侨的艰难处境。但是，这些措施的力度和所能顾及的范围都相当有限。经过与日、美、英等国协商

---

① 《中俄关系史料·出兵西伯利亚》，台湾"中央研究院"近代史研究所，1984年，第57、67、76、91、116、123页。

以后，1918 年 8 月 22 日，北洋政府发表出兵西伯利亚宣言，以援救捷克军团的名义派遣军队进入俄境，开始在协约国联合出兵的旗帜下救助难侨。

二、出兵救助难侨

1918 年 7 月底，美、日、英、法等国经过长时间的讨价还价，最终在出兵西伯利亚问题上达成妥协。8 月初，各国相继发表出兵宣言，正式从远东对苏俄展开武装干涉。日本是参加联合干涉的帝国主义列强中的急先锋。早在出兵宣言发表之前，日本就已经在吉林、辽宁一带集结了大批军队，并派遣士兵着便装、暗藏武器陆续进驻哈尔滨、满洲里、符拉迪沃斯托克等战略要地。[①] 8 月 2 日出兵宣言发布以后，日军立即水陆并举，大规模进入俄国境内。8 月 3 日，英军 800 人在符拉迪沃斯托克登陆，8 月 9—15 日，法国军队 1 200 人、意大利军队 1 000 人、美军 2 000 人也相继从符拉迪沃斯托克进入俄境。其后，除法国军队总数没有变化，美、英、意等三国在俄军队人数分别增至 9 000 人、5 800 人、1 400 人。[②] 即便如此，三国军队在数量上也很难与日军相提并论。俄国境内的日军人数最高峰时曾有 72 000 多人，较少时也有近 3 万人。

按照事前的约定，联军进入俄国境内以后，统一归日军司令大谷喜久藏指挥。9 月 3 日，美军指挥官格雷夫斯将军抵达符拉迪沃斯托克以后，对日军将领担任联军最高司令官颇不以为然，拒绝接受其指挥。[③] 指挥权上的分歧导致联军实际上处于各自为政的境地。在近两年的联合干涉中，各国军队联合采取军事行动的次数极为有限，美军甚至没有直接与苏俄红军发生过任何战斗。本来是主角之一的美军逐渐被边缘化，协约国的联合出兵在某种意义上成了日本入侵中国东北和西伯利亚的幌子。

日本大规模出兵以后，很快就抛开了"援助捷克军团"的外衣，完全按照自己的目的和需要在中国东北和俄国远东地区展开各种军事行动。其中，第十二师团从北海道开赴符拉迪沃斯托克，第三师团由名古屋取道朝鲜开往后贝加尔地区，在赤塔设立大本营，第七师团从吉林、辽宁一带沿中东铁路北上，设大本营于中俄边境的满洲里。[④] "贝加尔湖以东所有村镇都有了日本军。从海参崴到赤塔的各个车站，不论西伯利亚铁路，也不论中东铁路，都挂上了日本国旗。从满

---

① 《中俄关系史料·出兵西伯利亚》，台湾"中央研究院"近代史研究所，1984 年，第 224 页。

② 原晖之：《ツベリァ出兵——革命と干涉》，筑摩书房，1989 年，第 372 页。

③ Betty Miller Unterberger, *America's Siberian Expedition, 1918—1920*, Duke University Press, 1956, pp. 89 – 90.

④ 原晖之：《ツベリァ出兵——革命と干涉》，筑摩书房，1989 年，第 373 页。

洲和蒙古通往西伯利亚的一切道路都被日本军占据了。可以说，日本用军队和商人把西伯利亚摆满了。"① 此外，日军一部还在尼古拉耶夫斯克登陆，控制了阿穆尔河出海口。在进军西伯利亚的过程中，日本势力乘机侵入中国东北，并不断制造事端，驱逐中国驻军，蓄意将这一地区纳入其势力范围。据吉林督军孟恩远、黑龙江督军鲍贵卿报告，② 日军在中东路区强占营房，驱赶中国守军，并在沿线的桥梁、隧道等重要节点驻扎军队，俨然已成为中东铁路的真正主人。在向中国东北和西伯利亚积极进兵的同时，日本以赤塔为巢穴在后贝加尔地区扶植谢米诺夫，以布拉戈维申斯克为中心在阿穆尔地区扶植加莫夫，以哈巴罗夫斯克为基地在乌苏里地区扶植卡尔梅科夫，并大力支持霍尔瓦特组建的伪政权，通过这些白俄势力加强对东西伯利亚的渗透和占领。

军事扩张之外，日本的经济侵略也在中国东北和俄国远东各地全面展开。7月26日，尚未出兵之时日本政府便做出决定："为了对抗美国等国获得利权，帝国这时必须确立经济活动的基础。"③ 正式出兵以后，日本除了在行军途中广泛使用朝鲜银票以外，④ 还随军携带大量军用手票，充当通用货币在中国东北和俄国远东地区强制发行。⑤ 8月19日，日本成立了由南满铁路、三井、三菱等大型垄断资本的代表担任委员的"西伯利亚经济援助临时委员会"；1919年1月18日，又组建"极东兴业团"，吸收国内重要垄断集团参加，大举对俄国远东地区实施经济扩张。⑥ 2月26日，日本内阁做出《对俄方针纲要》决议，蛮横地提出：发展西伯利亚的资本主义制度，俄国中央政府不得向远东地区扩展，为此要采取一定的抑制措施；努力防止、消除在俄国远东地区除维持秩序之外的军事设施的发展；努力防止、消除俄国在外蒙古地区作为经营的侵略政策实施；废除俄国在该地区有关资源开发及其他工商业经营方面的限制或阻碍，依据机会均等主义，对外国人的居住、经营及投资给予便利，开放黑龙江、符拉迪沃斯托克为自

---

① 井上清著，尚永清译：《日本军国主义》（第二册），商务印书馆，1985年，第215页。

② 《中俄关系史料·出兵西伯利亚》，台湾"中央研究院"近代史研究所，1984年，第262、266、268、270、272页。

③ 细谷千博：《ロシア革命と日本》，原书房，1972年，第181页注133。

④ 据中国谍报员向北洋政府报告，日本"发布动员令之后，即于海参崴及哈尔滨方面军队经过之处，其所需货币，以朝鲜银票为其支用。故现在朝鲜银行……收拾银行卷数百万元，日内输送于海参崴"。《中俄关系史料·出兵西伯利亚》，台湾"中央研究院"近代史研究所，1984年，第251页。

⑤ 北洋政府对日本在中国境内发行军票一事并不敢提出异议，只得无奈地宣布："日军使用之军用手票既系一种通货，不得不通融，听其行使。"与之形成对比的是，白俄西伯利亚临时政府认为"日军军用票，破坏俄之经济"，一方面向日本提出了抗议，另一方面采取措施阻止日本军票在俄境内流动。《中俄关系史料·出兵西伯利亚》，台湾"中央研究院"近代史研究所，1984年，第295、309、310、325、337页。

⑥ 细谷千博：《ロシア革命と日本》，原书房，1972年，第128－129页。

由港。① 日本计划通过以上手段，从经济上控制中国东北和俄国远东地区，配合军事行动最终实现完全占有这些地区的目的。

日本的扩张举动，极大地触动了美、英、法等国的利益，帝国主义列强之间的矛盾日益尖锐。1918 年 8 月初，当日军大规模向中国东北开进，并在中东铁路沿线驱逐中国守军、强占战略要地时，美国就对日军的行动和目的提出了质疑。日本则宣称，日军在中国东北的行动属于"中日共同防敌军事协定"范畴之内的正常军事调动，与出兵西伯利亚毫无关联，并且事先已经过中国政府同意。对于日本歪曲事实的说法，9 月 13 日，中国驻美公使顾维钧写信向美国方面作出了澄清。② 日本侵占中国东北、控制中东铁路的阴谋遂暴露无遗，日美矛盾随之加剧。事实上，美国对西伯利亚铁路和中东铁路垂涎已久。1918 年 3 月，受美国政府支持的史蒂文斯铁路工程师团在哈尔滨与霍尔瓦特就改良中东铁路计划签订合作协议，从而使美国获得了控制中东铁路的机会。但是，日军出兵中国东北以后，对铁路路区实施军事占领，致使美国工程师团逐渐被架空。最后连霍尔瓦特也承认，由于日军的占领，他与史蒂文斯之间的协议已经成了一纸空文。对此，美国当然无法容忍。美国战时通商局局长麦克米克向政府建议，应该立即采取行动，对日本实施经济制裁，"限制（日本）的生丝进口和（美国）棉花、钢铁的出口"，遏制日本军国主义在远东的扩张。③ 11 月 16 日，美国政府在对日本的照会中指出：美国对日本在中国东北和东西伯利亚保持如此庞大的驻军感到十分震惊……日本的军事行动已明显背离了两国早前宣布的出兵目的……如果日本继续坚持当前的这种政策，美国只好从西伯利亚撤军，包括撤出史蒂文斯领导的美国铁路工程师团。④

让美国难以接受的并不只路权问题，日本的经济扩张和独占也是这一阶段美日矛盾的焦点之一。1919 年 2 月，在"西伯利亚经济援助临时委员会"和"极东兴业团"相继组建完成之后，日本又提出《对俄方针纲要》，力图获取俄国远东地区的各种经济利权，并有意将美国排斥在外。同年 4 月，日本更是公开宣称："俄属库页岛北部的油田、煤田在解决飞机、舰艇、汽车等燃料方面'绝对必要'，最近美国资本企图渗入该地区，这'不论以何种名义，都是对帝国国防

---

① 李凡：《日苏关系史（1917—1991）》，人民出版社，2005 年，第 23 - 24 页。

② United States Department of State, *Papers Relating to the Foreign Relations of the United States*, 1918, Russia, Vol. 2, Washington：United States Government Printing Office, 1932, pp. 349, 378；《中俄关系史料·出兵西伯利亚》，台湾"中央研究院"近代史研究所，1984 年，第 261、262、301 页。

③ 细谷千博：《ロシア革命と日本》，原书房，1972 年，第 63 页；Betty Miller Unterberger, *America's Siberian Expedition, 1918—1920*, Duke University Press, 1956, pp. 107 - 111.

④ United States Department of State, *Papers Relating to the Foreign Relations of the United States*, 1918, Russia, Vol. 2, Washington：United States Government Printing Office, 1932, pp. 433 - 435.

的重大威胁'，非帝国所能容许。"5月，日本再次做出重大举动——成立"北辰会"，专门从事萨哈林岛北部石油、煤炭的开发。① 当时，美国资本正在谋求萨哈林北部的石油、煤炭采掘权，日本的声明和举动无疑是针对美国的极大挑衅。至此，美日在经济利权上的争斗已经到了水火不容的地步。

铁路控制权和经济利权引发的日美冲突远不是帝国主义列强之间矛盾的全部，日本与英、法等国在扶植白俄势力问题上的斗争更加激烈，涉及的范围更为广泛。如前所述，日本一直致力于扶植谢米诺夫、加莫夫、卡尔梅科夫和霍尔瓦特。1918年8月，日军参谋本部制定《在俄属远东建设俄国军队及其指导要领》，计划在后贝加尔州、阿穆尔州、滨海州分别建立以谢米诺夫、加莫夫、卡尔梅科夫为首脑的军事政权，组建6万人的哥萨克军队，然后将这几股白俄势力合而为一，在俄国远东地区建立以霍尔瓦特为行政首脑、谢米诺夫为军事首脑的统一政权。② 但是，这个计划并没能够成功实施。失败原因来自两个方面：一是白俄势力内部矛盾重重，难以团结一致；二是遭到了英、法、意、美等国的联合抵制。英、法、意等三国虽然在出兵问题上大力支持日本，但是对日本在远东地区扶植谢米诺夫、卡尔梅科夫等白俄势力却深怀戒心。尤其是谢米诺夫匪军肆意破坏铁路交通，阻断通信联络的行径，更增加了英、法等国的恶感。

1918年11月高尔察克发动政变夺取了鄂木斯克的政权以后，英国马上向高尔察克表达了"最热烈的同情"，法国也表示很乐于见到高尔察克与南俄的邓尼金将军实现联合。③ 英、法希望借助高尔察克政权，一方面向布尔什维克领导的苏维埃政权发动进攻，另一方面制衡日本及其扶植的白俄势力。美国最初以不干涉俄国内部事务为理由，拒绝承认和援助高尔察克政权。后来，在美军和美国铁路工程师团不断受到日军及白俄匪军排挤的情况下，④ 也逐渐转向追随英、法，支持高尔察克。美国先后向高尔察克政权提供了数亿美元的贷款、几十万只步枪、几千门大炮和其他大量军事物资。⑤ 美、英、法等主要协约国成员采取一致步调支持高尔察克，使日本陷入了极为孤立的状态。为了避免彻底与协约国走向对立，日本不得不暂时放弃在俄国远东地区建立统一傀儡政权的想法。1919年5月，日本宣布承认高尔察克政权，任命加藤恒忠为临时特命全权大使，进驻鄂木

---

① 崔丕：《近代东北亚国际关系史研究》，北京师范大学出版社，1992年，第357页。

② 细谷千博：《ロシア革命と日本》，原书房，1972年，第105－106页。

③ United States Department of state, *Papers Relating to the Foreign Relations of the United States*, 1919, Russia, Washington：United States Government Printing office, 1937, p. 327.

④ Betty Miller Unterberger, *America's Siberian Expedition*, 1918—1920, Duke University Press, 1956, pp. 126, 127, 133.

⑤ United States Department of state, *Papers Relating to the Foreign Relations of the United States*, 1919, Russia, Washington：United States Government Printing office, 1937, pp. 424－425.

斯克。不过，日本并没有中断对谢米诺夫等白俄势力的扶植，甚至暗中指使白俄匪军与联军发生冲突，列强之间的矛盾非但不能真正得到解决，反而愈演愈烈。

日、美、英、法等国在铁路控制权、经济利权、政治控制权上的重重矛盾，致使协约国的联合出兵在很大程度上演变成为列强关于远东霸权的角逐。在这个过程中，列强或通过其扶植的白俄代理人，或亲力亲为，对新生的苏维埃政权发起了一连串的进攻。列强在远东地区的武装干涉虽然使各地的革命运动遭受了一些挫折，却不能从根本上扼杀苏俄革命。经过短暂的力量积蓄之后，苏俄红军很快以摧枯拉朽之势击溃列强扶植的白俄势力，迫使协约国联军相继退出俄国境内。

中国是所有参与联合出兵的国家中实力最弱的。虽然出兵人数略多于意大利和法国，但由于国力不逮、军力不济，中国军队在整个联合干涉过程中只承担了一些辅助性的守护、声援、警戒任务，基本没有同苏俄军队发生实质性的武装冲突。根据北洋政府最初的安排，赴俄中国军队以海军代将林建章为指挥官，由海军和陆军两部分组成——海军即为先前赴符拉迪沃斯托克护侨的海容舰，陆军为第九师一部，内有步兵两营，骑、炮、工、机各一连，兵员 1 600 人，夫役 700人，上校宋焕章任支队长。北洋政府原计划与美、日等国同期向俄国远东进兵，由于在运输环节上受到日本方面的刁难，直到 8 月 20 日，首批中国陆军才得以从奉天起程赴俄。此后，各批军队陆续进入俄国境内，并在联军司令大谷喜久藏的指挥下在远东各地布防。

9 月 6 日，北洋政府与日本签订《关于中日陆军共同防敌军事协定实施上必要之详细协定》，其中第一条规定："中日两国各派遣其军之一部，对于后贝加尔州及黑龙州，各取军事行动，其任务在救援捷克斯拉夫克军并排除德奥两国及为之援助之势力……为与自满洲里方面行动于后贝加尔方面之军队互相策应起见，中国军队之一部，应于库伦至贝加尔湖方面行动。"[1] 根据该项内容，北洋政府一方面加强了恰克图和库伦的防务，另一方面又向后贝加尔地区派遣了一支小股部队，以协助日军和捷克军团的行动。

根据 1919 年 2 月北洋政府督办参战事务处的统计，中国在协约国组织的联合干涉中投入步兵、骑兵、炮兵、工兵、辎重兵和机关枪部队共约 4 000 人，军舰一艘，取得的"战绩"如下：[2]

沿海州方面。1918 年 8 月 26 日，协约国联军在符拉迪沃斯托克向苏俄军队发动攻击，中国军队集中在乌苏里斯克，负责守备，并守护五站至乌苏里斯克的

---

① 王芸生：《六十年来中国与日本》（第七卷），生活·读书·新知三联书店，1981 年，第 259 页。
② 《中俄关系史料·出兵西伯利亚》，台湾"中央研究院"近代史研究所，1984 年，第 471 - 473 页。

铁路,使之保持畅通;乌苏里铁路沿线的苏俄军队陆续撤退以后,随之向前推进的联军"兵力稍形单薄",中国军队立即前往增援,并承担起保护乌苏里马克贝罗一带铁路的责任;苏俄军队撤到哈巴罗夫斯克后,中国骑兵和机关枪部队与日军联合进行追击;与美军共同保护乌苏里地区的煤矿;派遣陆军和海军陆战队与联军一起负责地方"警备"。

吉林、黑龙江方面。派兵进驻中东铁路路区,解除哈尔滨工兵苏维埃的武装,保障铁路运输畅通;分兵扼守五站、满洲里、黑河等处,并派遣兵舰在中俄界河游弋,防止苏俄军队进攻谢米诺夫军;多次收容谢米诺夫败军,允许其在中国境内招募军队,并帮助谢米诺夫军运输粮饷、军械;对苏俄军队实施物资禁运,断绝其从中国获取粮食和其他军用物资的渠道;增兵收管兴安岭炮台,保护沿线重要建筑物;派兵守护哈尔滨的铁路、军械、子弹等军事设施和物资,以免落入苏俄军队之手;劝告苏俄军队停战五星期,使谢米诺夫军得以从容布置,也使协约国出兵的时间更为充裕;在运输、住宿等方面为协约国联军提供各种便利,帮助做好联军后方的一切勤务工作;保护阿穆尔白俄政府的数千万卢布现金,并全部交给霍尔瓦特;捕获德奥战俘400多人,客观上减弱了苏俄军队的作战能力。

恰克图、库伦方面。1918年2、3月间,派兵增强恰克图的防务;4月,乌里雅苏台白俄领事馆卫队受布尔什维克的策动,计划起义,中国军队参与镇压;7月初,伊尔库茨克的苏俄军队败退,中国军队参与围堵,捕获奥籍战俘7名;8月,派兵参加库达林的战事,击毙苏俄士兵多人;在乌苏里斯克陷落的时候,约50名苏俄士兵和德奥战俘聚集在恰城,中国军队立即前往防堵;派兵协助捷克军团攻克特罗宜次阔萨甫斯克,联军抓获苏俄军官多名、德奥战俘2 000多人,同时缴获步枪数千支,机关枪40挺,大炮6门,子弹、炸药、马匹若干;苏俄军队向萨马拉败退后,中国军队分兵参与截击。

此外,北洋政府还增兵强化中俄界河沿线的防务。1919年7月,北洋政府抽调第二舰队的"江亨""利捷""利绥"3艘小炮艇和"利川"号拖船,组建了吉黑江防舰队,并将其派往黑龙江流域驻防。由于在行进过程中先后受到白俄军队和日军的阻挠,这支舰队直到1920年10月才抵达防区。

中国虽然为协约国联合出兵西伯利亚提供了多种便利,中国军队也多次参与联军的作战行动,但由于国家贫弱、政府腐败无能,中国的"友好行为"并没有得到协约国应有的尊重和认可。相反,协约国及其扶植的白俄势力还肆意践踏中国主权,凌虐、劫掠中国侨民,其中尤以日本和日本支持的谢米诺夫等白俄匪

军为烈，"谢米诺夫是一个十足的无赖……需要资金的时候，他们就抢劫中国商人"①。1919 年 7 月，谢米诺夫军在大乌里站劫走华商现金 1 000 多万卢布。② 黑龙江督军向北京中央政府报告说，类似的抢劫事件已有十余起，给侨商造成的损失达数千万卢布之巨。该月底，谢军在赤塔城内借捉拿布尔什维克之机，再次洗劫了五家华侨。4 月，谢军又诬陷五十余名华工为布尔什维克，计划将他们全部处死。更有甚者，1920 年初谢米诺夫竟然禁止华侨在其统治区的城镇居住停留，等同于将华侨在城镇内的房屋财产全部没收。③ 日军及受日本支持的白俄匪军对华侨实施的种种暴行，不仅遭到了北洋政府及其驻俄外交机构的抗议，而且也引起了中国军队的不满。中国军队与日军及白俄军队摩擦不断，如 1918 年 8 月 22 日宋焕章所部与日军在长春二道沟车站的冲突，1919 年 8 月 18 日中国军队与白俄军队在中东路一面坡的交火，等等。④ 1920 年 3 月，甚至发生作为协约国联军的中国军队帮助苏俄红军痛击日军的事件。⑤

尽管中国赴俄军队在协约国组织的联合干涉行动中战绩平平，但在护侨保商方面却做了不少实事。1918 年 8 月 23 日，当得知协约国联军将在 26 日向符拉迪沃斯托克及乌苏里铁路一带的苏俄军队发动"总攻击"后，中国赴俄军队的最高指挥官——林建章立即命令宋焕章所部陆军支队赶赴乌苏里斯克驻防，同时率领海容舰官兵与符拉迪沃斯托克总领馆一起组织华侨转移，并在力所能及的范围内尽量保障华侨的生命财产安全。由于中国军队驻防乌苏里斯克，使乌苏里斯克至绥芬河的铁路保持畅通，很多华侨得以从这段铁路安全返回国内。8 月 29 日，伯力中华总商会再次致电北洋政府，称"侨民有岌岌可危之势"，请求派兵保护。中国军队在征得联军指挥官同意以后，分兵一部前往驻守。1919 年 11 月，哈巴罗夫斯克粮食匮乏，卡尔梅科夫"密议将实行搜索华人偏好粮食，并将以武力从事"。中国驻军得到消息后，立即会同权世恩副领事向卡尔梅科夫提出交涉，

① Betty Miller Unterberger, *America's Siberian Expedition, 1918 – 1920*, Duke University Press, 1956, p. 119.

② 《中日关系史料·东北问题》（二），台湾"中央研究院"近代史研究所，1990 年，第 669 页。

③ 《中俄关系史料·出兵西伯利亚》，台湾"中央研究院"近代史研究所，1984 年，第 461、465、497、679 页。

④ 《中俄关系史料·出兵西伯利亚》，台湾"中央研究院"近代史研究所，1984 年，第 288、552 页。

⑤ 1919 年 10 月 24 日，吉黑江防舰队前往防区的过程中途经哈巴罗夫斯克时，遭到了白俄军队的炮击。在交涉未果的情况下，舰队被迫滞留尼古拉耶夫斯克过冬。3 月 11 日，苏俄红军与日军在尼古拉耶夫斯克发生激战，红军久攻日本领事馆不克。次日，红军向吉黑江防舰队借得 3 英寸边炮和 5 响格林炮各 1 门，借此攻破日本领事馆，彻底肃清尼古拉耶夫斯克的日军。5 月 25 日，红军撤离尼古拉耶夫斯克时，将俘房的日本人全部处死，并放火焚城。这一事件被称为"尼港事件"（又称"庙街事件"）。6 月 3 日，日军大部队攻入尼古拉耶夫斯克，在一名日军通信兵的尸体上发现了记载中国军队帮助苏俄红军的日记，由此引发了日本对中国的严正交涉。

及时阻止了白俄匪军对华侨的洗劫。[①]

鉴于谢米诺夫匪军屡屡劫掠华侨，1919 年 1 月 17、25 日以及 2 月 8 日，黑龙江督军鲍贵卿三次致电北京中央政府，建议抽调一团以上兵力进驻大乌里、格林木斯克、赤塔、大乌金子、伊尔库茨克等地，"专为保护侨商"。6 月 20 日，鲍贵卿再次电请中央出兵上述地区护侨，并制订了一份详细的"境外出兵计划草案"，[②] 对出兵理由、兵种编制、驻扎地点、所需经费等具体事项都一一作了说明。该方案虽然在 7 月底经国务会议讨论通过，但由于北洋政府兵财两绌，最终未能付诸实施。此时，苏俄红军已在东线向以高尔察克为首的白俄势力发动大规模的反攻，远东地区局势日益紧张，阿穆尔地区的华侨不断向北洋政府请求派兵保护（符拉迪沃斯托克、哈巴罗夫斯克、乌苏里斯克等地已有中国军队驻守）。1920 年 2 月 10 日，北洋政府派遣以团副姜永胜为指挥官的百人小队进驻布拉戈维申斯克，分驻华侨会所、领事馆、杂市等地对华侨实施保护。

1920 年 3 月，"尼港事件"发生以后，日本很快便作出反应，大规模向阿穆尔河口增兵，计划对苏俄红军实施报复。5 月 22 日，日军进攻尼古拉耶夫斯克在即，为尽量减少华侨损失，吉黑江防舰队率领中国驻尼古拉耶夫斯克副领事雇用数十艘帆船，搭载数千名华侨前往距尼古拉耶夫斯克 40 里的麻盖村躲避战火。6 月 3 日，日军攻入尼古拉耶夫斯克时，发现中国军队曾帮助苏俄红军进攻日本领事馆。日舰随后将吉黑江防舰队围困在麻盖，并向中国方面提出抗议和交涉。直至 9 月，该舰队才得以脱困。在这个过程中，北洋政府一方面配合日方展开调查，商讨解决办法，另一方面调派、租用船只前往麻盖、尼古拉耶夫斯克救济华侨。7 月 25 日，中国驻哈巴罗夫斯克副领事主持租用的俄国商船运载大量粮食抵达尼古拉耶夫斯克救济难侨。8 月 3 日，该船运载 900 多名难侨返回哈巴罗夫斯克。8—10 月，北洋政府又先后租用戊通公司宜兴轮、南翔轮和文殊、妙音两艘拖船，携带面粉等物资前往尼古拉耶夫斯克救济、接运难侨，共运回难侨4 500 人。[③]

正式出兵以后，北洋政府在强化军事护侨的同时，也加大了外交护侨的力度——通过在远东地区的重要城市设置领事机构，加强与白俄各方势力的联系和沟通，更好地保障华侨的生命财产安全，维护华侨应有的各种权益。1918 年 9 月，经国务会议研究决定，任命原驻俄公使刘镜人为驻西伯利亚高等委员，常驻

---

① 《中俄关系史料·出兵西伯利亚》，台湾"中央研究院"近代史研究所，1984 年，第 644、650 页。

② 《中俄关系史料·出兵西伯利亚》，台湾"中央研究院"近代史研究所，1984 年，第 517－532 页。

③ 参见张力：《庙街事件中的中日交涉》，《南京大学学报》（哲学·人文科学·社会科学版）2005 年第 1 期；曲晓范：《试述 1918—1921 年北洋政府在西伯利亚的护侨活动》，《华侨华人历史研究》1998 年第 1 期；苏小东：《北洋政府组建吉黑江防舰队述略》，《军事历史》1996 年第 4 期。

符拉迪沃斯托克。1919 年 4 月至 1920 年 7 月，北洋政府又先后派遣范其光、管尚平、权世恩、嵇镜、张文焕等人赴俄国远东地区，分别担任中国驻鄂木斯克总领事、驻赤塔领事、驻哈巴罗夫斯克副领事、驻布拉戈维申斯克总领事、驻尼古拉耶夫斯克副领事。1919 年 10 月，鉴于谢米诺夫匪军在劫掠华侨以后屡屡"借口与军事有关，任意卸责"，北洋政府增设驻赤塔军事委员，以尽力与谢军交涉。

三、撤军

1918 年 11 月 11 日，德国战败投降，第一次世界大战结束。协约国列强为出兵西伯利亚而提出的"拯救捷克军团"、"重建东线"、保护储存在符拉迪沃斯托克的战略物资、防止德奥势力东侵等一系列理由，都失去了存在依据。尽管列强并不甘心就此罢手，仍然坚持在西伯利亚大规模驻军并大力支持白俄势力，但由于日、美、英、法等国在铁路控制权、经济利权、政治控制权等方面的矛盾愈演愈烈，协约国联合出兵逐渐出现分化瓦解的趋势。1918 年 11 月 16 日，面对日本违背协议大肆向西伯利亚进军的行为，美国首先提出撤回美军和史蒂文斯铁路工程师团。此后，撤军问题就被提到协约国的议事日程上来。在 1919 年 1—6 月的巴黎和会期间，美国先后提出了王子岛计划、布利特使团计划和南森援助计划，[①] 以期达到既能保存白俄政权、肢解俄国，又可以撤出干涉军、避免与布尔什维克发生正面冲突的目的。由于协约国内部意见难以统一，这三种解决"俄国问题"的方案都胎死腹中。

6 月底，威尔逊派遣驻日大使莫里斯前往鄂木斯克考察，获取有关高尔察克政权的"第一手信息"，以便于重新考虑美国的对俄政策；同时，也有意给日本方面一个"印象"——美国对西伯利亚的情况很感兴趣，正计划制定一项对俄实施"门户开放"、反对日本独占的政策。[②] 7 月 22 日，莫里斯从鄂木斯克传回报告说："我发现这里的局势极为严峻，高尔察克的军队士气涣散，估计有

---

① 王子岛计划主要内容就是由协约国出面邀请当时俄国的所有派别举行集体会晤，以协调各方观点，实现和平，最终解决"俄国问题"。该计划遭到了英、法等国的极力反对。除苏俄和爱沙尼亚以外，俄国其他各方也都拒绝接受邀请。王子岛计划流产以后，威尔逊总统的顾问豪斯上校又派遣布利特使团前往莫斯科，与苏俄方面展开接触。经过与契切林、李维诺夫、列宁等人会谈以后，双方达成初步协议：俄国各事实政府继续保持存在，协约国撤出驻扎在俄境内的军队，停止对各事实政府的援助，苏俄承担旧俄政府留下的债务，等等。由于协约国各方的反对，这一协议也没有付诸实施。南森计划即是参照前比利时救济委员会的方式，向俄国运送食品，以解决"布尔什维克所造成的混乱和饥馑"。参见唐纳德·E. 戴维斯、尤金·P. 特兰尼著，徐以骅等译：《第一次冷战——伍德罗·威尔逊对美苏关系的遗产》，北京大学出版社，2007 年，第 167－184 页。

② United States Department of state, *Papers Relating to the Foreign Relations of the United States*, 1919, Russia, Washington: United States Government Printing office, 1937, p. 388.

35 000辆满载难民的汽车从叶卡特琳堡、车里雅宾斯克以及周围的地区向东涌来……我本来期望在鄂木斯克能够看到强烈支持高尔察克的情绪，或者至少是反布尔什维克的情绪，然而除了一小撮反动派、皇权主义者和旧俄军官外，高尔察克政权并没有得到任何人的效忠……一旦捷克人撤离，反高尔察克的浪潮将席卷从伊尔库茨克至鄂木斯克铁路沿线的每一个村镇。"此后，经过与高尔察克及鄂木斯克政府高级官员的一系列会谈和几个星期的实地考察，莫里斯得出结论：如果要想使高尔察克政权度过当前的军事危机并最终战胜布尔什维克，美国必须在外交上正式承认高尔察克政府，同时向其提供2亿美元的贷款，另外再增派至少25 000美军到西伯利亚以帮助守卫从符拉迪沃斯托克至鄂木斯克的铁路。[①] 莫里斯的报告和西伯利亚战场上白卫军的节节败退，使美国逐渐丧失了支持高尔察克政权的信心。

另一方面，来自日军和白俄匪军的排挤也使美国人感到在西伯利亚难以立足。8月中旬，由于日军指挥官拒绝保护西伯利亚铁路国际管理委员会人员的生命财产安全，史蒂文斯不得不向政府建议：从日军守卫的铁路路段撤出美国的工程师。鉴于这两方面的因素，美国政府认为，对美国而言，唯一实际可行的方针就是中止在西伯利亚所有进一步合作的努力，也就是撤回美国的军队和其他人员。[②] 9月5日，美国通过照会的形式将这一意思传达给了日本方面。但是，日本并没有因为美国威胁撤军而对自己的行为有所收敛，反而变本加厉地排挤西伯利亚的美国人。据格雷夫斯将军报告，日本仍在源源不断地向西伯利亚的哥萨克头目提供援助，谢米诺夫则计划在日军指挥官的支持下在后贝加尔地区建立独立的政权。与此同时，来自陆军和海军的情报也显示，谢米诺夫、卡尔梅科夫、加莫夫的军队正在策划袭击东西伯利亚的美国驻军。此外，亲日的俄国报纸进行的反美宣传在西伯利亚已甚嚣尘上，日本媒体更是直接宣称：日本公众十分"欢迎"美国人的撤离，因为那样日本在西伯利亚就可以按照自己的目的自由行事了。[③]

不过，美国政府仍没有最后下定决心从西伯利亚撤军，它还在等待日本方面对9月5日照会的回复，希望日本能够重视美国的意见，在西伯利亚继续与美国合作。10月10日，美国再次照会日本政府，声明美国将根据日本的态度决定未

① United States Department of State, *Papers Relating to the Foreign Relations of the United States*, 1919, Russia, Washington：United States Government Printing office, 1937, pp. 394 – 395, 408 – 410.

② United States Department of State, *Papers Relating to the Foreign Relations of the United States*, 1919, Russia, Washington：United States Government Printing office, 1937, pp. 576 – 577.

③ Betty Miller Unterberger, *America's Siberian Expedition*, *1918 – 1920*, Duke University Press, 1956, pp. 171 – 172.

来的西伯利亚政策，要求日本作出明确的表态。①　10 月 31 日，美国终于收到了日本表示愿意合作的照会，但为时已晚，双方的进一步合作尚未展开，西伯利亚的局势就发生了根本性的变化。11 月 15 日，苏俄红军攻入鄂木斯克，高尔察克政权垮台。随后，红军继续向东西伯利亚地区推进，很快便接近了美国军队的防区。美国不得不对在西伯利亚的去留做出抉择。

高尔察克政权的垮台也在日本政府内部引起了极大的震动，陆相田中义一认为，苏俄红军"进入贝加尔湖以东将扰乱与帝国关系密切的远东三州之治安，并进而威胁帝国之存在，为此，应坚决阻止其东进"，②　建议增派 6 000 人的精锐部队以设法挽回局面；藏相高桥则以财政困难为理由坚决反对增兵，并提出撤军的主张。首相原敬综合两方面的意见以后，决定首先与美国协商，争取使美国同意共同增兵。③　12 月 8 日，日本照会美国政府，建议两国共同增兵西伯利亚。然而，美国却在 1920 年 1 月 9 日正式通知日本：对照 1918 年 7 月 17 日美国提出的两大出兵目的——拯救捷克军团和帮助俄国人民实现自治或自卫，前者已基本实现，后者在目前的情况下，即使增派更多的联军，也无济于事。因此，美国决定立即从西伯利亚撤军。④　实际上，这并不是促使美国决定撤军的真正原因。早在 1919 年 12 月 23 日，兰辛在写给威尔逊的信中就说："事情的真相是高尔察克政权已经彻底崩溃……布尔什维克的军队正在接近我军的防区，正面接触将会引起公开的敌对和许多麻烦。换句话说，如果我们不撤离，那就必须和布尔什维克作战。"⑤　很显然，美国政府并没有与苏俄红军直接作战的打算。于是，从 1920 年 1 月起，美军开始陆续撤出西伯利亚。

英、法、意曾是联合出兵西伯利亚的积极倡导者，在 1919 年 1 月威尔逊提出王子岛计划时，英、法仍拒绝与苏俄方面接触，法国总理"克里孟梭不赞成与布尔什维克对话……他以辞职相威胁，如布尔什维克受邀来巴黎的话"；英国的陆军大臣丘吉尔则"坚持推行他的计划，即成立一个军事委员会来研究在必要的情况下如何以最佳方式入侵俄国"。⑥　然而，面对苏俄红军在东线的不断胜利，

---

①　United States Department of State, *Papers Relating to the Foreign Relations of the United States*, 1919, Russia, Washington：United States Government Printing office, 1937, pp. 586 – 587.

②　日本外务省编：《日本外交文书》大正九年（1920）第 1 册下卷，1971 年，第 835 页。

③　细谷千博：《ロシア革命と日本》，原书房，1972 年，第 156 – 157 页。

④　United States Department of State, *Papers Relating to the Foreign Relations of the United States*, 1919, Russia, Washington：United States Government Printing office, 1937, pp. 487 – 490.

⑤　Betty Miller Unterberger, *America's Siberian Expedition*, *1918 – 1920*, Duke University Press, 1956, p. 177.

⑥　唐纳德·E. 戴维斯、尤金·P. 特兰尼著，徐以骅等译：《第一次冷战——伍德罗·威尔逊对美苏关系的遗产》，北京大学出版社，2007 年，第 169、174 页。

英、法、意对武装干涉的态度却发生了急剧变化。1919 年 11 月高尔察克政权倒台以后，英国首相劳合·乔治说："这种代价昂贵的干涉，不能再继续下去了。"[1] 12 月 15 日，英国内阁会议提出：应"把布尔什维克俄国像过去那样留在一道围栅之内"[2]，将直接干涉转为外围封锁。这种英式版本的"遏制"政策得到了意大利和法国的支持。1920 年 1 月美国宣布撤军以后，意、英、法等国也相继将本国军队从西伯利亚撤回。

美、英等国决定撤军以后，日本非但没有随之撤军，反而计划在东西伯利亚的重要城市长期驻军，以实现在这一地区建立殖民统治的目的。首相原敬认为："如继续在西伯利亚驻军，我国将成为列国猜忌的焦点，加之耗费非常巨大，且舆论也会对我不利。但是，西伯利亚与我关系特殊，当然不能草率撤军。所以，为将来计，我国应寻找一个好机会，将侨民集中起来体面撤兵，而仅留守海参崴，并与中国共同守卫其境内的中东铁路，如此一来，局面将完全改观。待过激派破坏我们的防卫或在我领土范围内宣传过激主义等事态出现时转守为攻，占领适当的土地，并在当地建立与俄国并立的政府。这样一来，既可撤退，也可就地统治。倘若我们已占据部分土地，即可进退自如。"[3] 根据这一思想，日本政府一方面命令日军向符拉迪沃斯托克等中心城市集结，收缩战线，控制重点区域，另一方面派遣第十三师团进驻中国东北，等待时机开进西伯利亚。此外，继续扶持谢米诺夫、霍尔瓦特等白俄反动势力，以之与苏维埃政权对抗。

4 月 1 日，最后一批美军撤离符拉迪沃斯托克以后，日军立即乘虚而入，占领了美军原来的防区和符拉迪沃斯托克的其他要地。4、5 月间，日本又以"尼港事件"为借口，大举向萨哈林岛、尼古拉耶夫斯克、哈巴罗夫斯克等地增兵。但是，形势的发展对日本却越来越不利：一是美、英等国决定撤军以后，开始对日军独自留在西伯利亚的行为表示不满，并不断向日本政府施压，要求其尽快撤军；二是 1920 年 3 月中国军民在哈尔滨发动了"驱霍运动"，迫使霍尔瓦特辞职，并将 2 990 多名白俄护路军全部解除武装，从而导致日本利用霍尔瓦特作为傀儡控制中东铁路、对抗苏俄的计划彻底破产；三是 1920 年 4 月苏俄在贝加尔湖以东地区成立资产阶级民主共和国——远东共和国，以之与日本交涉，对日本在西伯利亚的侵略起到了很大的牵制作用；四是日本国内要求撤军的呼声不断高涨。在这种情况下，1920 年 6 月 1 日，原敬内阁决定：如果苏俄方面保证将赤塔地区作为中立地带，日本就从后贝加尔地区撤军；一旦"尼港事件"得到满意

---

① 井上清著，尚永清译：《日本军国主义》（第二册），商务印书馆，1985 年，第 234 页。

② 唐纳德·E. 戴维斯、尤金·P. 特兰尼著，徐以骅等译：《第一次冷战——伍德罗·威尔逊对美苏关系的遗产》，北京大学出版社，2007 年，第 201 页。

③ 原奎一郎编：《原敬日记·首相时代》，福村出版株式会社，1981 年，第 200 页。

解决，再从哈巴罗夫斯克撤军。

7月3日，日本出兵占领北萨哈林岛，以此作为解决"尼港事件"的保证。7月16日，日本与远东共和国达成初步协议，在远东共和国不采用共产主义制度、不允许苏俄军队进驻或通过、保障境内日本人的各项权利等前提下，日本同意以和平的方式解决两国之间的纠纷。8月20日、12月12日，日军相继从后贝加尔地区和哈巴罗夫斯克撤离。至1920年底，日军的控制区域已收缩到符拉迪沃斯托克周围和北萨哈林岛。1922年6月24日，日本正式宣布从苏俄撤军。该年10月底，日军撤离符拉迪沃斯托克。1925年5月，最后一批日军撤出萨哈林岛，日本对苏俄（1922年12月30日以后称为苏联）长达七年之久的武装干涉彻底失败。

与日、美、英、法、意等帝国主义列强不同，北洋政府出兵西伯利亚并无干涉苏俄革命、争夺远东霸权（或利权）的意图，其目的主要在于护侨保商和在形式上履行"参战应尽之义务"，为中国在战后媾和会议上争取一定的话语权。在联合干涉的过程中，受出兵目的影响和国力与军力的限制，中国军队只承担一些辅助性的任务，并没有（也不可能）对苏俄军队构成实质性的威胁。尽管如此，但由于中国与俄国山水相连，战略地位十分重要，北洋政府加入协约国组织的联合干涉还是对苏俄的国家统一和反干涉斗争产生了相当不利的影响。北洋政府不仅为帝国主义列强出兵西伯利亚提供了各种方便，而且屡屡庇护霍尔瓦特、谢米诺夫等白俄反动势力。更为严重的是，北洋政府与日本签署军事协定进行所谓的"共同防敌"，使日本得以利用中国东北为基地大肆向西伯利亚扩张。不过，中国也是此次联合干涉的受害者，中国东北及中东铁路都落入了日军的控制之下。1919年的巴黎和会期间，中国收回山东特权、废除不平等条约的努力也以失败告终。中国国内爆发了反对帝国主义、封建主义的"五四"爱国运动。

同一时期，苏俄正处于腹背受敌的困境，一方面要抵御来自高尔察克、邓尼金、尤登尼奇等白俄反动势力的进攻，另一方面要应对日、美、英、法等国十数万的联合干涉军。为了尽快扭转这种被动局面，苏俄在国内相继发出"一切为了东线""大家都去同邓尼金作斗争"的号召，积极组织力量，向白俄反动势力发动反攻；对外则努力争取他国的承认，以打破帝国主义的封锁，结束孤立状态。在参加远东联合干涉的国家中，中国既是实力最弱的国家，也是列强长期侵略、鱼肉的对象，此外在地缘上又与俄国的关系最为密切。早在1918年1月，苏俄就曾主动与中国驻俄公使馆接触，希望以放弃在华领事裁判权和租界为条件，取得中国的外交承认。4月8日，苏俄外交人民委员部正式照会中国公使馆，要求与中国建立正常的外交关系。7月4日，契切林公开表示，苏俄愿意放弃沙俄强加给中国的赔款和俄国公民在华的地产权。即使在北洋政府出兵西伯利亚之后，苏俄中央政府仍要求地方苏维埃把华侨与外国的资产阶级区别开来，尽量保护华侨。① 然而，这些努力并没有得到北洋政府的正面回应。

1919 年夏，在苏俄红军即将攻入西伯利亚之际，苏俄重新把关注的目光投向中国，再次尝试以中国为突破口从东方冲开协约国的外交孤立和经济封锁。7月 25 日，苏俄方面以宣言的形式阐述了其对华新政策，不仅提出与中国建立正式外交关系，而且希望中国以朝鲜和印度为鉴，与苏俄建立战略同盟，共同反对帝国主义侵略。在《俄罗斯苏维埃联邦社会主义共和国政府对中国人民和中国南北政府的宣言》中，苏俄郑重声明："苏维埃政府已放弃了沙皇政府从中国攫取的满洲和其他地区……愿将由沙皇政府、克伦斯基政府及霍尔瓦特、谢米诺夫、高尔察克匪帮、俄国前军官、商人与资本家掠夺所得的中东铁路及其所有租让的矿山、森林、金矿与他种产业，无偿归还中国人民……苏维埃政府拒绝接受中国因 1900 年义和团起义所付的赔款……苏维埃政府废弃一切特权，废弃俄国商人在中国境内的一切商站。任何一个俄国官员、牧师和传教士都不得干涉中国事务，如有不法行为，应依法受当地法院审判……苏维埃政府准备与中国人民的全权（代表）就一切其他问题达成协议，并永远结束前俄国历届政府与日本及协约国共同对中国采取的一切暴行和不义行为。"同时，苏俄向中国方面提议："如果中国人民愿意象俄国人民一样获得自由，愿意摆脱协约国在凡尔赛给中国人民所安排的命运，不成为第二个朝鲜或第二个印度，那就请中国人民了解，在争取自由的斗争中，他们的唯一的同盟者和兄弟是俄国工人、农民及其红军。"最后，苏俄呼吁："中国人民……立即与我们建立正式关系，并派遣自己的代表与我军会晤。"②

为了让中国人民和中国政府及时了解苏俄的对华新政策，1919 年 8 月 24 日，苏俄政府在莫斯科东方联合会大厦召开华人大会，外交人民委员部东方司司长沃兹涅先斯基向 500 多名旅俄华侨全文宣读了《俄罗斯苏维埃联邦社会主义共和国政府对中国人民和中国南北政府的宣言》。8 月 26 日，苏俄政府又将宣言同时公布在《消息报》和《真理报》上，并"用中文印几万份加以散发"。此间，旅俄华工联合会的机关报——《大同报》也刊发了宣言的内容。但由于中国与苏俄之间没有正式的外交关系，③ 加上战争期间音讯梗塞，直到 1920 年 3 月 26 日，

---

① 薛衔天、李嘉谷等：《中苏国家关系史资料汇编（1917—1924 年）》，中国社会科学出版社，1993年，第 7 - 8、27 - 31、131、629 页。

② 相对于 1920 年 9 月 27 日的《俄罗斯苏维埃联邦社会主义共和国外交人民委员部至中国外交部照会》，1919 年 7 月的宣言被称为"第一次对华宣言"。参见薛衔天、李嘉谷等：《中苏国家关系史资料汇编（1917—1924 年）》，中国社会科学出版社，1993 年，第 59 - 60 页。

③ 1918 年 2 月 23 日，中国驻俄公使就已经撤离了彼得格勒。同年 12 月 24 日，旅俄华工联合会中央执行委员会进驻原中国驻俄公使馆大楼。

北洋政府才正式收到这份宣言。

对于苏俄的第一次对华宣言，北洋政府除了认为部分内容"有煽动中国人民仇视协约国及反对政府之意义"① 外，大体上持肯定态度。4 月 8 日，北洋政府经过研究决定，指令驻鄂木斯克总领事范其光与苏俄进行非正式接洽。4 月 13 日，又指示驻丹麦公使颜惠庆秘密与苏俄外交代表会晤，询问苏俄与英、法等国进行外交谈判的结果，并向苏俄提出进一步商谈的条件——"俄如能抱定宗旨，不侵犯边境，并保护旅俄华侨，则可为将来交涉基础"。苏俄对中方的条件一一进行解释或保证，表示"诚意愿与中国和好"。② 当时，美军已经完全撤出西伯利亚，意、英、法等国也已开始准备撤军，只有日本非但没有撤军的意思，反而乘机占领了符拉迪沃斯托克美军留下的防区，并大举向阿穆尔河口地区增兵。苏俄急切希望中国能够与之联手对抗日本。

3 月 31 日，符拉迪沃斯托克临时政府官员在与中国总领事邵恒浚的会谈中提出："中俄关系密切，地位相类，外患相同，首宜相亲，以图并立。"4 月 21 日，苏俄方面更直白地指出："俄国深知某国（日本）野心，断不愿与彼接壤，势须永与中国为邻，方免危险，而彼志在得沿海州、顺阿穆尔而西，横截满蒙，成通衢之势，隔断中俄，左右蚕集，中俄分离，彼势自固，此至可危。而中东路矿及条约等项，既欠公平，俄亦未得实利，故权衡利害轻重，为接壤固圉计，为敦好合力计，又为遏绝公敌野心计，甚愿完璧奉还……莫斯科政府急作初步，以与中国交换意见，如有答复，即可开始协商一切，必能一洗从前之恶劣政策，增进便利。"北洋政府虽然对苏俄的提议很感兴趣，但控制政府的皖系军阀既受惠于日本，又受制于日本，根本不可能与苏俄联合对抗日本。正如邵恒浚所说的那样："中国所处地位，实与他国不同，一步一趋，既与野心者有密切关系，则一言一动，辄为野心者所刻刻注目，万一不慎，非徒无益。"③ 在这种情况之下，北洋政府不得不训令驻丹麦公使颜惠庆，要求其按如下内容回复苏俄政府："中华民国对于俄国劳农政府前日提议将各种权利及租借地归还中国，以为承认莫斯科新政府之报酬，此种厚意实感激异常。惟中国为协约国之一，所处地位不能对俄为单独行动，如将来协约国能与俄恢复贸易与邦交，则中国政府对于俄政府此种之提议自当尊崇。希望劳农政府善体此意，并希望即通令西比利亚及沿海各省

① 薛衔天、李嘉谷等：《中苏国家关系史资料汇编（1917—1924 年）》，中国社会科学出版社，1993 年，第 64 页。

② 薛衔天、李嘉谷等：《中苏国家关系史资料汇编（1917—1924 年）》，中国社会科学出版社，1993 年，第 73 - 74 页。

③ 薛衔天、李嘉谷等：《中苏国家关系史资料汇编（1917—1924 年）》，中国社会科学出版社，1993 年，第 64 - 65 页。

之官吏及委员勿虐待中国人民及没收其财产，并令伊城（伊尔库茨克）及崴埠之劳农政府对于前日没收中国商人之粮食及货物以赈济西比利亚之饥民，一律予以公平之赔偿，以增进中俄国民之友谊。"①

经过不断的接触，中俄虽然没有按照苏俄当时的意愿建立战略同盟，但双边关系却有了较大改善。5月7日，鉴于美、意等国已经相继从西伯利亚撤军，北洋政府也饬令"驻西比利亚军队……即行调集双城，相机撤回国境，填驻五站一带，以固边圉"。② 6月18日，根据北洋政府督办边防事务处的指令，③ 黑河驻军司令、黑河道尹、中国驻布拉戈维申斯克总领事会商后，"决议撤回保侨军队"。④ 至7月中旬，中国军队全部撤回境内，北洋政府组织的救助俄国远东地区难侨行动也告一段落。⑤

第五节　北洋政府救助俄国远东地区难侨的历史评价

一、北洋政府救助俄国远东地区难侨的历史地位和历史意义

十月革命以后，俄国远东地区政局动荡、战事不断、社会秩序紊乱，旅俄华侨处境日益险恶，不仅财产损失严重，而且生命安全也难以得到保障。在广大华侨的不断请求下，从1917年11月起，北洋政府陆续开展了一系列救助难侨的行动：一是通过驻俄外交机构对华侨实施领事保护；二是增兵中俄边境，声援华侨；三是调派火车、商船接运难侨归国；四是派遣军舰前往俄国境内护侨；五是以参加协约国联合干涉的形式，出兵俄国远东地区保商护侨。尽管受国家实力的限制，这些救助难侨的举措还存在着力度偏小、行动滞后、顾及范围有限等诸多

---

① 薛衔天、李嘉谷等：《中苏国家关系史资料汇编（1917—1924年）》，中国社会科学出版社，1993年，第74-75页。

② 薛衔天、李嘉谷等：《中苏国家关系史资料汇编（1917—1924年）》，中国社会科学出版社，1993年，第54页。

③ 第一次世界大战结束以后，督办参战事务处失去了存在的依据。1919年7月，北洋政府将督办参战事务处改成督办边防事务处，仍由段祺瑞任督办。

④ 薛衔天、李嘉谷等：《中苏国家关系史资料汇编（1917—1924年）》，中国社会科学出版社，1993年，第54页。

⑤ 1921年初，布拉戈维申斯克、哈巴罗夫斯克等地再度发生华侨被勒索、劫掠的恶性事件。1921年6月，经过旅俄华侨的不断请求，北洋政府"派军舰江亨赴黑河，利捷驻三江口，利绥、利川赴伯利"，"专备保护侨民之用"。《中俄关系史料·俄政变》，台湾"中央研究院"近代史研究所，1974年，第19、38、78-79页。

不足，但北洋政府救助俄国远东地区难侨仍然不失为中国近现代史上值得一书的重大事件，具有重要的历史地位和历史意义。

第一，北洋政府救助俄国远东地区难侨是中国近现代史上第一次由政府组织的出境护侨行动。近代以前，清朝封建统治者视海外侨民为"天朝弃民"，对其不闻不问。1740 年，荷属巴达维亚发生大规模屠杀华侨的"红溪惨案"，清政府官员竟然认为，这些人自弃王化，遭遇杀戮纯属咎由自取。鸦片战争以后，国门洞开，限制臣民"出洋"的禁令逐渐变得形同虚设，海外华侨的数量急剧增多，清政府对待华侨的态度也开始有所转变。1877 年，清廷首先在新加坡设领护侨，此后又相继在英、法、日、美等国设立使领馆，办理外交事务，管理和保护本国侨民。1899 年、1900 年，清政府先后在厦门、广州成立保商局和保商总局，以保护归国侨商；1909 年，清政府颁布《大清国籍条例》，从法律上对海外华侨予以承认和保护。但是，晚清王朝腐朽没落，对侨民的保护大多限于空谈，并无切实的救助行动。

辛亥革命以后，南京临时政府加大了对华侨的保护力度。孙中山就任临时大总统伊始即颁布《大总统令外交部妥筹禁绝贩卖猪仔及保护华侨办法》《大总统令广东都督严行禁止贩卖猪仔文》和《令内务部编定禁卖人口暂行条例》等法令、法规，建立保护华侨的法律制度。1912 年 2 月，荷属爪哇岛发生殖民军警无故枪杀华侨的"泗水事件"，南京临时政府立即向荷兰政府提出交涉，并通令沿海各地禁止华工前往荷兰属地，以此向荷兰方面施加压力。不过，由于南京临时政府对内尚未实现国家统一和政权稳固，对外得不到帝国主义列强的承认，护侨举措只能局限于口头抗议，无法采取更进一步的实际行动以救助当地的难侨。在1918—1920 年救助俄国远东地区难侨的行动中，北洋政府不仅利用外交手段对华侨实施领事保护、借助商业力量接运难侨回国，而且还出动了海、陆两军4 000 多人前往俄国远东各地进行军事护侨。此次救助难侨是中国自近代以来第一次真正意义上的出境护侨。

第二，北洋政府救助俄国远东地区难侨在一定程度上提高了当时中国的国际地位。中国自鸦片战争以后，长期处于落后挨打的地位，饱受帝国主义列强的殖民侵略，领土和主权完整遭到严重破坏，人民生命财产安全无法得到保障。从第一、第二次鸦片战争到中法战争、中日甲午战争，无一不是以中国割地赔款而告终。在各种重大国际事务中，几乎听不到来自中国的声音。即使涉及中国的领土和主权，中国政府也很难争取到发言权，如瓜分中国利权的四次《日俄密约》、确认美日各自在华地位的《兰辛—石井协定》等。北洋政府救助俄国远东地区难侨，中国不仅独立自主地派遣军舰、商轮前往符拉迪沃斯托克等地护侨、接侨，而且以盟友的"平等"身份参与协约国的联合军事行动。这次远赴俄国境内救助难侨既改善了北洋政府的国际形象，又凸显了中国在远东事务中的重要作用。第一次世界大战后，北洋政府也正是以"参战"（实际行动除派遣华工赴欧洲承担劳役外，就是参加协约国组织的西伯利亚联合出兵）为理由，按照出兵前设定的"稍图将来和会地步"的目标，在凡尔赛会议上提出收回德国侵占的山东权益、废除势力范围、撤销领事裁判权等要求。这些要求落空以后，北洋政府又以此为基础在1921年底的华盛顿会议上提出了"十大原则"，① 最终促使日本与中国签订《中日解决山东悬案条约》和《附约》，收回了山东主权和胶济铁路利权。

另外一方面，为避免遭受日本的武装干涉，苏俄曾企图以出让俄国侵占的中国利权为条件，换取俄日之间的和平。"1918年6月苏俄明确表示，如果日本不参加出兵西伯利亚，苏俄不仅可以提供库页岛、滨海州的煤炭石油租借权，还可以把中东铁路、松花江航行权转让给日本。"② 然而，日本不为所动，仍然坚持对俄用兵，以实现更大的侵略目标。7月2日，在日、英、法等国的推动下，协约国最高军事会议决定联合出兵西伯利亚，从远东对苏俄实施武装干涉。在此情况下，为了防止中国参加协约国的联合干涉或者向协约国干涉军提供后方支援、间接支持协约国的武装干涉，苏俄转而大力拉拢北洋政府，不仅宣布放弃在华地产权和庚子赔款，而且在中东铁路问题上也有所让步，提出："如果中国付清俄国人民用于筑路的那一部分款项，则中国可在条约强行规定的期限以前赎回铁路。"③ 对此，北洋政府并没有作出回应，而是从救助难侨与争取媾和会议话语权这两个目标出发，加入了协约国组织的西伯利亚联合出兵。在这个过程中，北洋政府除了派遣军队参加协约国的联合军事行动，还为列强出兵提供了各种方便，并多次向白俄势力提供庇护。北洋政府的出兵举动虽然对苏俄在远东地区的反干涉、反白俄斗争造成了相当不利的影响，但在客观上也促使苏俄调整其前期的对华政策。1919年7月，在苏俄红军即将反攻远东地区之际，苏俄以宣言的形式公布了新的对华政策，宣布无条件放弃旧俄政府在中国取得的一切特权和利益。1920年3月北洋政府正式收到苏俄的第一次对华宣言以后，中俄双方随即展开了一系列的外交接触，两国关系有了较大改善。

第三，出兵俄国远东地区救助难侨显现了北洋政府维护国家主权和民族利益

---

① 包括取消外国在中国境内的一切特别权和优越权、日本把原德国在山东的租借地归还中国等内容。由于在华盛顿会议上居于主导地位的美国仅支持其中反对日本的条款，"十大原则"的其他要求都遭到了拒绝。

② 刘大平、张学智：《试议苏俄的远东政策（1917—1923年）》，《沈阳师范学院学报》（社会科学版）2002年第4期。

③ 薛衔天、李嘉谷等：《中苏国家关系史资料汇编（1917—1924年）》，中国社会科学出版社，1993年，第7页。

的另一面。在以往的历史研究中，学术界对北洋政府的评价大多都是反动、卖国、腐败、穷兵黩武等贬抑之词，鲜有正面的看法。的确，北洋军阀当政以后，对内实施高压政策，镇压异己、争权夺利，对外卑躬屈膝、丧权辱国。从袁世凯时期签订的《善后借款合同》《民四条约》到段祺瑞时期的"中日共同防敌军事协定"、《中日山东问题换文》等一系列不平等条约可看出，北洋政府多次以出卖国家利权为代价换取帝国主义的支持。但是，任何事物都有它的两面性，通过研究北洋政府救助俄国远东地区难侨的这一段历史，可以看到，北洋政府并非在所有问题上都一味卖国，其也有维护国家主权和民族利益的另一面。如：在中东路权的问题上，千方百计与日、美等国周旋，据理力争与苏俄（联）交涉，最终收复了中东铁路的主权；[①] 在遣舰护侨的问题上，多次拒绝日本提出的由日舰代为保护在俄华侨的所谓"好意"，克服日本设置的重重障碍，坚持自主出兵保护本国侨民；在救助难侨的过程中，既出动了海陆军队进行实地保护，又借助商业力量接运难侨回国，既重视侨商的诉求，也关注华工的疾苦，尽可能地保护各阶层华侨的生命财产和其他权益，等等。在当时内忧外患、积贫积弱的处境下，北洋政府能够如此，已实属不易。

二、北洋政府救助俄国远东地区难侨的历史局限性

北洋政府救助俄国远东地区难侨，历时三年，动用海军、陆军和社会各界的力量，是中国自鸦片战争后第一次出境护侨活动，在中国侨务史上具有不可抹杀的地位。但是，北洋政府救助俄国远东地区难侨也有很大的历史局限性，并产生了一定的负面影响。

其一，北洋政府救助难侨的力度和范围较为有限。1917—1920年俄国远东地区持续动荡时期，北洋政府也正处于内外交困之中。从表面上看，北洋政府控制了全国大部分省份，对外是列强承认的唯一代表中国的合法政府。实际上，北洋政府不仅要应对来自南方军阀的不断挑战，还要面对内部各派系之间的争斗和来自列强的压力。执掌北京政权的皖系既不能在军事上占据优势，又不能在经济上实现自立，在诸多方面都必须仰承日本之鼻息，大规模出兵救助境外难侨对其来说难度可想而知。

受国内外复杂形势的影响和国力、军力的制约，北洋政府在救助难侨过程中

---

① 国内学术界对这一问题的研究已经相当透彻，较具代表性的研究成果有：李嘉谷：《十月革命后中苏关于中东铁路问题的交涉》，《近代史研究》1989年第2期；胡玉海：《北洋政府维护和收复中东路主权的交涉》，《史学集刊》2004年第4期，等等。

投入的力量与广大华侨的期望有很大差距。在此次救助难侨活动中，北洋政府虽然出动了陆军约4 000人、海军军舰1艘（海容舰）、炮艇3艘（江亨、利捷、利绥），调派商轮3艘（"飞鲸"轮、"宜兴"轮、"南翔"轮）、拖船数艘，并动用了其他一些社会力量，但对于分布在俄国远东地区数百万平方公里土地上的几十万华侨来说，这些力量远不足以拯救他们于水火。这一时期，俄国远东地区同时存在着霍尔瓦特、高尔察克、谢米诺夫等白俄反动势力、苏俄红军（游击队）、捷克军团和协约国干涉军，局势纷乱复杂、动荡不安，华侨被劫被杀的消息不绝于耳，生命财产安全毫无保障。然而，北洋政府派出的救助力量只能照顾到符拉迪沃斯托克、布拉戈维申斯克、尼古拉耶夫斯克等沿海、沿江华侨较为集中的城市，很难顾及俄国远东其他地区的难侨。如捷克军团切断西伯利亚铁路以后，伊尔库茨克滞留的20万华工，每日仅靠"食面三四华两"维持生存。1919年黑龙江督军鲍贵卿曾制订一份出兵伊尔库茨克、赤塔等地救助难侨的计划，并在7月底的国务会议上通过，但北洋政府却没有足够的军力和财力支撑，致使该计划不得不无果而终。即使在符拉迪沃斯托克、布拉戈维申斯克等北洋政府军舰或军队停泊、驻扎的城市，由于没有强大的国家作为后盾，中国军队在救助难侨方面也很难有大的作为。

其二，北洋政府救助俄国远东地区难侨是在协约国联合武装干涉苏俄革命的框架下完成的。换而言之，此次出兵救助难侨并不是北洋政府完全依靠本国力量、独立自主完成的护侨活动，它从早期的政策决策到中间付诸实施，及至最后撤军结束护侨，整个过程都深受帝国主义列强的影响，是在协约国武装干涉苏俄革命的大背景下才得以完成的。十月革命爆发后不久，英、法、日等国就开始策划对苏俄实施武装干涉，日本是其中的急先锋。早在1918年1月，日本军舰"石见"号和"朝日"号就开进了符拉迪沃斯托克。其后不久，美、英等国也相继有军舰开来。日、英军舰更是以保护侨民为由，派兵登岸驻扎。据黑河江北旅俄华侨会报告，布拉戈维申斯克日本侨民总数不过百余人，日军竟派出数千人前往保护。当时，北洋政府收到旅俄华侨的不断求援后，尚在是否派舰问题上举棋不定，担忧"军舰如能来崴……在俄人方面，未免易生疑忌，或致有何枝节"①。正是列强军舰所开的先例，才使北洋政府敢于下定决心派遣海容舰前往符拉迪沃斯托克护侨。此后北洋政府海陆并举深入俄国远东各地救助难侨，也是在协约国联合出兵的旗帜下才得以进行的。

近代以来，中国长期处于落后挨打的地位，与英、法、日、俄等帝国主义列强的几次交锋都以失败告终，除了巨额的赔款，还被迫割让领土一百多万平方公

---

① 《中俄关系史料·出兵西伯利亚》，台湾"中央研究院"近代史研究所，1984年，第4页。

里。1904—1905 年的日俄战争和 1914 年的日德山东大战都发生在中国的版图之上，战火给当地民众造成难以计数的生命财产损失，但清政府和北洋政府均宣布保持"中立"。1918 年前后，中国的国内外形势并没有得到根本性的改变。以当时北洋政府的处境，保护本国的领土完整和境内国民的生命财产安全尚且难以做到，如果不是借助协约国列强联合干涉苏俄革命的机会，其不大可能单独出兵境外救助难侨。这一点在北洋政府对驻英、日、美三国公使的训令中得到了印证："此次若协商各国公共出兵，我国对于参战应尽之义务，自应一致派遣一二千人，并以保护领馆、侨商。"北洋政府出兵动机的二重性导致中国军队在实际行动中不得不唯列强马首是瞻，听从列强指挥官的调遣，无法自主根据各地的侨情对难侨实施救助。

不仅如此，北洋政府依附协约国列强出兵救助难侨还使中国的国家利益蒙受巨大的损失：一方面中国的主权独立遭到更严重的破坏。日本通过"中日共同防敌军事协定"得以全面进入中国东北，并实际控制了中东铁路和从组织、指挥、装备等方面控制了参加联合出兵的中国军队，轻易就实现了"二十一条"第五号条款和四次《日俄密约》都未能达到的目的；另一方面中国被迫承担很多有损本国利益的"国际义务"。在协约国组织的联合干涉行动中，虽然中国军队只承担守护、声援、警戒等一些辅助性的任务，但列强的很多后勤保障都需要中国负担，如为列强的军队、物资过境中国提供运输、住宿、储藏服务等。

三、北洋政府救助俄国远东地区难侨在当代的现实意义

北洋政府救助俄国远东地区难侨距今已经过去近百年时间。在这期间，中国的国际地位发生了翻天覆地的变化，随着综合国力的不断提高，中国目前已经成为全球范围内具有重要影响力的大国。当前中国所处的国际环境也与百年前有巨大的差异，和平与发展是时代的主题。不过，当今世界并不太平，中国在前进过程中仍会遇到各种不同的挑战，如何保护海外华侨华人的正当权益问题就是其中之一。进入 21 世纪以来，涉及华侨华人的突发事件在世界各国时有发生，并有不断增多之势。虽然这些突发事件的性质较之十月革命前后俄国远东地区的侨难有很大区别，但不同时期的中国政府在保护侨民生命财产安全和其他合法权益方面的责任却是相同的。北洋政府救助难侨的一些经验教训对当代中国的侨民保护与救助工作仍然有值得借鉴的地方。

第一，"弱国无外交"，增强国家实力，提高国际地位，为华侨华人提供坚强的后盾。回顾北洋政府救助俄国远东地区难侨的这段历史可以看到，旅俄华侨屡遭迫害，一方面是俄国政局动荡、反动势力横行造成的，另一方面也与当时中

国落后挨打的国际地位有莫大关系。自鸦片战争以后，中国逐步沦为一个半殖民地国家，在国际社会中长期处于任人宰割的境地，不仅帝国主义列强视中国为鱼肉，而且白俄残余势力也"明斥华人于列国人民之外"，肆意欺凌、迫害。如在居留票问题上，白俄地方当局"对各国人每票仅收一卢（布），对华人则十倍之"。① 由于没有强大的国家作后盾，北洋政府驻当地总领事馆发出的外交抗议或被百般推诿，或被置之不理，大多数难以收到实际效果。在救助难侨的过程中，很多计划实施的救助措施都因为受到财力、军力等方面的制约而遭延误甚至搁浅，仅调派一艘接侨的商轮就使北洋政府费尽了周折。

正是我们还不够强大，才使一些国家敢于一次又一次地制造排华事件、掀起排华风波。现实和历史经验都证明，在错综复杂的国际形势下，中国只有进一步加强经济、政治、军事、文化建设，不断提高国家的综合实力和核心竞争力，实现国家繁荣富强，才能成为海外华侨华人的坚强后盾，有效保护他们的合法权益。

第二，"己所不欲，勿施于人"，尊重侨民所在国国家主权，依法开展护侨行动。近代在列强铁蹄的践踏下，中国的国家主权和领土完整遭到了严重破坏，中国人民对帝国主义殖民侵略带来的苦难感受至深，对霸权主义、强权政治深恶痛绝。从洋务运动、戊戌变法、义和团运动到辛亥革命，封建官僚、普通民众、资产阶级等中国社会的不同阶层都曾试图寻求振兴图强之道，实现国家独立自主。北洋军阀攫取政权以后，虽然对外依附帝国主义列强，但并不是在所有问题上都一味卖国，如救助俄国远东地区难侨，就体现了其维护国家主权和民族利益的一面。不过，从俄方的立场来看，北洋政府向俄国境内用兵，无论是参加协约国的联合干涉行动，还是救助中国难侨，都干涉了俄国内政，侵犯了俄国的国家主权。

有鉴于此，在新时期的侨民保护与救助工作中，需要注意以下几点：一是注重手段，避免授人以柄。中国作为一个负责任的大国，长期奉行和平共处五项原则，积极推动世界的和平与发展，在国际社会一直享有良好声誉。然而，随着中国综合国力的不断提高，"中国威胁论"也甚嚣尘上。一旦中国在保护海外侨胞时处置不当，就会为反华势力留下口实，严重损害中国的国际形象。特别是在当前的时代背景下，以美国为首的西方国家坚持双重标准，以"人权高于主权""捍卫人类普遍的价值观"为借口，推行霸权主义。如果它们得到了这些所谓的"把柄"，势必会借此制造话题、增加麻烦。二是依法开展护侨工作。中国是一个法治国家，讲求对内依法治国，对外依法处理国际事务。当中国侨民的合法权

---

① 《中俄关系史料·出兵西伯利亚》，台湾"中央研究院"近代史研究所，1984年，第139页。

益受到侵害以后，依照中国法律，中国政府有义务、有责任出面予以保护。同时，中国政府也必须遵守国际法的相关约定，尊重他国主权，不干涉他国内政，在国际法和所在国法律框架下维护中国侨民的权益。三是正确处理华侨与华人的关系。现阶段的华侨华人中，保留中国国籍的华侨在数量上早已不占优势，大多数都是具有外国国籍的华人。虽然我们在民族感情上仍一直认为华人是海外同胞，但在法律上他们已经不是中国公民。因此，在侨民保护与救助工作中，必须根据国籍区别对待华侨和华人，有关华侨的生命财产安全及其他正当权益，中国政府都有权利依法实施保护；涉及华人的问题，中国政府只能依据相关的国际条约和国际惯例，向他们提供道义和物质上的援助。

　　第三，"内除积弊，外销积怨"，引导华侨华人树立良好形象，促进和谐共生。华侨华人是世界主要移民群体之一，以其辛勤劳动为居住地的经济社会发展作出了积极贡献，赢得了吃苦耐劳、自强不息的赞誉。然而，历史上却不断出现排华事件和反华浪潮。仔细分析其中原因，除了国际局势、国际关系的因素和华侨华人所在国的政治、经济、社会因素以外，还有一个不容忽视的因素，那就是海外华侨华人群体的积弊——内部不团结、祸起萧墙，对外自我封闭、难以融入当地社会。以本章研究的旅俄华侨为例：一方面他们固守叶落归根的传统思想，对俄国缺乏政治认同和文化认同，长期游离于俄国主流社会以外；另一方面华侨中也有害群之马，或为虎作伥，勾结俄国地方的贪官污吏、胡匪，敲诈勒索、劫掠同胞，[①] 或加入白俄匪军，为害俄国人民，激发华俄冲突，祸及普通华侨。[②]北洋政府在救助难侨的过程中虽然已经部分认识到这方面的问题，但并没有加以重视，只是简单地将少数首恶之徒押解回国，[③] 对华侨加入白俄匪军则完全放任自流。由于无法化解旅俄华侨的内部积弊和外部积怨，北洋政府的救助行动只是在一定程度上缓解了他们的危难处境，并没有从根本上解决华侨在俄国长期生存发展的问题。

　　由此可见，海外华侨华人只有积极融入当地主流社会，树立良好形象，才能真正"落地生根"。正如国务院侨务办公室原主任李海峰指出的那样："侨胞融入当地社会是其生存发展的必由之路。"

---

　　① 如邵恒浚总领事在致外交部的电文中所述："烟馆、赌局、妓寮，含污纳垢，华、俄痞徒，狼狈为奸，专以鱼肉华民，肥饱俄吏为事，拙案累累"；"华俄大帮胡匪，合谋肆抢华洋富商"；"俄吏与华韩通事勾串勒索，滥罚分肥"；"奸民通事，为虎作伥，毒害之烈，内地所无"。《中俄关系史料·出兵西伯利亚》，台湾"中央研究院"近代史研究所，1984年，第138、148、149、187页。

　　② 如霍尔瓦特华人雇佣军肆意屠杀俄人，就在当地引起普遍的仇华情绪，致使普通华侨民众无法立足，遭受惨重损失。

　　③ 如被符拉迪沃斯托克总领馆设法押解回国内的"积恶通事卢宝彦、王永臣，及胡匪陈建训"等人。《中俄关系史料·出兵西伯利亚》，台湾"中央研究院"近代史研究所，1984年，第192页。

结　语

十月革命以后，俄国远东地区陷入较长时间的动乱状态，身处当地的旅俄华侨因此蒙受了巨大的灾难。北洋政府接到旅俄难侨的求助以后，积极组织力量，通过外交交涉、商业力量接侨、军事护侨等多种方式展开救助行动。此次救助旅俄难侨，开创了中国近现代史上出境救助难侨的先例，同时也是民国政府侨务政策的首次重大实践，不仅保护了难侨的生命财产安全，还在一定程度上提高了当时中国的国际地位。不过，由于受国家实力的限制和国内外局势的影响，此次救助难侨是在协约国武装干涉苏俄革命的框架下实施的，救助力度和范围较为有限，时间略显滞后，实际效果与广大难侨的期望还有很大差距。尽管如此，时隔百年后再回顾这段历史，北洋政府救助旅俄难侨的一些经验教训对当代中国的侨民保护与救助工作仍有很好的借鉴意义。

第二章　边境战争后中国政府救助印度被拘华侨

1962年11月20日中印边境战争即将停火之际，印度当局突然开始大规模围捕居住在其境内的华侨华人，并将部分难侨解送至一千多英里外的迪奥利（Deoli）集中营长期关押起来。中国政府对印度当局围捕、拘禁华侨华人的行为高度重视，一方面利用两国外交关系尚未断绝的有利条件，积极与印方展开交涉；另一方面迅速组织人力物力，前往印度接运难侨回国。不过，由于印度当局蛮横坚持按照其确定的数量、指定的地点和选定的人员"遣返"被拘难侨，导致中国政府的救助行动困难重重，最终未竟全功，大批难侨被迫长期滞留印度。

围捕和拘禁华侨事件是边境战争后中印关系史上一个比较特殊的问题。过去五十多年，印度一直刻意隐瞒这段历史，而中国出于维护两国关系大局的考量也对此提及不多。不仅如此，学术界亦鲜有专门的研究成果。① 该事件的过程看似较为简单，却是这一时期尼赫鲁政府对华策略的集中体现。在本章中，作者将尝试利用中、印、美等国的解密档案及其他文献，详细梳理中国政府救助被拘难侨的具体过程，深入探究尼赫鲁政府围捕和拘禁华侨的真实原因和目的，为相关学术研究和实践工作提供有益的参考。

---

① 从学术界已有的研究成果来看，仅在一些论著和论文中对此略有陈述，如 Neville Maxwell, *India's China War*, New York：Pantheon Books, 1970；Surendra Chopra ed., *Sino - Indian Relations*, Amretsar：Guru Nanak Dev University, 1985；Willem van Eekelen, *Indian Foreign Policy and the Border Dispute with China：A New Look at Asian Relationships*, Leiden：Brill, 2016；施鹏：《印度当局迫害华侨的残暴罪行》，《世界知识》1963年第9期；中印边境自卫反击作战史编写组：《中印边境自卫反击作战史》，军事科学出版社，1993年；王宏纬：《喜马拉雅山情结：中印关系研究》，中国藏学出版社，1998年；玛德芙·布拉拉著，陈欣译：《印度华人初探》，《八桂侨刊》1999年第4期；赵蔚文：《印中关系风云录1949—1999》，时事出版社，2000年；张敏秋：《中印关系研究：1947—2003》，北京大学出版社，2004年；周卫平：《百年中印关系》，世界知识出版社，2006年；贾海涛：《印度华人的状况及与中国的联系》，《世界民族》2008年第3期；张秀明：《被边缘化的群体：印度华侨华人社会的变迁》，《华侨华人历史研究》2008年第4期；尚劝余：《尼赫鲁时代中国和印度的关系（1947—1964）》，中国社会科学出版社，2009年；山下清海著，刘晓民译：《印度的华人社会与唐人街——以加尔各答为中心》，《南洋资料译丛》2010年第1期，等等。

第一节　战后印度围捕和拘禁华侨

中印山水相连，两国人民自古往来不绝，中国人移居印度者早既有之。至20 世纪 40 年代的鼎盛时期，在印度的各族侨胞总数一度超过 6 万人，其中汉族侨胞 4 万多人，藏族及其他民族侨胞 2 万多人。[①] 在长期的生息繁衍过程中，一些侨胞逐渐融入印度社会，并取得了印度公民身份。根据印度 1950 年《宪法》[②]第五条和 1955 年《公民法》[③] 第三条的规定，凡在印度领土上有住所或父母任何一方为印度公民，并在印度境内出生者，均可取得印度国籍。1955 年 4 月《中华人民共和国和印度尼西亚共和国关于双重国籍问题的条约》签署后，中国也放弃了血统主义原则，鼓励各国侨胞选择所在国籍"落地生根"。因此，从法律意义上来说，居住在印度境内的侨胞有一部分人已成为印籍华人，不再是中国公民。不过，在中印关系恶化之前，印度对华侨华人的管理一直较为宽松，并没有因为他们的身份、种族或政治立场不同而加以区别对待。有些华侨尽管出于各种原因尚未取得新中国颁发的护照或其他合法身份证明，但也能在印度境内正常生存和发展。

50 年代后期，随着中印关系的恶化，印度对华侨华人的态度逐渐发生了逆转。特别是朗久事件发生后，印度当局更是以发现"中国人"从事"间谍活动"和"反印活动"为由，对广大华侨华人进行普遍性的甄别和登记，甚至剥夺了部分华人的国籍，迫使许多人不得不离开印度。1960 年 2 月，噶伦堡、加尔各答的地方当局先后向旅居当地的一些华侨发出通知，勒令他们在三个月甚至几天内离境。此后不久，印度当局又将驱逐范围扩大至中资机构的工作人员。7 月 22日，加尔各答移民局强制命令中国银行当地分行的经理蒋文桂在三个月内离开印度。[④] 9 月 26 日，噶伦堡当局以所谓"谋刺喇嘛"案主使者的罪名将旅居印度41 年、当地中华学校前名誉董事长马铸材逮捕入狱，关押一年多后将其驱逐出境。[⑤] 该校董事长梁子质、副董事长张乃骞和马家奎、校长常秀峰夫妇及部分教

---

① 《印度华侨简况》，《侨务报》1962 年第 6 期；阿荒：《印度华人饱经沧桑》，《侨园》2006 年第 2 期。

② Constitution of India, https：//dl. wdl. org/2672/service/2672. pdf, February 15, 2018.

③ The Citizenship Act, 1955, http：//www. helplinelaw. com/docs/the – citizenship – act –1955, February 15, 2018.

④ 新华社：《在印度当局采取种种无理措施下无法继续执行职务，中国银行加尔各答分行经理蒋文桂回京》，《人民日报》1961 年 3 月 7 日，第 4 版。

⑤ 新华社：《在印度地方当局的迫害下旅印华侨马铸材回到祖国怀抱》，《人民日报》1962 年 3 月 2日，第 3 版。

师已于此前被迫回国。① 10 月，加尔各答当局发布规定，要求被重点监视的华侨必须在每周一、三、五亲自向当地移民局报告行踪，非经批准不得离开住所。② 1961 年 2 月 11 日凌晨，加尔各答当局突然逮捕了当地兴华中学校长张敬和华侨报纸《中国新闻》总编辑侯兴福，并立即将他们武装押解出境；③ 4 月 29 日，又将曾任《中国新闻》发行人的吴道隆和当地北京饭店的经理刘维泰押解出境，其中"吴道隆一家几代侨居印度，本人在印度出生和长大"，刘维泰也已在印度生活 20 多年。④ 至 1962 年 9 月，先后有 200 多名华侨被强制押解出境，自行逃离印度者更多。

值得一提的是，这些被印度当局强制驱逐的侨胞基本都是认同中华人民共和国的汉族华侨华人。至 1962 年，汉族华侨华人的数量已由高峰时期的 4 万余人骤降至 1.6 万人，而同一时期却有 3 万多名中国藏民流入印度。⑤

边境战争爆发后，印度当局进一步扩大了"中国公民"涵盖的范围，将许多印籍乃至其他国籍的华人及其家眷也认定为"中国人"。1962 年 10 月 26 日，印度颁布了专门针对华人的《外国人法（实施和补充）条例》。按照该条例的规定，只要父母或祖父母一方曾是印度交战国的公民，即使已经取得印度国籍，也被视为"外国人"。⑥ 11 月 2 日，加尔各答地方当局发布通知，对属于"外国人"的华侨华人及侨眷实施最严格的"保安限制"，勒令他们"不得离开这个城市或不得离开家里过夜"。⑦ 11 月 20 日，印度突然在临近前线的阿萨姆邦和西孟加拉邦大规模围捕和平守法的华侨华人。21 日得知中国宣布停火后，印度不但没有停止抓捕行动，反而将其中的大部分人解送至 2 千多公里外的迪奥利集中营关押起来。在此后不到一个月的时间内，相继有数千名华侨华人及其家眷遭到印度当局的拘禁（为行文方便，以下简称"华侨"或"难侨"）。

与边境战争前的反华、排华活动相比，印度此轮对华侨采取的行动有几个显

---

① 新华社：《被印度当局迫害回国的噶伦堡中华学校董事长梁子质揭露印蒋伙同劫夺中华学校真象》，《人民日报》1963 年 4 月 24 日，第 2 版。

② 新华社：《印度有关当局无理逮捕我侨民　扣押行动还在发展　广大华侨极感不安》，《人民日报》1960 年 12 月 6 日，第 6 版。

③ 新华社：《印度有关当局无理驱逐华侨出境　我驻加尔各答领事已向有关当局提出抗议》，《人民日报》1961 年 2 月 23 日，第 4 版。

④ 新华社：《印度当局又无理驱逐两名华侨出境》，《人民日报》1961 年 5 月 23 日，第 4 版。

⑤ "Prime Minister's Reply to Rajya Sabha Debate on President's Address", May 3, 1962, Indian Ministry of External Affairs, *Foreign Affairs Record*, Vol. 8, New Delhi: Government of India Press, 1963, p. 110.

⑥ The Foreigners Law (Application and Amendment) Act, 1962, http://www.helplinelaw.com/docs/the-foreigners-law-application-and-amendment-act-1962, February 15, 2018.

⑦ 新华社：《就印度当局在全国猖狂破坏华侨　我外交部向印度当局提出严重抗议》，《人民日报》1962 年 11 月 9 日，第 1 版。

著特点：一是"无程序"，突然袭击。印度以往驱逐华侨一般都会提前发布通知，明确申诉或离境的最后期限，最短也有几天的时间。而印度此轮围捕华侨不仅没有提前发布任何通告，而且并未经过任何法律程序或出示任何法律文件，在较短时间内就拘捕了数千人。二是"无差别"，按需抓捕。先前印度排华尚区分对象，逮捕和驱离的大多是有一定影响力的重要人物或者青壮年男性。这一轮的行动中印度当局则不分男女老幼、以种族清洗的方式围捕华侨，直到拘押人数达到其要求的数量方才罢手。三是"无依据"，非法拘禁。战前印度历次的排华活动都会编造各种借口，以"合法"的理由将部分华侨驱逐出境。而战后印度将数千名华侨长期拘禁在集中营或监狱，既不说明所依据的法律法规，也不予以审判，导致他们在无过错、无"罪名"的情况下被关押数月乃至数年之久。

第二节　中国政府积极救助难侨

　　1962 年 11 月 23 日，中国政府得知印度当局大规模围捕华侨后迅速作出反应，立即指示驻印使馆向印度外交部提出强烈抗议。24 日，中国外交部正式向印度发出照会，"要求印度政府立即释放全部被拘押的华侨，停止对华侨的一切迫害，切实保障华侨生命、财产的安全"[1]。其后，驻印使馆又多次与印度相关部门交涉，敦促印方立即停止围捕华侨的行动。28 日，周恩来在致尼赫鲁的信中指出："中国在印度的……侨民，甚至遭受到即使在两国正式宣战的情况下也不大可能有的待遇"，希望印度不要让"这种不正常的情况……再继续下去。"[2]由于印度当局对中方的抗议和要求或避而不答，或含糊其辞，始终不予正面回应，此时中国政府并不清楚印度围捕和拘禁华侨的意图，仍认为是其排华活动的延续。直到 12 月 3 日，驻印使馆从印度内政部长夏斯特里的讲话中得知，被拘华侨已达 1 736 人之多，并且抓捕行动尚未停止，中国政府才意识到印度的行为与前期的反华、排华活动有本质性的不同，另有政治目的。

　　为了解印方的真正意图，12 月 10 日，中国驻印临时代办陈肇源亲赴印度外交部交涉，当面要求印方提供被拘华侨的情况并安排中国使馆人员前往探视。然而，印方中国司司长梅农却故意将被拘华侨同印军战俘混为一谈，声称只有在对

---

　　① 《中华人民共和国外交部 1962 年 11 月 24 日给印度共和国驻华大使馆的抗议照会》，中华人民共和国国务院秘书厅：《中华人民共和国国务院公报》1962 年第 13 期，第 266 页。

　　② 《国务院总理周恩来关于中国边防部队将从 1962 年 12 月 1 日起主动开始后撤呼吁印度政府及时采取相应措施给印度共和国总理尼赫鲁的信》，中华人民共和国国务院秘书厅：《中华人民共和国国务院公报》1962 年第 13 期，第 263 - 264 页。

等的基础上通过国际红十字会，才能与中国交换被拘人员的情况。通过此次会谈，陈肇源代办发现，印度的真实目的就是要以被拘华侨来交换印度战俘。

　　10日陈代办见印中国司司长梅农时，梅就我要求印提供华侨情况及安排访问被拘华侨问题口头答复我方。他说华侨有两种，一系犯法被逮捕者，印方当然同意大使馆对这些犯有具体罪行的侨民有特殊的责任，印方可以给予使馆方便去看他们。另一种是被拘禁者（Intern），这些人由于中印武装冲突印度紧急状态的法令而被拘禁。这些人与前一种不同。1949年日内瓦公约对他们适用。因此印政府决定将他们的细节通知国际红十字会。该会可派代表会见这些人，了解其情况。作为对日内瓦公约的签字国，印度愿意在对等的基础上通过国际红十字会交换关于这些人的情况。

　　陈当即指出，上次梅说华侨被"迁移"，现在又说"拘禁"，何故。梅说印方把他们迁到一地，使他们不致危及印度的安全，把他们放在某一个地方，给予正常生活的便利，政府给食物和住处。但他对"拘禁"现在不能提供法律上的定义。陈说中国大使馆为什么不能见中国的侨民。中印之间战俘事都能解决，为何华侨问题两国不能直接解决。中印之间的问题为何两国之间不能解决，而由第三方面进来。梅避不作答。陈又问印方有何理由说日内瓦公约应用于华侨。梅说由于中印两国有敌对行动（Hostilities），因政府通过法令。这是在敌对行动中的被拘的平民。所以日内瓦公约适用于他们。为符合该约，印度将与国际红十字会联系。陈问他印方就此事是否将作正式书面答复。梅说对于前几次双方口头谈话这就是正式答复。如中国方面已有照会提出要求华侨人数、名单及要求安排会面等，则印方将书面答复。

　　印方以华侨抵印被俘人员的企图已极明显。现竟公然无耻利用所谓日内瓦公约。看来印方并不想书面正式答复（因我无正式照会向印方提出名单，访问等具体要求）。建议国内正式照会印方，要求澄清，进行揭露和斗争。[①]

　　中国外交部得到驻印使馆的报告以后，一方面立即着手起草新的对印照会，准备全面揭露印度当局的图谋；另一方面于13日指示驻印使馆，要"充分利用

---

　　① 驻印度使馆：《陈代办就华侨问题见梅农事》，1962年12月10日，中国外交部解密档案，编号113-00458-01，第2—3页。

印方并未同我绝交或宣战，中印仍有外交关系的有利有理条件对印方展开斗争以保护华侨利益"①。

18日，中国外交部向印度发出一份两千余字的抗议照会，直截了当地"质问印度当局，印度是不是打算利用大批拘禁华侨作为人质来对中国政府进行讹诈"？并要求印度当局"立即停止迫害华侨，释放全部被逮捕和拘禁的华侨，归还他们的财产，赔偿他们所受的损失；立即提供被捕华侨的人数、名单和关押地点，并且对中国大使馆提出的探视和其他合理要求提供便利"；"对愿意返回祖国的华侨，保证他们自由离境，并且允许他们携带资金和财产；对愿意继续在印度居留的华侨，保证他们的人身自由和生命、财产的安全，不进行任何歧视"。与此同时，中国政府还正式向印度当局提出了派船前来接侨的要求，希望印方"对中国政府接运难侨回国的措施给予应有的合作和必要的便利"。② 为表达中方力求和平解决边界争端的诚意，争取使印度尽早停止迫害华侨，12月5日、12日、13日，中国先后通过两国红十字会交还印度239名被俘伤病员和一些印军遗体。③ 19日，中国又全部归还了缴获的印军武器，并再次释放了部分印军伤病员。至12月31日，中国除了先后释放716名印军伤病员和15名协助看管印军武器的战俘，还分批将剩余印军战俘的名单、通信方式和健康情况通知印度政府和印度红十字会，协助他们同家人建立了通信联系。④

然而，无论是中方的抗议与交涉还是善意的行动，均未能改变印度当局在华侨问题上的强硬立场。从12月13日首次作出回应开始，尼赫鲁政府一直强调其围捕和拘禁华侨是"出于本国抵抗外国侵略的安全和防务的需要"，是在其主权范围之内的合法行为。⑤

12月19日，印度外交部发言人更是老调重弹，再次抛出华侨从事"颠覆活

---

① 外交部：《关于日内瓦公约问题》，1962年12月13日，中国外交部解密档案，编号113-00458-01，第6-7页。

② 《中华人民共和国外交部1962年12月18日给印度共和国驻华大使馆的抗议照会》，中华人民共和国国务院秘书厅：《中华人民共和国国务院公报》1962年第14期，第295页。

③ "Prime Minister's Statement in Rajya Sabha on India – China Border Situation", December 12, 1962, Indian Ministry of External Affairs, *Foreign Affairs Record*, Vol. 8, New Delhi：Government of India Press, 1963, p. 336.

④ 韩念龙：《外交部办公厅韩主任复红十字国际委员会电稿》，1963年2月18日，中国外交部解密档案，编号113-00458-01，第35-36页。

⑤ "Note Given by the Ministry of External Affairs, New Delhi, to the Embassy of China in India", December 13, 1962, Indian Ministry of External Affairs, *White Paper：Notes, Memoranda and Letters Exchanged and Agreements Signed Between the Governments of India and China*, Vol. 8, New Delhi：Government of India Press, 1963, p. 104.

动"的不实言论。[①] 其后，尼赫鲁政府又以"中国间谍"的罪名在德里、加尔各答等地逮捕了多批华侨。对于中国派船接侨的要求，印度当局虽未明确予以拒绝，但仅同意那些持中华人民共和国护照、不涉及刑事或民事诉讼的难侨回国。[②] 这一条件看似合情合理，实则是故意刁难。中华人民共和国成立后，为避免引起印度政府不必要的猜疑，中国政府既未在印度对华侨进行全面的登记，也没有要求华侨换领护照。即使部分难侨持有中华人民共和国的护照，也都在被捕时遭到印度军警的没收或故意损毁。因此，印度当局此时在护照问题上做文章，显然就是要制造障碍、阻挠中国营救被拘难侨。

不仅如此，印度还试图利用红十字国际委员会使问题复杂化，以阻止中国驻印使馆外交人员前往集中营探视华侨、了解真实情况。早在 11 月中旬战争尚未结束之时，印度就向红十字国际委员会通报其有 2 千多人被俘，但"他们没有任何中国俘虏"，"要求红十字国际委员会进行干预"。[③] 战后，印度又通过曲解《日内瓦公约》的方式，竭力将被拘华侨与印军战俘混为一谈，提请红十字国际委员会按照"对等"的原则代为探视双方在押人员。应印度的请求，红十字国际委员会先后多次致函中国政府，要求派代表探望印军战俘，并特意说明"这一探望同红十字国际委员会根据同印度当局达成的协议对印度被拘禁的中国人进行了的探望将是对等的"。[④] 更为荒唐的是，红十字国际委员会在未经中国政府同意和授权，甚至毫不知情的情况下，按照印度当局的安排，数次"代为"探视了被拘华侨。1962 年 12 月 31 日和 1963 年 1 月 8 日，印度在致中国的外交文书中一再声称：由于红十字国际委员会已经"代为访问"了被拘华侨，印度已无必要再将他们的情况重复告知中国政府，也不允许中国派员前来探视。[⑤]

---

① 《中华人民共和国外交部新闻司发言人关于驳斥印度外交部发言人 1962 年 12 月 19 日为印度政府残酷迫害华侨进行狡辩并反诬华侨进行所谓颠覆活动的谈话》，中华人民共和国国务院秘书厅：《中华人民共和国国务院公报》1962 年第 15 期，第 315 – 316 页。

② "Note Given by the Ministry of External Affairs, New Delhi, to the Embassy of China in India", December 31, 1962, Indian Ministry of External Affairs, *White Paper*: *Notes, Memoranda and Letters Exchanged and Agreements Signed Between the Governments of India and China*, Vol. 8, New Delhi: Government of India Press, 1963, p. 112.

③ 红十字会国际委员会：《红十字会国际委员会 1962 年 12 月 28 日给我驻日内瓦总领馆的备忘录》，中国外交部解密档案，编号 113 – 00458 – 01，第 8、10 页。

④ 红十字国际委员会波瓦西埃：《红十字国际委员会主席波瓦西埃致陈总电》，1963 年 2 月 7 日，中国外交部解密档案，编号 113 – 00458 – 01，第 28 页。

⑤ "Note Given by the Ministry of External Affairs, New Delhi, to the Embassy of China in India", December 31, 1962; "Memorandum Given by the Ministry of External Affairs, New Delhi, to the Embassy of China in India", January 8, 1963, Indian Ministry of External Affairs, *White Paper*: *Notes, Memoranda and Letters Exchanged and Agreements Signed Between the Governments of India and China*, Vol. 8, New Delhi: Government of India Press, 1963, pp. 112, 115.

针对印度和红十字国际委员会在被拘华侨问题上的做法，中国政府在对印照会中严正指出："在中印两国还保持着外交关系的情况下，中国大使馆要求印度政府提供被无理逮捕的华侨的情况，安排探视，这是外交上无可辩驳的护侨权利。印度政府企图用拉进红十字国际委员会的办法，剥夺中国大使馆的正当权利，掩盖迫害华侨的罪行，这是中国政府绝对不能同意的。"① 同时，中国政府也向红十字国际委员会指明："把印度政府非法拘禁大批守法华侨同中国边防部队在自卫反击中俘虏的印度军队人员相提并论，是十分令人遗憾的。这两个性质截然不同的问题，绝对不能等同对待。"② 其后，虽然印度又多次利用红十字国际委员会胡搅蛮缠，干扰中国营救难侨，但中国政府始终抓住两国仍有外交关系的有利条件，坚决拒绝第三方插手，坚持通过直接交涉来解决被拘华侨问题。

1962 年 12 月 31 日和 1963 年 1 月 5 日、19 日、22 日，2 月 23 日，中国外交部又多次照会印度，据理力争，要求印方停止迫害华侨并允许他们回国。在此期间，中国政府的相关部门也先后多次对外发表谈话，为解救被拘华侨向印方施加压力。

中华人民共和国华侨事务委员会发言人关于印度政府继续无理迫害华侨并企图阻挠我国派船接运华侨回国的谈话

一九六三年一月二十日

印度政府粗暴地破坏了国际法准则，背弃国际道义，不顾我国政府多次的抗议和交涉，继续采取极其野蛮的手段猖狂地迫害旅居印度的华侨，使成千上万的华侨陷入了苦难的深渊。为了援救受难的华侨，我国政府在一九六二年十二月十八日给印度政府的照会中，明确提出决定派船前往印度接回被拘禁和受其它迫害而愿意返回祖国的华侨。但是印度政府在一九六二年十二月三十一日给我国的复照中，对我国要派船去接侨的问题，完全避而不答，企图阻挠华侨回国；对其残酷迫害华侨的罪行则继续进行诡辩抵赖。

印度政府在它的复照中重弹陈词滥调，说什么它之所以要迫害华侨是由于中国的"入侵"引起的。让我们用事实来彻底揭穿这一谎言。众所周知，中印边界的武装冲突，是由于印度政府坚持扩张主义的政策，在侵占中国大片领土之后，又越过实际控制线，对我国发动大规模

---

① 《中华人民共和国外交部 1962 年 12 月 18 日给印度共和国驻华大使馆的抗议照会》，中华人民共和国国务院秘书厅：《中华人民共和国国务院公报》1962 年第 14 期，第 294 – 295 页。

② 韩念龙：《外交部办公厅韩主任复红十字国际委员会电稿》，1963 年 2 月 18 日，中国外交部解密档案，编号 113 – 00458 – 01，第 35 页。

的武装进攻所造成的。根本不存在什么中国"入侵"的问题。这已是铁证如山，有目共睹的。其实印度政府对华侨的迫害活动是由来已久，远在一九五九年就已开始有计划地进行。从那时以来，许多华侨被无理传讯、逮捕、判刑、罚款和限期离境。不少人还横遭折磨，被强押从空气稀薄，高峻严寒的乃堆拉山口出境。其中有的还是患有高血压、心脏病的病人和六十几岁高龄的老人。印度政府还迫使大部分华侨学校停办或纵容蒋帮特务进行霸占，并纵容暴徒捣毁华侨报馆《中国新闻》，行凶刺伤报馆人员。印度地方当局甚至不惜采取骇人听闻的卑鄙手段，制造了杀人案件，来嫁祸陷害爱国侨领马铸材。印度特务机关还不择手段地制造恐怖气氛，威胁逼迫华侨充当印度特务，要他们背叛祖国，妄图分化利用华侨来作为其进行反华活动的工具。在印度军队发动大规模进攻以后，印度政府对华侨的迫害更加变本加厉，对华侨进行了全面的严格的管制，纵容暴徒殴打华侨，捣毁、抢劫华侨商店，破坏华侨商店营业，阻挠华侨工人上工，没收华侨海员证件，剥夺华侨生计，断绝华侨生路。敲诈、勒索、传讯、逮捕华侨事件更是层出不穷。特别严重的是，在我国采取主动停火、主动后撤的措施后，印度政府对华侨的迫害不仅没有收敛，反而更加猖狂地采取法西斯的手段，冻结、掠夺华侨财产，大规模地围捕华侨，将数以千计的华侨关进集中营。这种恐怖活动现在仍在继续扩展，使华侨陷入极其悲惨的境地。

以上一系列铁的事实，充分说明了印度政府对华侨的迫害并不是什么由于中国"入侵"所引起的。事实是印度政府早把迫害华侨作为它的反华活动的一个组成部分，而且是有计划、有步骤地随着它反华活动的加紧而不断扩大对华侨的迫害。

印度政府恶意地诬蔑华侨威胁其"安全"，企图借此解脱其迫害华侨之罪责。这是枉费心机的。因为旅居印度的华侨一贯安分守法，和印度人民友好相处。印度政府从来也拿不出任何能说明华侨威胁其"安全"的确凿的证据，就连印度的报纸也承认被捕的中国人"没有进行破坏活动"。目前被关押在集中营的两千多华侨中就有很多儿童，还有仅出生几个月的婴儿。难道他们也会构成对印度"安全"的威胁吗？可见印度政府所谓华侨威胁其"安全"的借口是极其荒唐的。

印度政府在理屈词穷的情况下，常常搬出所谓"主权"来抵赖它对华侨的迫害。这也是徒劳的。因为根据国际法，任何国家都不得以国内法为借口，单独歧视某一国家的侨民，更不得以此迫害外侨。任何国家都有义务尊重外侨的基本人权和保障他们的生命财产的安全。印度在国外也有大量侨民,印度政府曾经一再反对南非政府歧视印侨的行为,并不认为南非政府完全有主权对印侨肆意歧视。现在印度政府野蛮地踩躏华侨基本人权和粗暴地破坏国际法准则的所作所为,早已远远超过南非当局的做法,印度政府却企图借用所谓"主权"来为它的罪行作辩解。谁都可以看出,这种狡辩是根本站不住脚的。

令人惊异的是,印度政府居然还敢说,被逮捕的华侨"正受到适当的照顾"。这真是厚颜无耻的弥天大谎。印度政府在阿萨姆邦和西孟加拉邦等许多地区,对和平守法的华侨,不分老弱妇幼,大批围捕,将两千多名华侨关进条件恶劣的集中营,使他们过着非人的生活,造成为数众多的人患病,数十人死亡。难道这就是所谓对华侨的"适当的照顾"吗?印度政府说什么红十字国际委员会代表访问集中营后,对其所作的安排"表示完全满意",以为这样就可以欺骗世界舆论。这是毫无用处的。因为任何人只要主张正义,不持偏见,客观地看待事物,那么,对印度政府迫害华侨所采取的一系列令人发指的法西斯式的暴行都会感到愤慨。如果印度政府不是害怕暴露它的罪行,为什么一再拒绝我国大使馆派人前往探视呢?显然印度政府是害怕真相大白,遭到世界舆论的谴责。

还有,引起我国人民极其愤慨和不能容忍的是,印度政府为了推行其反华政策,不顾和我国仍然保持外交关系的情况,竟然与被我国人民及广大华侨所唾弃的蒋帮特务互相勾结。在印度政府的庇护和纵容下,蒋帮特务一直在印度领土上公开进行着反对中华人民共和国和祸害华侨的罪恶活动。一九六一年一月十七日在加尔各答发生的捣毁华侨报馆《中国新闻》,刺伤报馆人员的事件,就是印度特务机关勾结蒋帮特务所干的罪行。华侨办的噶伦堡中华学校的校产,也是被印度当局强行交给蒋帮特务的。印度军队在对我国发动大规模武装进攻以后,印度政府就赶忙唆使蒋帮特务集会,盗用华侨名义通过"决议",公然叫嚣反对中国政府,鼓吹"两个中国",扬言联合印度同中国作战,印度驻华使馆甚至还在其公报中刊登这些蒋帮特务的"决议"。所有这些都充分证明了印度官方机构同蒋帮特务组织之间存在着不可告人的关系。印度政府以为拉出一小撮蒋帮特务来冒充华侨,搞出几个所谓"决议",就可作为它们迫害华侨罪行的遮羞布。这只能更加暴露印度政府的卑鄙无耻和对我国人民敌视到何等地步。

必须强调指出,由于印度政府蛮横无理地坚持其迫害华侨的政策,继续加紧和扩大对华侨的猖狂迫害,华侨的生存已遭到严重威胁,尤其

是被关押在集中营的两千多华侨更是备遭折磨和虐待，处在水深火热之中。在这种情况下，我国政府宣布决定派船到印度去接回受难华侨，这完全是合理的、正当的、必要的。印度政府是没有任何理由拒绝的。但是印度政府在它答复我国的照会中对我国政府这一决定，却避不答复，企图利用推拖的伎俩来阻挡我国援救受难的华侨。

印度政府在照会中假惺惺地说对"自愿"回国的华侨"准备给予必要的便利"，但是事实上却故意制造障碍，提出种种无理条件，多方刁难。印度政府颁布了所谓"被拘留者财产管理法令"，接管被捕华侨的财产，冻结其他华侨的财产不许变卖，在华侨办理离境手续方面多方刁难，甚至有些华侨一经申请离境即加以逮捕。印度政府说，必须是持有中华人民共和国护照的人才给予回国的"便利"。应当指出，我国既未在印度对华侨进行全面的登记，也尚未向所有华侨发护照。而且有消息说，许多持有我国护照的华侨在被逮捕时，印度政府就不准他们随身携带我国护照。在这种情况下，说什么必须持有我国护照的人才能回国，显然是企图剥夺华侨回国的权利。印度政府还扬言，要对被拘禁的华侨进行"复查"或"甄别"，继续拘禁那些所谓"威胁国家安全的人"。这显然又是妄图捏造莫须有的罪名，蓄意把大批华侨拘禁作为人质，以借此向我国进行卑鄙的讹诈。这些无法掩饰的事实，充分说明了印度政府一方面在继续对华侨进行残酷的迫害，一方面又对受难华侨回国设置了如此严重的障碍，但是却装腔作势地侈谈给华侨回国以"便利"，这岂不是彻头彻尾的虚伪吗？

我们要正告印度政府：我国人民绝不会坐视自己的亲人任由你们欺凌和迫害。我们要求印度政府立即停止迫害华侨，立即无条件释放全部被捕华侨，对我国派船前往印度接回受难华侨一事作出明确的答复。①

然而，印度当局始终不为所动，仍以原来的陈词滥调来搪塞中方。直到2月28日中国军队全部完成主动后撤，印度当局的态度才有所变化。3月7日，印度外交部以照会的形式通知中方：经过他们"查明"，只有约1 450名被拘华侨和

---

① 《中华人民共和国华侨事务委员会发言人关于印度当局继续无理迫害华侨并企图阻挠我国派船接运华侨回国的谈话》，中华人民共和国国务院秘书厅：《中华人民共和国国务院公报》1963年第1期，第19－21页；《中华人民共和国外交部新闻司发言人关于驳斥印度当局为继续拘捕迫害华侨进行狡辩的谈话》，中华人民共和国国务院秘书厅：《中华人民共和国国务院公报》1963年第6期，第123－124页。

约900名侨眷愿意返回中国。① 尽管印度当局同意释放的人数与被拘华侨的总数还有很大差距，但中国政府认为不宜与其纠缠，应把握机会尽快接回这批难侨，然后再争取问题的彻底解决。因此，中国外交部一方面继续敦促印方提供被拘华侨的名单并允许驻印使馆前往探视，另一方面就派船接侨的细节于3月14日向印方提出了六点具体要求，以确保这些难侨能够顺利回国。② 3月16日、23日至26日，陈肇源代办连续数天与印方开会讨论接侨事宜，经过多轮磋商，最终确定了接侨的具体时间、地点和批次。为防止印方节外生枝，中国政府立即决定派"光华"轮和"新华"轮次日（3月27日）就前往印度当局指定的马德拉斯港接侨。③

不过，印度当局并不愿意就此罢手使中国政府得以顺利地接回难侨。3月26日，中印磋商甫一结束，印度即在对华照会中指责"中国政府扣押三千多名印军战俘作为人质"④。

29日，印度再次批评中国违反《日内瓦公约》，扣押印军战俘作为"人质"，⑤并以此充当其阻挠中国政府探视、救助难侨的新借口。同一天，印度当局还在迪奥利集中营策划实施了有组织殴打华侨的严重事件，导致80多名难侨不同程度受伤，100多名难侨被关进特设监狱。事件发生后，印度当局以部分难侨在集中营实施暴力犯罪为由，将原计划释放的难侨人数缩减了80名。⑥ 另外，为阻挠难侨回国，印度当局还强令获释难侨"不得回家处理或收集他们的资产"，并扣留了部分归国难

---

① "Note Given by the Ministry of External Affairs, New Delhi, to the Embassy of China in India", March 7, 1963, Indian Ministry of External Affairs, *White Paper: Notes, Memoranda and Letters Exchanged and Agreements Signed Between the Governments of India and China*, Vol. 9, New Delhi: Government of India Press, 1963, p. 101.

② "Note Given by the Embassy of China in India, to the Ministry of External Affairs, New Delhi", March 14, 1963, Indian Ministry of External Affairs, *White Paper: Notes, Memoranda and Letters Exchanged and Agreements Signed Between the Governments of India and China*, Vol. 9, New Delhi: Government of India Press, 1963, p. 106.

③ "Memorandum Given by the Embassy of China in India, to the Ministry of External Affairs, New Delhi", March 26, 1963, Indian Ministry of External Affairs, *White Paper: Notes, Memoranda and Letters Exchanged and Agreements Signed Between the Governments of India and China*, Vol. 9, New Delhi: Government of India Press, 1963, pp. 112 – 113.

④ "Note Given by the Ministry of External Affairs, New Delhi, to the Embassy of China in India", March 26, 1963, Indian Ministry of External Affairs, *White Paper: Notes, Memoranda and Letters Exchanged and Agreements Signed Between the Governments of India and China*, Vol. 9, New Delhi: Government of India Press, 1963, p. 109.

⑤ "Note Given by the Ministry of External Affairs, New Delhi, to the Embassy of China in India", March 29, 1963, Indian Ministry of External Affairs, *White Paper: Notes, Memoranda and Letters Exchanged and Agreements Signed Between the Governments of India and China*, Vol. 9, New Delhi: Government of India Press, 1963, p. 158.

⑥ 新华社：《归国难侨揭露印度当局卑鄙暴行 阴谋扣留华侨打击侨胞爱国意志》，《人民日报》1963年5月17日，第2版；新华社：《归侨揭露印度当局伙同蒋帮特务的反华勾当》，《人民日报》1963年8月23日，第2版。

侨的家属。① 对此，中国大使馆向印度外交部表达了强烈的抗议，② 再次要求派人前往集中营探视难侨，为他们办理回国登记。印度当局不仅拒绝中方的正当要求，而且屡次自食其言，拖至 4 月 3 日（中国国防部发布《关于释放和遣返全部被俘印度军事人员的声明》的次日）才提交第一批拟释放的 995 位难侨名单。

针对印度当局在处理难侨问题上反复无常的特点，4 月 9 日中国大使馆向印方再次提出六项要求，着重强调应按照既定的人数和名单实施交接，不得随意删减人数。③ 然而，在中国接侨船只 4 月 12 日抵达马德拉斯港后，印度又制造各种借口扣下了已列入释放名单的 86 位难侨，导致最终仅有 909 名难侨得以登船回国。27 日，中国外交部根据第一批归国难侨反映的情况，质问"印度当局，难道只要是华侨就会构成对印度'安全和防务'的威胁吗？而且像初生的婴儿、学龄前的儿童、即将临盆的孕妇、双目失明的残疾者，以及九十多岁的老人，也会威胁到印度的'安全和防务'吗"？同时，还重申了释放全部难侨的要求。④

对于中方的诘问和要求，5 月 6 日，印度在复照中称：这些都是中国政府的虚假宣传以及对印度政府的毁谤，不值一驳；至于居住在集中营的老幼妇孺，则是印度政府纯粹出于人道主义考虑，应相关家庭的请求，为他们的团聚而提供的便利。此外，为给中国第二次接侨增加困难，印度当局还蓄意制造"两个中国"的话题，谎称有些华侨并不愿意返回"大陆中国"⑤。17 日，印度再度声称"他们不准备强制遣返那些不愿意返回中国的人"。⑥ 25 日，"光华"轮抵达马德拉斯港后，中方人员发现印度原已明确同意释放的 842 名难侨，仅有 664 人登船。

---

① 新华社：《应在头两批回国的二百六十多名难侨为什么没有回来？归侨揭露印度当局扣留难侨的卑劣手段》，《人民日报》1963 年 6 月 16 日，第 2 版。

② "Note Given by the Embassy of China in India, to the Ministry of External Affairs, New Delhi", April 1, 1963, Indian Ministry of External Affairs, *White Paper*: *Notes, Memoranda and Letters Exchanged and Agreements Signed Between the Governments of India and China*, Vol. 9, New Delhi: Government of India Press, 1963, p. 114.

③ "Letter Given by the Embassy of China in India, to the Ministry of External Affairs, New Delhi", April 9, 1963, Indian Ministry of External Affairs, *White Paper*: *Notes, Memoranda and Letters Exchanged and Agreements Signed Between the Governments of India and China*, Vol. 9, New Delhi: Government of India Press, 1963, p. 116.

④ 《中华人民共和国外交部一九六三年四月二十七日给印度共和国驻华大使馆的照会》，中华人民共和国国务院秘书厅：《中华人民共和国国务院公报》1963 年第 10 期，第 182 页。

⑤ "Note Given by the Ministry of External Affairs, New Delhi, to the Embassy of China in India", May 6, 1963, Indian Ministry of External Affairs, *White Paper*: *Notes, Memoranda and Letters Exchanged and Agreements Signed Between the Governments of India and China*, Vol. 9, New Delhi: Government of India Press, 1963, p. 130.

⑥ "Note Given by the Ministry of External Affairs, New Delhi, to the Embassy of China in India", May 17, 1963, Indian Ministry of External Affairs, *White Paper*: *Notes, Memoranda and Letters Exchanged and Agreements Signed Between the Governments of India and China*, Vol. 9, New Delhi: Government of India Press, 1963, p. 138.

当中国政府要求印方作出解释时,[①] 印度外交部竟然表示, "既不强迫也不阻止他们去中国", 一切都与其无关。[②]

更为恶劣的是, 在第三批 821 名难侨于 7 月 31 日启程回国后, 陈肇源代办次日前往印度外交部协商接运第四批难侨, 印方却回复 "现在已经没有愿意被遣返的有中国血统的人了", 断然拒绝了中方继续接侨的要求。[③] 事实上, 当时仍有大量难侨被印度当局关押在集中营和各地的监狱。据第三批归国难侨反映, 在迪奥利集中营和诺冈监狱尚有 700 多名难侨等待救助。[④] 印度媒体《印度斯坦旗报》则报道, 仅在迪奥利集中营就有多达 1 000 名要求回国的被拘华侨。[⑤] 除此之外, 在加尔各答、孟买等地的监狱也还关押着大量难侨。鉴于这种情况, 从 7 月底开始, 中国外交部和驻印大使馆就不断向印度当局提出交涉, 敦促其尽快释放全部在押难侨并允许中方再次派船接侨。但是, 中国的这些正当要求均遭到了印度的拒绝, 接回所有被拘难侨的计划最终落空, 部分难侨直到 1967 年才重获自由, 朱秀英、张士兴、侯锦秀等诸多难侨则在关押的过程中被迫害致死。[⑥]

第三节 "人质" 之争

在中印两国围绕被拘难侨问题进行交涉的过程中, 面对中方以大量事实为依据揭露其拘禁华侨充当人质, 印度一方面百般狡辩、拒不承认, 另一方面却反指

---

① "Memorandum Given by the Embassy of China in India, to the Ministry of External Affairs, New Delhi", June 10, 1963, Indian Ministry of External Affairs, *White Paper: Notes, Memoranda and Letters Exchanged and Agreements Signed Between the Governments of India and China*, Vol. 9, New Delhi: Government of India Press, 1963, pp. 147 – 148.

② "Memorandum Given by the Ministry of External Affairs. New Delhi, to the Embassy of China in India", June 14, 1963, Indian Ministry of External Affairs, *White Paper: Notes, Memoranda and Letters Exchanged and Agreements Signed Between the Governments of India and China*, Vol. 9, New Delhi: Government of India Press, 1963, p. 150.

③ "Note Given by the Ministry of External Affairs, New Delhi, to the Embassy of China in India", August 10, 1963, Indian Ministry of External Affairs, *White Paper: Notes, Memoranda and Letters Exchanged and Agreements Signed Between the Governments of India and China*, Vol. 9, New Delhi: Government of India Press, 1963, p. 60.

④ 新华社:《第三批归国难侨在湛江举行集会 强烈抗议印度当局阻挠我国继续接侨》,《人民日报》1963 年 8 月 29 日, 第 2 版。

⑤ 《中华人民共和国外交部一九六三年八月二十六日给印度共和国驻华大使馆的照会》, 中华人民共和国国务院秘书厅:《中华人民共和国国务院公报》1963 年第 11 期, 第 289 页。

⑥ 新华社:《归国难侨控诉德奥利集中营惨绝人寰的暴行》,《人民日报》1963 年 4 月 23 日, 第 2 版; 新华社:《向祖国人民和全世界人民控诉》,《人民日报》1963 年 4 月 28 日, 第 2 版; 新华社:《归国难侨集会控诉印度残酷迫害》,《人民日报》1963 年 4 月 30 日, 第 2 版。

中国扣押印军战俘作为"人质",并以此作为其继续拘禁华侨、阻挠中国政府探视和救助难侨的借口。印军战俘是不是"人质"?实际上,通过以下几点分析并不难找到答案。

(一) 中国主观上不存在扣押"人质"的动机

从中国的立场来看,边境战争是被迫的自卫反击作战,是打"政治军事仗,或者叫军事政治仗",[①] 歼敌略地并不是主要目标。战后,中国作为胜利方既没有强迫印度归还侵占的领土,也没有要求印方赔偿战争损失,扣押印军战俘作为"人质"不仅毫无必要,而且得不偿失。

首先,扣押印军战俘有违中国的对印战略。无论是基于地缘政治的考量,还是从当时的国际国内形势来看,中国在战略上均不愿意与印度为敌。1961 年印度推行"前进政策"后,面对印军的挑衅乃至进攻,中央政府仍然要求边防部队按照"决不退让、力争避免流血、犬牙交错、长期武装共处"的原则与印军周旋,尽量不与印军发生大规模的正面冲突。1962 年 10 月,在反击作战打响之前,中国曾多次向印度发出警告,并通知苏联大使,希望苏联能够劝阻印度,使其有所收敛,[②] 于最后关头化解危机、保持和平。战后中国如果刻意扣押印军战俘,势必会再次激化双方矛盾,甚至引发新的对抗和冲突。

其次,扣押印军战俘不符合中国处理边界争端的一贯原则。中国虽然拒绝承认"麦克马洪线",但由始至终均"反对以武力改变现状来达到领土要求",极力主张按照和平友好的原则解决边界争端。[③] 仅从 1956 年 9 月 14 日至 1960 年 2 月 26 日,周恩来就曾与尼赫鲁有 13 次书信来往,着重商讨如何通过和平方式解决两国的边界问题。[④] 1960 年 4 月,周恩来再次亲自率团赴印度商谈和平解决争端的办法。[⑤] 1962 年 11 月 20 日印军溃败后,"在东北边境特区和西段中国方面所主张的领土内,已经不存在任何有组织的印度军事力量了"。[⑥] 中国非但没有乘胜实现自己的领土诉求,反而指示前线部队后撤至 1959 年 11 月 7 日中方实控线 20 公里以内。从中国领导层处理中印争端长期秉持的原则来看,扣押印军战俘作为"人质"显然不是可以考虑的方案。

---

① 萧心力主编:《毛泽东与共和国重大历史事件》,人民出版社,2001 年,第 340 页。
② 吴冷西:《十年论战——1956—1966 中苏关系回忆录》,中央文献出版社,2014 年,第 320 页。
③ 《关于中印边境自卫反击战的十个问题》,中共中央文献研究室、中国人民解放军军事科学院:《周恩来军事文选》第四卷,人民出版社,1997 年,第 474 页。
④ 中华人民共和国外交部:《中国和印度关于两国在中国西藏地方的关系问题、中印边界问题和其他问题来往文件汇编(1950 年 8 月—1960 年 4 月)》,1960 年,内部刊物,第 168 - 231 页。
⑤ 中共中央文献研究室:《周恩来年谱》中卷,中央文献出版社,1997 年,第 306 页。
⑥ Neville Maxwell, *India's China War*, New York: Pantheon Books, 1970, p. 408.

再次，扣押印军战俘不利于中国与印度实现和解。边境战争爆发后，中国仍未放弃恢复和平的努力，一直积极寻求与印度重建谈判，以期最终达成和解。1962年10月24日，在取得阶段性胜利之后，中国随即命令前线部队停止追击，并向印度提出脱离接触、重开谈判的三项建议。① 同日和11月4日，周恩来又先后两次致函尼赫鲁，表达中方寻求与印度实现和解的愿望。② 21日，中国在大获全胜、前线部队已经"可以清楚地看到印度平原"的情况下，③ 主动宣布单方面停火。当日，周恩来与陈毅先后约见印度临时代办班纳吉、印尼大使苏卡尼、缅甸大使叫温，请他们转达中方恢复和平的诚意。11月23日和12月9日，周恩来又两次致函即将主持召开科伦坡会议的班达拉奈克夫人，请其从中斡旋，促成中印直接和谈。④ 此时扣押印军战俘作为人质无疑将进一步恶化中印关系，使两国和解变得更无可能。

最后，扣押印军战俘有损中国的国际形象。20世纪60年代初，中国非常重视与第三世界国家发展友好关系。中印边境战争爆发后，由于掌握国际话语权的美、苏两大集团在多数情况下均持袒护印度、打压中国的不公正立场，偏听偏信印度的一面之词，对其主动挑起冲突的事实以及围捕和拘禁华侨的反人道行为均视而不见、听而不闻、秘而不宣，导致国际上批评中国、同情和支持印度的国家较多。为了让国际社会了解中印冲突的真相，扭转外交上的不利局面，1962年11月15周恩来专门写信给36个第三世界国家的领导人，呼吁有关国家主持公道。⑤ 其后，外交部又邀请各国驻华外交人员观看《中印边境问题真相》纪录片，以争取更多国家的理解和支持。⑥ 在此背景下，中国不可能违反国际准则扣押印军战俘作为"人质"，自食其言、自毁形象。

---

① 《中华人民共和国政府声明》（1962年10月24日），《中华人民共和国对外关系文件集》第九集，世界知识出版社，1962年，第109－111页。

② 《国务院总理周恩来呼吁印度共和国总理尼赫鲁积极响应我国政府三项建议的信》《国务院总理周恩来再次呼吁印度共和国总理尼赫鲁积极响应我国政府三项建议的信》，中华人民共和国国务院秘书厅：《中华人民共和国国务院公报》1962年第12期，第241－245页。

③ 中印边境自卫反击作战史编写组：《中印边境自卫反击作战史》，军事科学出版社，1993年，第139页。

④ 中共中央文献研究室：《周恩来年谱》中卷，中央文献出版社，1997年，第514－518页。

⑤ 《就中印边界问题给亚非国家领导人的信》，中共中央文献研究室、中国人民解放军军事科学院：《周恩来军事文选》第四卷，人民出版社，1997年，第443－464页；叶霞珍：《圆满完成周恩来总理交办的通信工作》，《北京党史研究》1995年第5期。

⑥ 礼宾司：《外交部邀请各驻华使节参加电影酒会和"中印边境问题真相"的反映情况》，1963年11月12日，中国外交部解密档案，编号117－01353－03，第1－10页。

（二）中国客观上没有扣押印军战俘作为"人质"的行为

边境战争中，中国军队虽然俘获印军官兵总计 3 944 人，但事前并无任何掳掠印方军人和平民作为"人质"的计划。战后，中国政府非但没有故意扣押印军战俘，反而为促成他们早日回国不厌其烦地与印度政府进行交涉。

第一，抓捕俘虏并不是中国军队的主要作战目标。1962 年 10 月 17 日，中央军委下达《歼灭入侵印军的作战命令》时，只强调驱逐侵入中方传统习惯线以内的印军，并未将俘虏印方官兵列为作战的主要任务。其后，总政治部在《关于对入侵印军俘虏工作的几项规定》中要求前线部队：对于放弃抵抗的印军官兵，"一律不杀害、不虐待、不侮辱、不捆绑、不没收其私人财物，受伤者给予治疗"；"俘虏收容所要设在便于看管、便于日后释放，并不泄露我军事秘密的地方"。11 月 21 日，总参谋部在《关于部队部署调整的命令》中指示："印军在我阵地前进行挑衅性的零星射击，对我无直接危害时，我也不予置理"；"印军向我挑起进攻，我不还击就会遭到损失时，则应坚决自卫还击，但应适可而止：敌若撤退，不要追击"。[1] 据此可见，俘获印军既是迫于战场形势需要，也是出于人道主义考虑。如果中国军队刻意抓捕俘虏，那么印军战俘总数还将大幅增加。

第二，中国军队没有抓捕印方任何平民。10 月 22 日，西藏军区前指政治部在《我军进入麦克马洪线以南作战中的若干政策规定》中要求参战部队："严格执行三大纪律八项注意"，"尊重当地人民的风俗习惯和宗教信仰自由"，"做好群众工作，安定人心"。24 日，总政治部进一步强调："除消灭武装抵抗的印军和收缴印军武器装备军用物资外，对当地的社会制度、社会秩序（包括政府机构和民间武器在内）一律维持现状，原封不动。"[2] 直至撤离，中国军队不仅从未抓捕印方的非军事人员，而且还在作战间隙为当地群众的生产生活提供了大量帮助，与之建立了良好的关系。

第三，中国政府一再敦促印度当局认领战俘。早在宣布单方面停火之时，中国就促请印度指派官员商谈归还被俘人员的具体事宜。然而，中国的善意得到的却是印度将对抗到底的回应。11 月 22 日，尼赫鲁在一个小学生的集会上宣称：中印之间的战争将会长期持续下去，可能要拖到这些小学生长大成人能够参加这场战争的时候。[3] 尽管如此，11 月 28 日，周恩来在致尼赫鲁的信中，仍本着最

---

① 中印边境自卫反击作战史编写组：《中印边境自卫反击作战史》，军事科学出版社，1993 年，第 88、169、175 页。

② 中印边境自卫反击作战史编写组：《中印边境自卫反击作战史》，军事科学出版社，1993 年，第 126 页。

③ Neville Maxwell, *India's China War*, New York：Pantheon Books, 1970, p. 421.

大的诚意呼吁印度接受中国和平提议，尽快派员协商解决战俘的交接问题。① 其后，中国政府又于 12 月 8 日、18 日、30 日多次敦促印方前来认领战俘，不过均未收到印度当局的正面回复。

第四，中国主动无条件释放印军战俘。在反复催促印度政府认领战俘无果的情况下，中国决定根据保密需要和天气、交通、住宿等方面的情况，分批释放全部印军战俘。1963 年 3 月 8 日，总政治部按照中央的指示，制订了释放印军战俘的具体计划，拟从 4 月 10 日至 5 月中旬将现有的 3 213 印军被俘人员全部遣返回国。31 日，中共中央印发了《关于释放印俘的通报》，正式向国内外宣布将释放所有印军战俘。4 月 2 日，国防部发布《关于释放和遣返全部被俘印度军事人员的声明》，详细说明了这些战俘的职级、人数以及释放时间与方式。② 4 月 10 日至 5 月 25 日，西藏、新疆的边防部队在中国红十字会的协助下，先后在中印边境和昆明等地，将全部印军战俘以及印军遗体与骨灰转交给印度红十字会。

（三）印度蓄意制造印军战俘被扣作"人质"的谎言

与中国积极营救被拘华侨、妥善安置全部归国难侨形成鲜明对比的是，印度当局虽然再三指责中国将印军战俘扣为"人质"，却拒不认领本国被俘人员，故意造成印军战俘长时间滞留中国的局面。

如前所述，中国政府为营救被印度当局拘为人质的难侨付出了不懈的努力。不仅如此，早在首批难侨回国之前，国务院就成立了"中华人民共和国接待和安置印度受难归国华侨委员会"，由华侨事务委员会主任廖承志担任主任委员、中央相关部委和印侨原籍省份的主要领导担任副主任委员和委员，统筹协调难侨的接待和安置工作。③ 难侨抵达湛江港时，受到了国家政府和人民的热烈欢迎，华侨事务委员会副主任方方、黄长水，全国侨联副主席王源兴，广东省副省长杨康华、黄洁等亲自到码头迎接。经过一段时间的休整或治疗后，归国难侨按照个人意愿，大部分被分散安置在各地的华侨农场，少数人选择了回乡落户，无一人再度流离失所。

然而，印度当局对本国所谓"人质"的态度却截然不同：一是拒不认领本国战俘。面对中国为解决战俘问题向印度发出的多次呼吁，尼赫鲁在 1962 年 12 月 10 日的公开讲话和 1963 年 1 月 1 日致周恩来的信中均声称：除非中国放弃 1959 年 11

---

① 《国务院总理周恩来关于中国边防部队将从 1962 年 12 月 1 日起主动开始后撤呼吁印度政府及时采取相应措施给印度共和国总理尼赫鲁的信》，中华人民共和国国务院秘书厅：《中华人民共和国国务院公报》1962 年第 13 期，第 263 页。

② 《中华人民共和国国防部发言人关于释放和遣返全部被俘印度军事人员的声明》，中华人民共和国国务院秘书厅：《中华人民共和国国务院公报》1963 年第 7 期，第 137－138 页。

③ 新华社：《接待和安置印度受难归国华侨 国务院决定成立接侨委员会》，《人民日报》1963 年 4 月 25 日，第 1 版。

月 7 日实控线，将本国军队撤至 1962 年 9 月 8 日实控线以内，否则印度不会与中国讨论任何问题。印度当局认为，"中国释放战俘的提议是与 1962 年 10 月 24 日所谓的三点停火建议以及（11 月 21 日）所谓的单方面停火声明捆绑在一起的"，是中国的一个"阴谋"。如果印度接受了这个提议，事实上就承认了"中国在肆意侵略之后强加给印度的不平等条件"。[1]因此，在战后半年多的时间里，印度绝口不提何时前来认领本国被俘人员，导致这些战俘不得不长时间滞留中国。即使是在中国宣布无条件释放印军战俘之后，印度依然装聋作哑，不作任何表态。

二是严厉审查归国战俘。印军战俘归国后非但没能及时与家人团聚或者重回原有岗位，反而被印度当局集中关押起来，逐一进行甄别审查。正如 1963 年 6 月 3 日拉达克里希南总统在访问白宫时向肯尼迪抱怨的一样，印度当局认为，3 900 多名战俘已经全部被中国方面"洗脑"，[2] 必须要对他们实施"反思想灌输"教育。所谓的甄别和教育工作一直持续到 1964 年仍未完全结束，[3] 部分战俘甚至因此长期受到不公正的对待。

三是极力诬陷中国将印军战俘扣为"人质"。战争尚未结束，印度就多次向红十字国际委员会投诉中国违反《日内瓦公约》、封锁关于战俘的消息，怀疑他们受到不人道的待遇。战后，印度仍不断利用红十字国际委员会散播中国扣押并虐待战俘的不实信息。与此同时，印度在对华照会中也一再罔顾事实，指责中国扣押印军战俘作为"人质"。

由此可见，所谓的印军战俘被中国扣为"人质"，不过是印度当局为继续拘禁华侨、阻挠中国政府探视和救助难侨，进而实现特定政治目的而制造的一个借口。

---

① "Note Given by the Ministry of External Affairs, New Delhi, to the Embassy of China in India", June 1, 1963, Indian Ministry of External Affairs, *White Paper: Notes, Memoranda and Letters Exchanged and Agreements Signed Between the Governments of India and China*, Vol. 9, New Delhi: Government of India Press, 1963, p. 163.

② J. P. Dalvi, *Himalayan Blunder: the Curtain - raiser to the Sino - Indian War of 1962*, Bombay: Thacker & Company Limited, 1969, p. xiv; "Memorandum of Conversation", June 3, 1963, United States Department of state, *Foreign Relations of the United States*, 1961 - 1963, Vol. 19, Washington: Government Printing Office, 2010, pp. 610 - 611.

③ 日内瓦总领馆：《国际红会代表向我转交印度"关于我虐待印俘"备忘录事》，1964 年 8 月 24 日，中国外交部解密档案，编号 113 - 00434 - 05，第 2 - 3 页。

第四节　印度拘禁华侨的原因和目的

印度在军事溃败之际，以"出于本国抵抗外国侵略的安全和防务的需要"为由，于临近前线地区拘捕华侨作为人质，并不足为奇。但是，印度在中国主动停火撤军后仍继续围捕和拘禁华侨，并制造借口阻挠中国救助难侨，就很难再用"安全和防务的需要"来自圆其说了。对于其中的真正原因和目的，过去学术界一直缺乏深入的研究。在与之相关的研究成果中，研究者们普遍倾向于仍将印度战后拘禁华侨的行为视作尼赫鲁政府反华、排华的延续。例如：山下清海认为，拘禁华侨是"印度当局在 1962 年中印边境冲突后采取的排华政策"的具体表现；① 玛德芙·布拉拉认为，印度当局的行为是"源自印度的国家意识形态"，印度本来就没有"任何同化华人社群的长期国家计划"，边境战争使印度的排华活动集中爆发；② 周卫平认为，边境战争失利使印度当局恼羞成怒，加大了反华、排华的力度，采取这种"违反国际关系准则的疯狂措施"；③ 赵毅也认为，"中印边境之战，把印度国内反华浪潮推向了高潮"，④ 等等。

事实上，尼赫鲁政府战后在华侨问题上的种种作为，既不是其所宣称的"出于本国抵抗外国侵略的安全和防务的需要"，也不完全是中国驻印使馆所报告的"以华侨抵印被俘人员"，更不能大而化之地将其归为反华、排华活动的一部分，而是具有十分复杂的原因和目的。归纳起来，主要有以下三点：

（一）来自国际上的支持与援助使尼赫鲁政府不甘失败，企图利用华侨问题对中国实施报复

印度虽然在边境战争中遭遇惨败，但在国际上却获得不少同情和支持。其中，以美国为首的西方集团不仅在外交上为印度撑腰打气，而且还向其提供了大量实质性的军事援助。美国一直比较重视印度的"民主橱窗"作用，艾森豪威尔政府就认为：一个强大的印度既可以在亚洲作为替代共产主义的成功典范，又有利于抵制中国在南亚和东南亚的扩张。⑤ 肯尼迪上台后，更加强调利

---

① 山下清海著，刘晓民译：《印度的华人社会与唐人街——以加尔各答为中心》，《南洋资料译丛》2010 年第 1 期。
② 玛德芙·布拉拉著，陈欣译：《印度华人初探》，《八桂侨史》1999 年第 4 期。
③ 周卫平：《百年中印关系》，世界知识出版社，2006 年，第 337 页。
④ 赵毅：《印度尼赫鲁政府排华反华运动评析》，《西部发展研究》2017 年第 1 期。
⑤ "U. S. Policy Toward South Asia", Jan 10, 1957, *NSC5701*, p. 8.

用印度制衡中国，"他不知道在没有印度的情况下如何对付共产党中国"。① 中印边境战争期间，尽管美国已在古巴导弹危机上焦头烂额，但仍不遗余力地支持印度。早在1962年10月21日，美国就通过驻巴大使麦康纳向阿尤布·汗总统转达口信，希望其"保持印巴边界平静"，以使印度能够集中精力对抗中国。② 26日，美国又授权驻印大使加尔布雷斯对外宣称："美国承认麦克马洪线是传统的、被普遍接受的国际边界，并完全支持印度的立场。"③ 除了外交上的支持，从11月3日开始，美国还向印度提供了包括武器弹药和通信装备在内的大量作战物资，用实际行动支援印度。

11月20日，美国收到尼赫鲁的紧急求救信后，立即决定派遣一个以助理国务卿哈里曼为首的高级代表团前往印度商讨更大规模军事援助的具体事宜。与此同时，美国紧急调派了12架C－130大型运输机，帮助印军向前线运送增援部队和物资，并调遣第七舰队的海空力量前往孟加拉湾支援印度。④ 11月22日至28日，哈里曼与尼赫鲁先后举行四次会谈，从印美、印英、印巴等多个角度详细讨论了支援印度对抗中国的方案。截至12月3日，在美国的协调下，英国、加拿大、澳大利亚等国相继表示将向印度提供更多的援助。⑤ 5日，肯尼迪再次致信尼赫鲁，表示将给予印度6 000万美元的援助，并为印度提供空中保护。⑥ 20日，肯尼迪在拿骚会谈中成功说服英国首相麦克米伦，使其同意两国按

① "Memorandum for the Record", April 25, 1963, United States Department of state, *Foreign Relations of the United States*, 1961 – 1963, Vol. 19, Washington: United States Government Printing Office, 2010, p. 563.

② "Telegram from the Department of State to the Embassy in Pakistan", October 22, 1962, United States Department of state, *Foreign Relations of the United States*, 1961 – 1963, Vol. 19, Washington: United States Government Printing Office, 2010, p. 350.

③ "Memorandum from the President's Deputy Special Assistant for National Security Affairs (Kaysen) to President Kennedy", October 26, 1962, United States Department of state, *Foreign Relations of the United States*, 1961 – 1963, Vol. 19, Washington: United States Government Printing Office, 2010, p. 352.

④ John Kenneth Galbraith, *A Life in Our Times: Memoirs*, Boston: Houghton Mifflin Company, 1981, pp. 438 – 439; "Telegram from the Department of State to the Embassy in India", November 19, 1962, United States Department of state, *Foreign Relations of the United States*, 1961 – 1963, Vol. 19, Washington: United States Government Printing Office, 2010, pp. 399 – 400.

⑤ "Memorandum of Meeting of the Executive Committee of the National Security Council", December 3, 1962, United States Department of state, *Foreign Relations of the United States*, 1961 – 1963, Vol. 19, Washington: United States Government Printing Office, 2010, p. 419.

⑥ "Telegram from the Department of State to the Embassy in the United Kingdom", December 5, 1962, United States Department of state, *Foreign Relations of the United States*, 1961 – 1963, Vol. 19, Washington: United States Government Printing Office, 2010, pp. 420 – 421.

照 50∶50 的份额共同援助印度 1.2 亿美元，帮助其建设 6 个山地师。① 在 1962 年 11 月至 1963 年 11 月肯尼迪执政的最后一年里，美国与印度的关系达到了前所未有的高度。②

在西方国家向印度施以援助的同时，苏联也在积极地拉拢印度。苏联最高领导人赫鲁晓夫认为，印度"对加强亚洲和全世界的和平，作出了巨大的贡献"，苏印关系"有着广大的前途"。③ 早在 1955 年，苏联就开始向印度提供经济援助，着力帮助其发展重工业。苏共二十大后，随着中苏分歧的加剧，苏联相应加大了对印度的支持力度，不仅在 1959 年的朗久事件中公开偏袒印度，④ 而且在此后的几年间向印度提供了 24 架伊尔 - 14 运输机、10 架米格 - 4 直升机、8 架安 - 12 运输机等先进的军事装备。⑤ 中印边境战争爆发后，苏联虽然曾基于对抗美国的需要而短暂支持过中国，但中苏双方在意识形态和国家利益上的根本分歧并没有因此而弥合，古巴导弹危机缓和后苏联便迅速改变了立场，开始公开同情印度、批评中国。⑥ 1962 年 11 月 5 日，苏联在《真理报》上发表题为"谈判是解决冲突的途径"的文章，表示在中印边界问题上保持中立。13 日，苏联驻印大使与印度官员在新德里举行了《航空运输协定》换文仪式。14 日，苏联决定恢复对印军售。20 日，苏联与印度签署《航海运输协定》。⑦ 12 月 4 日，苏联给予印度明确答复，将帮助其建设一条飞机生产线，并在短期内交付其此前订购的新型米格战斗机。⑧ 12 日，赫鲁晓夫在苏联最高苏维埃会议上发表演讲，指责中国"入侵"印度，挑起中印战争。在苏联的授意乃至直接带领下，保加利亚、匈牙利、捷克斯洛伐克、意大利、东德等国也纷纷开始指名攻击中国共产党。⑨ 1963 年 1 月，苏联不顾中国的反对，将其当

---

① "Memorandum of Conversation", December 20, 1962, United States Department of state, *Foreign Relations of the United States*, 1961 - 1963, Vol. 19, Washington: United States Government Printing Office, 2010, pp. 449 - 454.

② Bhim Sandhu, *Unresolved Conflict China and India*, New Delhi: Radiant Publishers, 1988, p. 173.

③ 《赫鲁晓夫言论》第五集，世界知识出版社，1965 年，第 31、35 页。

④ 中共中央文献研究室：《周恩来年谱》中卷，中央文献出版社，1997 年，第 258 页。

⑤ Jerome M. Conley, *Indo - Russian Military and Nuclear Cooperation: Lessons and Options for U. S. Policy in South Asia*, Maryland: Lexington Books, 2001, p. 14.

⑥ 戴超武：《亚洲冷战史研究》，东方出版中心，2016 年，第 273 - 275 页。

⑦ "Air Services Between India and Soviet Union: Diplomatic Letters Exchanged", November 13, 1962; "Shipping Services Between India and USSR: New Agreement Signed", November 20, 1962, Indian Ministry of External Affairs, *Foreign Affairs Record*, Vol. 8, New Delhi: Government of Indian Press, 1963, pp. 320 - 321.

⑧ "Defence Minister's Statement on Supply of MIGs", December 4, 1962, Indian Ministry of External Affairs, *Foreign Affairs Record*, Vol. 8, New Delhi: Government of Indian Press, 1963, p. 337.

⑨ 吴冷西：《十年论战——1956—1966 中苏关系回忆录》，中央文献出版社，2014 年，第 321 - 341 页。

时最为先进的制空战斗机米格 – 21 起运交付印度。此后，基于中苏关系日益恶化和美苏争夺第三世界的双重考虑，苏联进一步加大了对印度的军事和经济援助。

除了美、苏两大集团以外，许多第三世界国家也在中印边界争端中对印度的立场表示理解和支持。亚洲的伊朗、约旦、泰国、菲律宾等国和非洲的阿拉伯联合共和国（埃及）、尼日利亚、埃塞俄比亚等国均公开支持印度，部分国家还点名批评了中国。① 1962 年 12 月 10 日至 12 日，锡兰、缅甸、柬埔寨、印度尼西亚、阿联、加纳在科伦坡召开亚非六国会议，讨论和调解中印争端，通过了有利于印度的"科伦坡建议"。

来自国际社会的支持与援助使尼赫鲁政府逐渐摆脱了军事溃败后的沮丧状态，越来越不甘心就此承认失败、放弃对中国的报复。11 月 25 日、26 日、27 日，印度外交部连续发布三个声明，一再要求中国军队撤至其主张的 1962 年 9 月 8 日实控线以内，并声称将"利用友邦供应武器和装备的援助"来对抗中国。② 12 月 10 日，尼赫鲁在人民院的演讲中宣称，即使付出最大的努力和牺牲，也要在与中国的斗争中赢得胜利。③ 不过，由于中国已经主动停火并后撤，尼赫鲁政府认为，无论从军队士气还是从道义上，均不适合再次向中国发动进攻，最具可操作性、最有主动权的手段就是利用华侨问题做文章对中国施以报复。因此，战后尽管所谓的"中国入侵印度"④ "抵抗外国侵略的安全和防务的需要"等理由均已不复存在，但印度仍继续大肆围捕和拘禁华侨，并无视中方的强烈抗议和严正要求，在两国交涉的过程中出尔反尔，百般刁难中国政府。由于印度蛮横坚持按照其确定的数量、指定的地点和选定的人员"遣返"被拘华侨，导致中国营救难侨的行动困难重重，最终未竟全功。

---

① 新华通讯社国际部编印：《亚洲国家（地区）与中国的关系》，上册（东亚、南亚、西亚及附录），1965 年 5 月，第 252、270 页；新华通讯社国际部编印：《亚洲国家（地区）与中国的关系》，下册（东南亚），1965 年 5 月，第 198 – 199、237 页；新华通讯社国际部编印：《非洲国家（地区）与中国的关系》，1965 年 5 月，第 16、166、222 页。

② 《印度外交部发言人 1962 年 11 月 27 日的声明》，《中华人民共和国对外关系文件集（第七集）》，世界知识出版社，1962 年，第 199 页。

③ "Prime Minister's Statement in Lok Sabha on India – China Border Situation", December 10, 1962, Indian Ministry of External Affairs, *Foreign Affairs Record*, Vol. 8, New Delhi: Government of Indian Press, 1963, p. 335.

④ "Letter from the Prime Minister of India, to Premier Chou En – lai", November 14, 1962, Indian Ministry of External Affairs, *White Paper: Notes, Memoranda and Letters Exchanged and Agreements Signed Between the Government of India and China*, Vol. 8, New Delhi: Government of Indian Press, 1963, p. 11.

（二）来自国内的质疑和批评使尼赫鲁政府倍感压力，试图通过围捕和拘禁华侨来展示强硬姿态、挽回被动局面

印军在前线的溃败使尼赫鲁政府面临着前所未有的信任危机，各种质疑和批评纷至沓来。11 月 19 日，当尼赫鲁在人民院宣布瓦弄和色拉失守后，[1]"从反对党席位上爆发了愤怒的质问和训斥"。与以往的强势作风不同，尼赫鲁此次只能默不回应，他意识到自己"对于议会的统治，已经一去不复返了"。[2] 同日，尼赫鲁在对全国的广播讲话中称："我很理解我们阿萨姆邦的朋友们现在的心情"，"我希望未来能够经常与你们保持联系"，"我们将向美国和英国求助"。[3] 尼赫鲁的讲话不仅遭到了反对党的严厉批评，指责其企图"抛弃"阿萨姆邦，而且也使其支持者怀疑印度将背弃"不结盟"政策，卷入东西方两大集团的对抗之中。尼赫鲁的个人威望和民众对政府的信赖度都出现了严重的下滑，印度国内一度流传出"克里希纳·梅农将取代尼赫鲁成为政府首脑"的谣言。[4] 中国宣布停火后，尼赫鲁所在的国大党尚未作出明确表态，除印共以外的所有反对党就已签署联合声明，要求政府拒绝中国提出的停火建议。[5]

不仅如此，国大党内部对尼赫鲁的批评也越来越尖锐。总统拉达克里希南公开表示，对华战争的主要教训就是尼赫鲁及其团队犯了"严重的错误"。他特别提到：战前阿萨姆邦首席部长曾当面向其反映，"军队缺乏弹药、棉衣、靴子和口粮，无疑被迫送死"，但当他将这个情况转告内阁时，尼赫鲁的亲信、国防部部长梅农却谎称"武器装备和给养都很充足"，尼赫鲁本人也强调"我已经命令军队将中国人赶出去"。因此，战后拉达克里希南与尼赫鲁的关系一度较为紧张，在诸多问题上均表现出明显的分歧。尼赫鲁的另一位亲信、边境战争的前线指挥官考尔被解职后也把矛头直接指向了尼赫鲁，批评他"把中国当作印度的朋友"，在处理中印边界争端的过程中独断专行、一错再错，最终招致灾难性的后果。

让尼赫鲁及其领导的政府更为被动的是，明显对印度有利的"科伦坡建议"在议会内却遇到了强大的阻力。反对者认为，科伦坡会议六国没有指出谁是侵略者、谁是受害者，对中国的侵略行为不予谴责，它们所作的"这个建议伤害了印

---

① "Prime Minister's Statement on Border Situation", November 19, 1962, Indian Ministry of External Affairs, *Foreign Affairs Record*, Vol. 8, New Delhi: Government of Indian Press, 1963, p. 319.

② Neville Maxwell, *India's China War*, New York: Pantheon Books, 1970, p. 409.

③ "Prime Minister's Broadcast", November 19, 1962, Indian Ministry of External Affairs, *Foreign Affairs Record*, Vol. 8, New Delhi: Government of Indian Press, 1963, pp. 318 – 319.

④ John Kenneth Galbraith, *A Life in Our Times: Memoirs*, Boston: Houghton Mifflin Company, 1981, p. 437.

⑤ Willem van Eekelen, *Indian Foreign Policy and the Border Dispute with China: A New Look at Asian Relationships*, Leiden: Brill, 2016, pp. 131 – 132.

度的荣誉、主权和领土完整"，"在科伦坡建议的基础上与中国谈判就相当于向中国投降"。① 为此，尼赫鲁不得不在人民院和联邦院中一再声明：如果中国不恢复 1962 年 9 月 8 日的实控状态，印度绝不与其直接谈判。②

尽管议会最后通过了有关"科伦坡建议"的提案，但来自各方面的批评声音和反对意见仍然使尼赫鲁政府倍感压力。为安抚国内上下的不满情绪，扭转被动局面，尼赫鲁政府在对华政策上更趋强硬，在两国交涉的具体过程中更加强调印度的"体面、尊严和自尊"。③ 在实际操作中，尼赫鲁政府刻意从以下几个方面凸显其维护印度国家尊严的决心：一是继续围捕华侨，使被拘难侨的总量不少于被俘印军的人数。虽然印度从未公布其拘捕的华侨人数，中国政府也无法掌握被拘难侨的确切数据，不过从归国难侨反映的情况和印度媒体发布的消息可以推断，印度各地拘押的难侨总数应不小于被俘印军的规模；二是拒绝中国接回全部难侨的正当要求，使归国难侨的数量不多于中国遣返的印军战俘人数。1962 年12 月中国释放 716 名伤病员和 15 名协助看管印军被缴武器的战俘以后，滞留的印军战俘尚有 3 213 名。尼赫鲁政府便以此为参照限制中国接侨的人数，导致最终仅有 2 394 名难侨得以回国；三是制造困难，使难侨归国的时间不早于中国遣返战俘的日期。尼赫鲁政府一方面通过在集中营制造暴力事件、没收财产、拆散家庭等手段逼迫被拘华侨放弃回国诉求，另一方面迟迟不向中方提交被释难侨的名单，并阻挠中国使馆为难侨办理回国登记，直至 1963 年 4 月 12 日，即中国开始遣返印军战俘的两天后，才允许第一批难侨登船回国。5 月 25 日，第二批难侨回国时，中国已将全部印军战俘遣返完毕。

①　T. Karki Hussain, *Sino - Indian Conflict and International Politics in the Indian Sub - Continent*, 1962 - 1966, New Dehil: Thomson Press (India) Limited, 1977, p. 29.

②　"Prime Minister's Reply to Debate in Lok Sabha", January 25, 1963, Indian Ministry of External Affairs, *Foreign Affairs Record*, Vol. 9, New Delhi: Government of India Press, 1963, pp. 37 - 46.

③　"Letter from the Prime Minister of India to Premier Chou En lai", December 1, 1962, Indian Ministry of External Affairs, *White Paper: Notes, Memoranda and Letters Exchanged and Agreements Signed Between the Governments of India and China*, Vol. 8, New Delhi: Government of India Press, 1963, p. 29.

（三）对中国战略意图的误判使尼赫鲁政府执意以怨报德，妄图以被拘华侨为人质逼迫中国妥协让步

边境战争爆发后，中国一再对外表明："边界问题必须通过谈判和平解决"，"任何一方都不能把自己的片面要求强加于另一方"。① 1962 年 11 月 24 日，周恩来在第二届全国人大常委会第七十次会议上对内也反复强调："不是要用武力来实现我们的领土要求"，"我们是为正义而战不是为改变现状而战"。② 然而，尼赫鲁政府却坚持认为：边境战争是"中国实施的一场经过精心组织、充分准备的大规模入侵"，③ 中国的意图一方面是要通过武力改变现状，占领印度的领土；另一方面是针对中苏日趋严重的分歧，"通过打击印度向苏联证明，不结盟是虚幻的，苏联对不结盟国家的政策是错误的"。④

基于上述判断，尼赫鲁政府进而臆测中国的单方面停火、撤军、释俘等举措背后均隐藏着不可告人的目的：第一，认为中国的单方面停火是"缓兵之计"。1962 年 11 月 23 日，尼赫鲁在与哈里曼的第一次会谈中表示："中共对东北边境特区的进攻显然需要长时间的准备"，"中共的策略是在给印度沉重一击后就要求谈判，以利用这段时间为下次进攻做准备，如此循环往复"。⑤ 尼赫鲁政府根据中国军队 10 月 20 日至 24 日、11 月 15 日至 20 日的两轮进攻推断，中国 11 月 21 日发布单方面停火声明，仅是为了拖延时间；只要中国的总体政策和军事部署没有变化，未来仍可能再次对印度发动攻击。因此，印度与中国的斗争"将是长期的，或许持续五年，甚至更长"。⑥

第二，认为中国军队的主动后撤是"以退为进"。由于中国主张的实控线是

---

① 《国务院总理周恩来呼吁印度共和国总理尼赫鲁积极响应我国政府三项建议的信》《国务院总理周恩来再次呼吁印度共和国总理尼赫鲁积极响应我国政府三项建议的信》，中华人民共和国国务院秘书厅：《中华人民共和国国务院公报》1962 年第 12 期，第 241、245 页；《国务院总理周恩来关于中国边防部队将从 1962 年 12 月 1 日起主动开始后撤呼吁印度政府及时采取相应措施给印度共和国总理尼赫鲁的信》，中华人民共和国国务院秘书厅：《中华人民共和国国务院公报》1962 年第 13 期，第 263 页。

② 《关于中印边境自卫反击战的十个问题》（1962 年 11 月 24 日），中共中央文献研究室、中国人民解放军军事科学院：《周恩来军事文选》第四卷，人民出版社，1997 年，第 475 页。

③ "Prime Minister's Statement in Lok Sabha on India – China Border Situation", December 10, 1962, Indian Ministry of External Affairs, *Foreign Affairs Record*, Vol. 8, New Delhi：Government of India Press, 1963, p. 333.

④ "Changing India", April, 1963, *Jawaharlal Nehru's Speeches*, Vol. 4, New Delhi：Publications Division, Ministry of Information and Broadcasting, Government of India, 1964, p. 415.

⑤ "Telegram from the Embassy in India to the Department of State", November 30, 1962, United States Department of State, *Foreign Relations of the United States*, 1961 – 1963, Vol. 19, Washington：United States Government Printing Office, 2010, p. 416.

⑥ "Prime Minister's Statement in Lok Sabha on India – China Border Situation", December 10, 1962, Indian Ministry of External Affairs, *Foreign Affairs Record*, Vol. 8, New Delhi：Government of India Press, 1963, pp. 331 – 332.

以 1959 年 11 月 7 日为准，而印度要求的是以 1962 年 9 月 8 日为准，尼赫鲁政府认为，中国将前线军队撤至 1959 年 11 月 7 日实控线以内 20 公里，表面上做出了巨大让步，实际上却"侵占了 2 500 平方英里印度领土"；① 如果印度不坚决反对中国的这种做法，就等于默许中国将侵略的战果合法化。同时，尼赫鲁政府还推测，"鉴于他们已经在西藏修筑了大量的道路，随时可以将内地的军队运至任何边境地区"，② 中国军队现在所作的撤退对印度而言是毫无意义的。

第三，认为中国归还武器、释放战俘是"别有用心"。在尼赫鲁政府看来，中国频繁催促印度协商解决战俘问题，并陆续交还印军的武器和部分伤病员，其目的无非是要向印度示好，诱导印度与之直接谈判；而中国将释放全部战俘的消息逐一通知科伦坡会议六国和尼泊尔、阿富汗、几内亚等国，③ 则是要制造舆论，"迫使印度同意无条件谈判"。④ 此外，尼赫鲁政府还认为，中国组织 27 名校级以上被俘军官到内地参观旅游，是在对印度软硬兼施均告无效的情况下，将他们按照"中世纪的野蛮方式"游街示众，"利用他们来达到非常糟糕的宣传的目的"，以羞辱印度。⑤

对中国战略意图和相关举措的种种误解使尼赫鲁政府既顾虑重重又愤恨难平，始终不愿意接受中国的和解建议，顽固坚持与中国继续对抗。1962 年 11 月 21 日，12 月 10 日、12 日和 1963 年 1 月 23 日、25 日，尼赫鲁在不同场合多次提出要大力加强国防建设，以抵御中国可能再次发动的"侵略"。不过，尼赫鲁及其领导的政府深知这绝非朝夕之功，需要一个漫长的过程；当务之急是要使中国接受经过印方"澄清"的"科伦坡建议"，恢复 1962 年 9 月 8 日的实控状态，维护印度的"自由和完整"。⑥ 为实现这个目标，尼赫鲁政府除了借助"友邦的支持"向中国施加压力，⑦ 还试图以被拘华侨为人质逼迫中国做出妥协退让。在

① "Prime Minister's Statement in Lok Sabha on India – China Border Situation", December 10, 1962, Indian Ministry of External Affairs, *Foreign Affairs Record*, Vol. 8, New Delhi: Government of India Press, 1963, p. 334.

② "China's intransigence", June 15, 1963, *Jawaharlal Nehru's Speeches*, Vol. 5, New Delhi: Publications Division, Ministry of Information and Broadcasting, Government of India, 1968, p. 165.

③ 中印边境自卫反击作战史编写组：《中印边境自卫反击作战史》，军事科学出版社，1993 年，第 173 页。

④ 戴超武：《中国对印度战俘的处理与中印交涉（1962—1963）——基于中国外交部档案的考察》，《冷战国际史研究》2013 年第 1 期。

⑤ "Note Given by the Ministry of External Affairs, New Delhi, to the Embassy of China in India", June 1, 1963, Indian Ministry of External Affairs, *White Paper: Notes, Memoranda and Letters Exchanged and Agreements Signed Getween the Governments of India and China*, Vol. 9, New Delhi: Government of India Press, 1963, p. 163.

⑥ "Colombo Proposals: Prime Minister's Statement in Lok Sabha", January 23, 1963, Indian Ministry of External Affairs, *Foreign Affairs Record*, Vol. 9, New Delhi: Government of India Press, 1963, pp. 23 – 29.

⑦ "Prime Minister's Statement in Lok Sabha on 'Air Umbrella'", February 21, 1963, Indian Ministry of External Affairs, *Foreign Affairs Record*, Vol. 9, New Delhi: Government of India Press, 1963, pp. 70 – 71.

1962 年 12 月 13 日、31 日和 1963 年 1 月 8 日、25 日，3 月 26 日、27 日，5 月 1 日关于被拘华侨的外交函电中，尼赫鲁政府反复表示："正是中国对印度实施精心策划的入侵，才导致印度拘捕边境地区的中国人"，中国只有"无条件接受科伦坡建议，我们才能进行下一步的对话"①。这些蛮横无理的要求多次遭到中国拒绝之后，尼赫鲁政府逐渐失去了耐心，从 1963 年 8 月 1 日起便不再允许中国前来接侨，致使大批难侨被迫长期滞留于印度。

余 波

从整个事件的过程可以看到，印度当局拘禁数千名华侨作为人质并制造借口阻挠中国政府救助难侨，并非简单的应急措施，而是尼赫鲁政府对国际国内形势和中国战略意图进行研判后形成的阶段性策略。尼赫鲁政府一方面企图利用华侨问题对中国实施报复，另一方面又试图通过围捕和拘禁华侨向印度国内展示对华的强硬姿态、回应各方的质疑和批评，挽回被动局面。更为重要的是，其还妄图以被拘华侨为人质迫使中国在边界问题上做出实质性让步。对尼赫鲁政府而言，如果说战俘问题事关印度的"面子"，实控线则直接影响到印度的"里子"，其不仅要在"对等"的基础上换取印军被俘官兵，保持印度的"体面、尊严和自尊"，而且要逼迫中国接受经过印方"澄清"的"科伦坡建议"，恢复 1962 年 9 月 8 日的实控状态，维护印度的"自由和完整"。

尽管尼赫鲁政府的这一策略既未能迫使中国妥协退让，也没有从根本上改善其在国内的形象，却使中国营救难侨的计划未竟全功，进而导致大量华侨倾家荡产、骨肉分离，甚至惨死异乡。拘禁华侨事件再次暴露了尼赫鲁政府为实现政治目的而不择手段的真实面目，中国政府认识到"印度政府特别是尼赫鲁没有谈判

---

① "Note Given by the Ministry of External Affairs, New Delhi, to the Embassy of China in India", December 13, 1962; "Note Given by the Ministry of External Affairs, New Delhi, to the Embassy of China in India", December 31, 1962; "Memorandum Given by the Ministry of External Affairs, New Delhi, to the Embassy of China in India", January 8, 1963, Indian Ministry of External Affairs, *White Paper: Notes, Memoranda and Letters Exchanged and Agreements Signed Between the Governments of India and China*, Vol. 8, New Delhi: Government of India Press, 1963, pp. 51 - 52, 104, 112; "Note Given by the Ministry of External Affairs, New Delhi, to the Embassy of China in India", January 25, 1963; "Note Given by the Ministry of External Affairs, New Delhi, to the Embassy of China in India", March 26, 1963; "Memorandum Given by the Ministry of External Affairs, New Delhi, to the Embassy of China in India", March 27, 1963; "Letter from the Prime Minister of India to Premier Chou En - lai", May 1, 1963, Indian Ministry of External Affairs, *White Paper: Notes, Memoranda and Letters Exchanged and Agreements Signed Between the Governments of India and China*, Vol. 9, New Delhi: Government of India Press, 1963, p. 20, 94, 109, 113.

需要，只有冷战需要"。① 此后，两国关系持续冷淡，直到70年代尼赫鲁去世多年后才逐渐有所改善。不过，在印华侨华人对印度政府当年的所作所为一直心有余悸，很多有条件者相继选择离开印度另谋出路。据统计，2004年在印汉族华侨华人的总数仅余6 000人。② 近年来，中印经贸往来虽有较大增长，印度华侨社会衰落的趋势却一直没有改变。

① 中共中央文献研究室：《周恩来年谱》中卷，中央文献出版社，1997年，第561页。

② 钱峰：《从半个世纪前的5万人减到目前的6 000人　印度华人为何越来越少》，《环球时报》2004年9月13日，第15版。

第三章　印尼排华与中国政府对难侨的救助

　　20 世纪 50 年代，印度尼西亚是世界上华侨华人数量最多的国家，也是与中华人民共和国较早建立外交关系的国家之一。在苏加诺执政后期，受多种因素的影响，印尼先后多次爆发大规模的排华活动。为此，中国政府一方面通过外交渠道积极与印尼政府交涉，强烈要求其停止迫害华侨的行动、保障广大华侨的生命财产安全；另一方面多次组织力量前往印尼接运难侨回国，并按照"集中安置为主、分散安置为辅"的原则，妥善安置了全部归国难侨。在国内学术界，相关研究成果虽然比较多①，但学者各自关注的重点却不尽相同，一些成果虽以管窥豹，可仍有必要在国际关系的框架下对这一时期的历史进行梳理，以便于读者全方位了解印尼排华和中国政府救助难侨的详细过程。

第一节　印尼的华侨华人

　　中印（尼）人民交往的历史源远流长，早在汉代就有中国商船在印尼沿岸与当地居民开展贸易活动。② 中国人大批移居印尼则始于唐朝末年，因当时战乱频仍，不少人跟随阿拉伯商人迁至苏门答腊的巨港。此后，前往印尼诸岛谋生定

---

　　① 如：钟一均、刘玉遵：《印度尼西亚华侨问题必须合理解决》，《中山大学学报》（社会科学版）1959 年第 4 期；阿诺德·C. 布拉克曼、蔡仁龙：《印度尼西亚"九·三〇事件"前夕的形势》，《南洋资料译丛》1981 年第 4 期；邹云保：《二战后印尼排华根源再探》，《八桂侨刊》2000 年第 4 期；宋泳：《战后印尼排华问题研究》，暨南大学硕士学位论文，2000 年；杨建：《一九五九年印尼排华事件与广东归侨安置》，《广东党史》2005 年第 1 期；朱陆民、聂会翔：《苏加诺时期中国印度尼西亚关系中的美国因素》，《广州大学学报》（社会科学版）2008 年第 5 期；周陶沫：《华侨问题的政治漩涡：解析 1959—1962 年中国对印度尼西亚政策》，《冷战国际史研究》2010 年第 1 期；张小欣：《"九三〇"事件后中国对印尼归难侨救济安置工作论析》，《华侨华人历史研究》2011 年第 2 期；童蓉：《二十世纪五六十年代中国政府安置印尼归侨政策研究》，暨南大学硕士学位论文，2011 年；陈长伟：《"九三〇"事件之后美国对印尼局势的反应与对策》，《美国研究》2013 年第 2 期；吴晓：《印尼 9·30 事件与中美博弈（1958—1967）》，广西师范大学硕士学位论文，2015 年；高艳杰：《冷战前期的中国与印尼关系研究评析》，《中共党史研究》2016 年第 1 期，等等。

　　② 许利平：《新时期中国与印尼的人文交流及前景》，《东南亚研究》2015 年第 6 期，第 36 - 37 页。

居者不断增多。至宋代，印尼的华侨社会基本形成。元末明初，印尼的华侨数量已颇具规模。17世纪初荷兰殖民者占领印尼以后，开始大量招揽中国人以发展当地的社会经济，印尼华侨的数量激增。20世纪20年代，印尼华侨人数突破了100万。1930年，达到123.3万人。1945年印尼独立，1950年的统计数据显示，当地华侨的总数已达210万。①

在印尼本地的习惯中，一般把从中国而来的新移民称为"新客"华侨，出生于印尼的移民后裔则称为"伯拉奈干"（Per‐anakan），即土生华侨。早期来到印尼的新移民绝大多数为男性，他们定居后与当地女性通婚，经过世代的生息繁衍，土生华侨的数量逐渐超过"新客"华侨。1950年，在210万华侨中，土生华侨所占比例就超过了70%，有150万之多。② 不仅如此，很多土生华侨已经完全"印尼化"，与本地居民并无明显差异；有些虽然能够用中国沿海地区的方言做简单交流，但已不能读写汉字。即使是"新客"华侨，部分人基于种种原因，也已将印尼作为安身立命之所，与祖国鲜少联系。③ 总体来说，多数华侨已在印尼"落地生根"，成为当地社会的一个组成部分。

从华侨移民的历史来看，在荷兰殖民者到来之前，华侨与印尼原住民的关系一直比较融洽，并无根本性的矛盾与冲突。荷兰殖民者占领印尼，由于殖民政府对华人和印尼人实行"分而治之"的政策，不断挑拨两者之间的关系，致使双方渐生嫌隙，隔膜日深。荷兰殖民者将印尼的居民分为三个群体：一是以荷兰为主的欧洲侨民，二是华侨和阿拉伯人、印度人等其他东方侨民，三是印尼原住民。按照殖民政府的规定，分属不同群体的民众不仅必须居住在划定的区域，而且在职业上也有所限制。欧洲侨民作为统治阶级，控制了印尼的经济命脉和对外贸易，华侨则以从事中小商业者居多。在相当长的一段时间内，荷兰殖民者在印尼均实行承包税制，利用华商充当殖民政府征税和专利贸易的承包商，部分华商因此而暴富。不过，广大华侨与印尼原住民一样，都属于被统治、被压迫的群体。仅在1740年荷兰殖民者制造的"红溪惨案"中，就有近万名华侨惨遭屠杀。尽管如此，一些印尼原住民仍认为华侨都是亲荷的、为富不仁的剥削者，甚至认为他们是荷兰殖民者的同伙，逐渐对华侨产生了仇视心理。

事实上，除了从商以外，还有大量华侨在矿业、手工业等领域艰难谋生。以

---

① Donald E. Willmott, *The National Status of the Chinese in Indonesia*, Ithaca：Cornell University, 1956, p. 48.

② Donald E. Willmott, *The National Status of the Chinese in Indonesia*, Ithaca：Cornell University, 1956, p. 48.

③ 李学民：《二战后初期印尼华侨爱国高潮与国家认同》，《八桂侨刊》2003年第5期，第17页。

1930 年的一份统计数据为例：①

表 3-1　印尼华侨工作领域统计

	爪哇与马都拉	苏门答腊	加里曼丹	苏拉威西	其他各岛
I 矿业	16 662	115 220	12 081	460	465
农业	10 738	17 351	7 665	192	216
大农园	1 894	31 718			
石油	482	5 078	2 500		
其他矿业	103	37 023	379		
II 手工业	38 063	43 645	6 206	4 317	1 757
竹木加工业	10 762	14 163	1 655	1 626	604
III 交通	5 178	6 313	673	242	348
IV 商业	105 445	42 104	10 540	8 052	5 838
小杂货商	49 397	25 850	7 014	5 791	4 537
V 自由职业	3 850	2 256	598	311	146
VI 政府机关	1 004	1 726	2 646	50	67
VII 其他职业	12 682	19 895	192	424	479
总计	182 884	231 159	32 936	13 856	9 100

　　在商业领域，华侨从商的比例虽然高于其他族裔，但绝对值却明显小于印尼原住民。以爪哇与马都拉为例，华侨从商者占就业总人数的 57.66%，印尼人从商者占就业总人数的比例仅为 6.30%。然而，印尼人就业总数为 14 438 434 人，从商者 908 940 人，华侨从商者 105 445 人，不足印尼商人数量的八分之一。在具体的商业种类中，接近一半的华商均是小杂货商，另有超过 20% 的华商经营饮食业。无论是从业人数还是资本总量，华侨在印尼的社会经济中均不占优势。除此之外，华侨还要面临殖民统治者的垄断和控制以及同印尼商人、阿拉伯商人、日本商人的竞争，特别是日本经济势力的冲击。从 19 世纪末 20 世纪初，日本就开始极力扩大对印尼的商品输出。至 30 年代，印尼凡是一万以上人口的市镇，均有日本人开设的商业网点，以推销日本的商品。"华侨所经营的小商业，

———————

　　① 普腊穆迪阿·阿南塔·图尔：《印度尼西亚华侨的经济地位》，《东南亚研究资料》1963 年第 1期，第 58 页。

116

并不是只知计算他们的盈利的圈外人所想象的那么轻松和容易。"①

由此可见，华侨经济与荷兰统治阶级的殖民经济有着本质性的区别，其既不是依靠武力征服、搜刮掠夺而建立起来的，也没有被用于压榨剥削印尼人民，而是广大华侨经过辛勤劳动、点滴积累而形成的。在这个过程中，华侨对印尼的经济社会发展作出了巨大的贡献。在50年代两次出任印尼总理的阿里·沙斯特罗阿米佐约（Ali Sastroamidjojo）曾指出："远在我们两国第一次通航有海上贸易以来，印度尼西亚和中国一直是友好的邻邦。中国的帆船不仅带来了货物，随之而来的还有许多中国商人、工人、手工业者等，他们在我国定居下来，带来了中国的技术和古老的文化，直到现在，我国许多岛屿上还保留着这些中国文化的精华。"②

与此同时，华侨还与当地人民一道积极参与印尼的反殖民、反侵略斗争。在1825—1830年由蒂博尼哥罗（Diponegoro）领导的反抗荷兰殖民统治的人民起义中，除了物质和道义上的支持以外，许多华侨还直接加入了起义军的队伍。1942年日军在爪哇登陆以后，迅速击溃荷兰军队，占领了印尼全境。广大华侨再次同印尼当地人民一起共同抵抗日本的军事侵略和殖民统治，爪哇、苏拉威西等地均建立华侨抗日组织。1945年日本战败后，印尼宣布独立。然而，西方殖民者却企图卷土重来，再次在印尼建立殖民统治。在1945—1949年印度尼西亚独立革命期间，广大华侨坚定地站在印尼人民一边，大力支持印尼人民争取民族独立的正义斗争。仅在1945年11月抗击英国殖民者的泗水保卫战中，华侨与印尼人民并肩作战，先后牺牲五千多人。1947年7月、1948年12月，荷兰殖民者相继发动两次"警卫行动"，并一度攻陷印尼临时首都日惹，俘虏了苏加诺等领导人。为捍卫新生的印度尼西亚共和国，华侨与印尼人民一道不屈不挠地坚持斗争，最终迫使荷兰殖民者终结了殖民统治，恢复了国家主权。

第二节　大国博弈中的"华侨问题"

1949年12月印尼真正独立后，华侨并没有获得与当地人民一样的平等地位和安定生活。与之相反，从1950年开始，印尼国内就不断出现反华、排华事件。中华人民共和国成立后，雅加达、泗水等地的进步华侨社团联合组建了"促进中

---

① 普腊穆迪阿·阿南塔·图尔：《印度尼西亚华侨的经济地位》，《东南亚研究资料》1963年第1期，第59－61页。

② 钟一均、刘玉遵：《印度尼西亚华侨问题必须合理解决》，《中山大学学报》（社会科学版）1959年第4期，第3页。

印（尼）建交委员会"，在广大华侨中发起"促交"签名运动，并分别向中国、印度尼西亚两国的国家领导人致电函，从下至上积极推动两国政府建立外交关系。不过，受印尼国内外各种因素的影响，1950 年 4 月中印（尼）建交后，两国关系在较长时间内一直比较冷淡，广大华侨也深受影响。

当时印尼国内存在三大政治力量，一是由马斯友美党与右翼社会党领导的右派，代表大资产阶级和大地主阶级的利益，坚持对内反共、对外亲美的政策；二是由民族党领导的中间力量，代表民族资产阶级、小资产阶级的上层和富裕农民，内外政策摇摆不定，容易受外部因素的左右；三是由印尼共产党领导的左派，代表基层劳苦大众的利益，坚持反帝反殖的对外政策。20 世纪 50 年代早期，右派势力在印尼国内政治中具有较强的影响力，"马斯友美党在纳席尔内阁（1950 年 9 月至 1951 年 3 月）和苏基曼内阁（1951 年 4 月至 1952 年 2 月）中都占据了主导地位"。① 在右派势力的操纵下，印尼政府一方面暗中与以美国为首的西方集团勾结，另一方面不断制造矛盾和摩擦，阻挠中印（尼）关系正常发展，以致两国在建交三年半的时间里都没有派出驻华大使。

荷兰殖民者向印尼移交主权后，以美国为首的西方集团一直比较关注这个在东南亚人口最多、在世界上华侨数量最多的国家未来的走向。为拉拢印尼，防止其走上共产主义道路，1950 年美国决定向印尼提供 4 000 万美元的援助和 1 亿美元的贷款。② 朝鲜战争爆发后，为诱使印尼加入美国主导的对华禁运，美国再次向印尼提供了 5 000 万美元的贷款。在经济援助和外交压力的双重作用下，印尼在对华关系上的态度日趋向美国贴近。1951 年 5 月，印尼政府宣布对中国实施"禁运"。6 月，印尼违反国际惯例，拒绝已取得签证的 16 名中国驻印尼使领馆外交人员入境工作。8 月，苏基曼内阁以印共企图推翻政府为由，在全国大肆逮捕共产党人。美国透过驻印尼大使柯克兰（Cochran）趁机"提醒"苏加诺总统：要加倍警惕中国驻印尼的外交人员，他们可能利用 200 万华侨掩盖自己的行动。③ 与此同时，海外国民党势力也借机鼓动亲台华侨向苏基曼内阁提供黑名单，导致许多爱国华侨在"八月大逮捕"中受到不实指控而入狱。

同年 10 月，印尼与美国秘密签署了"共同安全法案"（Mutual Security Act）

---

① 朱陆民、聂会翔：《苏加诺时期中国印度尼西亚关系中的美国因素》，《广州大学学报》（社会科学版）2008 年第 5 期，第 93 页。

② "The Head of the United States Technical Assistance Mission to Southeast Asia（Griffin）to the Secretary of State", United States Department of State, *Foreign Relations of the United States*, 1950, Vol. 6, Washington：United States Government Printing Office, 1976, p. 1013.

③ "The Head of the United States Technical Assistance Mission to Southeast Asia（Griffin）to the Secretary of State", United States Department of State, *Foreign Relations of the United States*, 1950, Vol. 6, Washington：United States Government Printing Office, 1976, p. 1057.

协定，进一步向以美国为首的西方集团靠拢。1952年1月，两国外长再次秘密签署《柯克兰—苏巴德约协定》（*Cochran – Subardjo Agreement*），拟将印尼全面纳入西方集团在亚洲的防御体系。该协定遭到了印尼政界一些有识之士的极力反对，最终被议会否决，苏基曼内阁因此倒台，印（尼）美关系急剧降温。而在另外一方面，中国与印尼的关系却有所改善。1953年8月，阿里·沙斯特罗阿米佐约领导组建了印尼的新内阁，公开坚持"不结盟"的外交政策。10月，印尼正式向中国派出首任驻华特命全权大使。

印尼对外政策的转变和印（尼）美、印（尼）中关系的此消彼长使艾森豪威尔政府深感忧虑，1953年11月20日美国国家安全委员会出台了"美国关于印度尼西亚的目标和行动方针"（NSC171/1号文件），明确提出要尽力阻止拥有8 000万人口的印尼滑入共产主义的轨道，要使印尼当局发展成为稳定、自由、具有自发抵制共产主义的意愿和能力，有助于增强自由世界力量的政府。为了实现这一目标，国家安全委员会制定20余条配套措施，并编制了相应的财政预算。

不过，美国的相关政策措施实际效果并不明显。11月30日，中印（尼）两国签署了第一个双边贸易协定，致力于加强双方的贸易往来。1954年4月，中国首次以五大国之一的身份参加解决重要国际问题的日内瓦会议。会议期间，周恩来总理在发言中提议亚洲国家应该通过协商方式共同维护亚洲的和平与安全。中国的这一主张在亚洲国家引起了极大的反响，印尼为此曾考虑与中国签订互不侵犯条约，以进一步密切两国的关系。11—12月，中印（尼）两国代表就华侨的双重国籍问题在北京举行谈判，着手从法律上扫除影响两国关系发展的重要障碍。[①] 12月底，印尼领导人在茂物会议上坚持邀请中国参加第二年召开的亚非会议。1955年4月，周恩来率团赴印尼万隆参加亚非会议，中印（尼）两国签订了《关于双重国籍问题的条约》。1956年5月，苏加诺对美国进行正式访问，由于双方在中立主义、西伊里安归属等重大问题上出现了严重分歧，印尼未能从美国获得此前寄予厚望的支持。8月，苏加诺访问苏联，从苏联获得了不附加任何条件的1亿美元经济援助。9月底，苏加诺应邀访华，中方领导人毛泽东亲自到机场迎接，双方在诸多重大问题上均取得了共识，中国领导人明确支持印尼收复西伊里安，中印（尼）关系迅速升温。[②]

由于印尼完全独立后国内局势一直不稳，中印（尼）关系的改善并没有从根本上改变华侨在印尼的处境。1955年9月，印尼首次举行全国大选，印尼共产

① 新华社：《中华人民共和国政府代表团和印度尼西亚共和国政府代表团谈判联合公报》，《人民日报》1954年12月30日，第1版。
② 新华社：《首都数十万人夹道欢迎苏加诺总统》，《人民日报》1956年10月1日，第1版。

党获得了较多席位，成为制宪国会中的第四大政党。美国对此高度重视，认为印尼有陷入共产主义控制的危险。大选之后，印尼苏门答腊、苏拉威西等地的一些岛屿发生了旨在脱离中央的叛乱。美国也通过台湾国民党残余势力秘密介入印尼外岛叛乱，主要是以台湾为基地向印尼叛乱分子提供经费和武器装备。1956—1958年印尼外岛叛乱期间，台湾当局不仅支援了印尼叛军大量武器装备，还派遣特务在印尼从事各种破坏活动。台湾当局的所作所为激起了印尼政府的极大不满，使华侨在印尼的处境更为艰难。

1957年7月，印尼颁布《1957年外侨税紧急法令》，按照成年与否以及在家庭中作用的不同，向所有外国侨民征收375～1 500盾不等的特别税。① 由于华侨是印尼人数最多的外侨，该法令的指向显而易见就是针对华侨。1958年1月，印尼发布《有关外侨商业准字通告》，要求由外侨实际控制的商业企业，必须重新向政府申请经营许可，对于此后新增的外侨商业企业，将不再颁发经营许可。外侨商业企业除非专卖给印尼人经营或者与之合资经营，否则只有关停一个选择。与此同时，印尼政府还下令解散华侨童子军、取缔境内全部18家华文报纸。5月，印尼政府逮捕了14名亲台的华侨社团负责人。8月，雅加达军方发布通知，要求1950年后仍然在籍的国民党党员和台湾籍侨民在指定期限内必须亲自到军方登记。其后，多个亲台华侨的社团组织、商业企业均被军方接管。

第三节 1958—1960年印尼排华与中国政府对难侨的救助

1958年6月外岛叛乱平息以后，印尼非但没有停止打击华侨的活动，反而将排华的范围由台湾地区的华侨扩展到所有华侨。1959年5月4日，印尼陆军参谋长纳苏蒂安以中央战时掌权者的名义颁布《监督外侨居住及旅行条例》，授权各地战时掌权者可任意划定"外侨禁区"和改变外侨居住地点。5月14日，印尼商业部颁布《撤销县以下外侨小商店和零售商营业准字和临时营业准字决定书》，限令外侨零售业必须在当年12月31日前终止。其后不久，印尼军方开始以安全问题为由逼迫外侨迁离居住地。8月24日，印尼政府突然宣布大面额纸币贬值90%，并冻结了2.5万盾以上的银行账户，使很多急需资金周转的华商深陷困境。11月18日，苏加诺又签署了《总统第十号法令》，不仅再次要求外侨零售商必须在当年年底前停业，而且明确规定印尼民族商业组织和商人有权接管外侨零售业。法令颁布后，印尼各地均加大了逼迁外侨的力度，甚至不惜动用武

---

① 家长每人1 500盾，家庭成员750盾，未成年子女375盾。

力。在印尼当局的高压之下，大批华侨商业企业被关停，大量华侨报刊和华侨学校被查封，许多华侨倾家荡产、流离失所。

外岛叛乱平息后印尼当局仍坚持排华，是与其所面临的国内国际形势密不可分的。在印尼国内，平叛行动使陆军得以插手各种行政事务，权势日渐扩大，成为影响国家政治走向的一支重要力量。苏加诺自 1957 年 2 月正式提出"有指导的民主"（Guided Democracy）开始，一直比较重视利用印尼共产党来制衡陆军势力。不过，印尼共产党虽然在 1957—1958 年的地方选举中获得了广泛的支持，在中爪哇地区甚至成为获得选票最多的政党，在全国也已具有举足轻重的影响，但其并不掌握武装力量，在诸多问题上，苏加诺仍需与陆军势力保持一致。

国际方面，来自美国的影响和压力也是印尼当局实施排华的一个重要原因。1958 年 5 月 18 日，一架支援印尼叛军的美国飞机被印尼政府军击落，美国飞行员波普（Allen L. Pope）被俘，印尼全国上下反美情绪高涨，美印（尼）关系一度跌至低点，美国不得不放弃对叛军的支持。6 月，叛军最后的主要据点被政府军攻破，印尼内战结束。美国在支持外岛叛军的隐蔽行动失败后，转而支持在平叛行动中崛起的印尼陆军，以之对抗印尼共产党和被认为日益"左"倾的苏加诺。1959 年 1 月初，艾森豪威尔政府将对印尼的军事援助从 780 万美元提高至 1 500 万美元，其中新增的 720 万美元全部用于援助印尼陆军，使其由此前计划的 240 万美元增至 960 万美元，对海军和空军的援助则保持不变，分别为 290 万美元和 250 万美元。[①] 1 月底，美国国家安全委员会又研究制定了 NSC5901 号文件，深入分析了印尼陆军的政治倾向及其对印尼内外政策的影响力，明确将印尼陆军作为防共反共、实现美国对印（尼）战略的主要依赖。

与 NSC5901 号文件中分析的一样，印尼陆军的掌权者大都接受过美国的军事培训，不仅在军事上倾向于美军的武器装备和组织模式，而且在政治取向上也与以美国为首的西方集团非常接近，一直是印尼国内反华、排华的急先锋。外岛叛乱平息后，印尼陆军在美国的支持和鼓动下，逐渐加紧了反华、排华的步伐。印尼陆军试图利用反华、排华使印尼共产党陷入两难境地：如果印共公开反对排华，势必会遭到印尼本地族裔的抵制，在国内陷入孤立；如果默许甚至支持排华，则会恶化与中国的关系，失去友党以及本地广大华侨的支持。当时，印尼经历连年战乱，国内经济恶化、社会矛盾尖锐。以苏加诺为首的统治集团一方面对陆军势力有所忌惮，不愿与其发生直接对抗；另一方面也希望通过排华来转移矛

①　"Memorandum from the Assistant Secretary of State for Far Eastern Affairs（Robertson）to Secretary of State Dulles", United States Department of State, *Foreign Relations of the United States*, 1958 – 1960, Vol. 17, Washington: United States Government Printing Office, 1994, pp. 316 – 317.

盾，稳固自己的统治。在多种因素叠加影响下，从 1958 年下半年开始，印尼当局对待华侨的政策加速右转，掀起了印尼独立后的第一次排华浪潮。

针对印尼发生的排华事件，中国政府一方面通过外交渠道向印尼政府提出严正抗议，另一方面积极采取措施救助难侨。1959 年 10 月，国务院副总理兼外交部部长陈毅在与来访的印尼外交部部长苏班德里约会谈时，专门提到华侨问题，要求印尼当局全力保护华侨的正当权益。在 10 月 11 日的联合公报中，两国外长共同声明：双方"应该寻找适当的方法……使华侨的正当权利和利益受到尊重"。① 然而，印尼当局并没有遵守承诺，苏班德里约代表团回国后仅月余时间，苏加诺即签署了《总统第十号法令》，印尼军方更是频频使用武力逼迫华侨迁离居住地。有鉴于此，12 月 9 日，陈毅公开致信苏班德里约，在回顾两国以往为解决华侨问题所做各种努力的同时，对印尼当局正在进行的大规模反华、排华活动提出了严正抗议，并提议两国政府立即采取措施，全面解决华侨问题。

> 第一，中国政府一向认为，华侨具有双重国籍是不合理的。许多华侨世世代代居留在印度尼西亚，他们在社会经济生活中，已经与印度尼西亚人民融合在一起。中国政府愿意看到这些华侨能够根据自愿的原则选择印度尼西亚国籍。他们一旦取得印度尼西亚的国籍，当然效忠于印度尼西亚，同时也当然享受这个国家的公民权利，而不受任何歧视。华侨加入侨居国的国籍，对于他们自己和对于侨居国来说，都是有利的。因此，中国政府一直希望，我们两国签订的关于双重国籍问题的条约能够早日生效和付诸实施。早在 1957 年 12 月 30 日，中华人民共和国全国人民代表大会常务委员会就已经决定批准这个条约。现在，中国政府建议，两国政府立即交换"中华人民共和国和印度尼西亚共和国关于双重国籍问题的条约"的批准书，同时根据两国总理在 1955 年 6 月 3 日的换文，派出代表组成联合委员会，讨论和规定有关实施这个条约的办法。
>
> 第二，在印度尼西亚居留的华侨中，会有一部分人自愿保留中国国籍，也会有一部分人选择印度尼西亚国籍而未获批准。中国政府希望，印度尼西亚政府按照两国签订的关于双重国籍问题的条约的第十一条和两国外交部长的联合公报，切实保护这些华侨的正当权利和利益，制止对他们的一切歧视和迫害。中国政府将继续勉励这些华侨尊重印度尼西亚政府的法令，不参加当地的政治活动，对印度尼西亚的经济和文化发

---

① 新华社：《陈毅外长苏班德里约外长联合公报》，《人民日报》1959 年 10 月 12 日，第 1 版。

展势力作出贡献，同印度尼西亚人民友好相处。当然，中国政府希望印度尼西亚政府的法令将对所有外侨一视同仁，而不使友好国家的侨民反而受到歧视，或者甚至被用来作为迫害华侨的工具。

第三，对于那些流离失所、无法谋生或者不愿意继续居留在印度尼西亚的华侨，中国政府准备根据他们的回国的志愿，安排他们在国内生活，使他们有机会参加祖国的社会主义建设。中国政府希望，印度尼西亚政府在遣送这些华侨回国的时候，也尊重他们的自愿，不采取强制的办法，允许他们变卖自己的产业并且带回所得的资金，保证他们在归国途中的安全。为了便于中国政府有秩序地安置这些归国华侨，中国政府还希望印度尼西亚政府采取分期分批遣送他们回国的办法。[①]

与此同时，中国政府也开始着手准备难侨的接待和安置工作。1959 年 12 月 20 日，中共中央发出《关于准备大量接待归国华侨的指示》，计划在当年内接待安置 60 万难侨。1960 年初，中国驻印尼大使黄镇代表中国政府向印尼提出六点意见，要求印尼当局停止对华侨的迫害、释放被捕难侨、允许难侨变卖家产回国。2 月 2 日，国务院在《关于接待和安置归国华侨的指示》中决定成立"中华人民共和国接待和安置归国华侨委员会"，在广州、汕头、湛江、海口等口岸设立接待归侨办事机构，并要求广东、福建、广西、云南等省、自治区同步做好归侨的安置工作。另外，中国政府还租借了"美上美"号、"大宝康"号、"海皇"号、"福安"号等客轮前往印尼接运难侨回国。2 月 29 日，首批归国难侨抵达广州黄埔港，受到了中侨委主任廖承志、广东省省长陈郁、广州市委书记王德等领导和祖国人民的热烈欢迎。仅在当年的第一季度，中国政府接运回国和自行归国的印尼难侨就有 15 000 多名。

在中国政府大力救助难侨的过程中，印尼不但百般阻挠，而且加紧迫害华侨。4 月 27 日，中国政府租借的"大宝康"号在已办好一切手续并被准许开航的情况下，遭到了印尼有关当局的武力劫持，在中国驻印（尼）外交人员的多番交涉下，滞留石叻班的 702 名难侨才得以脱险回国。[②] 同一天，前往三马林达协助"海皇"号接运难侨的江燕领事也遭到了印尼军方的扣押，连续被软禁 41

---

① 《外交部部长陈毅关于严重抗议印度尼西亚大规模的反华、排华活动并提出全面解决华侨问题的三点建议给印度尼西亚共和国外交部部长苏班德里约的信》，中华人民共和国国务院秘书厅：《中华人民共和国国务院公报》1959 年第 29 期，第 562－563 页。

② 《中华人民共和国驻印度尼西亚大使馆关于严重抗议印度尼西亚有关当局武力劫持我国政府派去接侨的大宝康轮的事件给印度尼西亚共和国外交部的照会》，中华人民共和国国务院秘书厅：《中华人民共和国国务院公报》1960 年第 21 期，第 401－403 页。

个小时。① 继这两个事件之后，印尼陆军势力从 5 月下旬开始，又在西爪哇地区对华侨发起了第二轮大规模的武力逼迁，许多华侨因此倾家荡产。中国政府多次通过外交渠道向印尼当局提出严正抗议，黄镇大使 6 月 29 日亲自赴印尼外交部与苏班德里约部长会谈，一再要求印尼政府立即采取措施制止逼迁活动，保障华侨的生命财产安全。然而，印尼当局非但没有停止武力逼迁，反而于 7 月 3 日在西爪哇省勃良安州芝马圩制造流血事件，导致怀孕 4 个月的杨木妹、叶金娘等人中弹身亡，多名华侨受伤或被捕。

中国政府对芝马圩事件高度重视，外交部立即向印（尼）方提出强硬抗议，"坚决要求印度尼西亚政府就这次西爪哇军警杀害华侨的暴行公开道歉，严惩芝马圩杀害华侨的凶手，抚恤死难华侨的家属，负担受伤华侨的医药费用和赔偿他们的损失，迅速释放被捕华侨，立即采取有效措施保证今后不再发生类似事件。中国政府并且要求印度尼西亚政府立即停止对华侨的逼迁和各种破坏活动"。② 在中国政府提出强烈抗议和严正要求的同时，西爪哇各地的华侨也发动了大规模的罢工和游行示威活动，因排华而一路下滑的印尼经济更是雪上加霜，城乡商贸基本停滞。此外，印尼与荷兰在西伊里安问题上的矛盾冲突升级，8 月印尼宣布同荷兰断交，而印尼曾寄予希望的美国名义上表示"中立"，实则偏袒荷兰。面对内外交困的局面，以苏加诺为首的印尼当局不得不调整内外政策，缓和与各方面的紧张关系。芝马圩事件后，印尼各地的武力逼迁逐渐减少，至 1960 年底排华活动已基本停止。在此期间，印尼政府对死伤难侨进行抚恤，并将西爪哇军区司令调离岗位。

针对印尼当局的态度变化，中国政府也相应地调整了外交策略，从国际政治大局出发，着力重建与印尼的友好关系。从 8 月开始，中国政府按照"少撤多留"的原则，逐渐停止了接侨行动。据统计，截至 1960 年 11 月，在印尼这一轮的排华浪潮中从广州、湛江等口岸归国的难侨共计 88 247 人。③ 为使广大归国难侨都能得到妥善安置，中国政府先后在广东、福建等地新建和扩建了 25 个华侨农场。以福建为例，该省晋江地委在 1960 年初就根据上级的指示和工作部署，成立了由地委副书记张德贞为主任委员的"接待和安置归国华侨委员会"，领导新建了晋江双阳华侨农场、南安雪峰华侨农场、莆田赤港华侨农场，并将永春北

---

① 《中华人民共和国驻印度尼西亚大使馆关于严重抗议印度尼西亚三马林达军事当局武力软禁我国驻马辰领事江燕的事件给印度尼西亚共和国外交部的照会》，中华人民共和国国务院秘书厅：《中华人民共和国国务院公报》1960 年第 21 期，第 407 - 409 页。

② 《中华人民共和国驻印度尼西亚大使馆关于强硬抗议印度尼西亚西爪哇军事当局杀害华侨事件给印度尼西亚共和国驻华大使馆的照会》，中华人民共和国国务院秘书厅：《中华人民共和国国务院公报》1960 年第 25 期，第 465 - 467 页。

③ 杨建：《一九五九年印尼排华事件与广东归侨安置》，《广东党史》2005 年第 1 期。

碰华侨农场扩建为国营北碰华侨茶果厂，还将泉州华侨机砖制造厂改建为泉州华侨塑料厂，当年先后接待和安置了印尼难侨 8 000 多人。在广东、广西、云南等省、自治区，在当地党和政府的统筹协调下，归国的印尼难侨也都实现了"幼有所教，壮有所用，老有所终，鳏寡孤独残疾者皆有所养"。[①]

第四节　1965—1967 年印尼排华与中国政府对难侨的救助

1961 年 3 月陈毅副总理访问印尼和 6 月苏加诺总统回访中国后，中印（尼）关系重新回到了友好发展的轨道，华侨在印尼也恢复了相对安定的生活。然而，好景不长，1965 年"九三〇事件"发生后，印尼华侨再次陷入水深火热之中。

1959 年 7 月，苏加诺废除制宪会议，全面实施"有指导的民主"，在内外政策上更加倚重印尼共产党。1960 年，印尼共产党正式进入苏加诺组建的"互助合作内阁"，通过与苏加诺合作成为印尼国内最重要的政治力量之一。与此同时，印尼共产党与陆军势力的矛盾也逐渐发展到不可调和的地步。1965 年 8 月苏加诺的健康状况恶化，印尼陆军的反共将领开始加紧谋划发动政变，夺取政权。9 月 30 日深夜至 10 月 1 日凌晨，亲苏加诺的总统卫队队长翁东（Untung Syamsuri）中校突然采取行动，逮捕并处决了 6 名陆军高级将领。事件发生后，印尼陆军战略后备司令苏哈托（Suharto）迅速发动反击，控制了首都雅加达。10 月 2 日，苏哈托拒绝了苏加诺关于政治解决危机的要求，迫使苏加诺任命其为负责恢复治安和公共秩序的部长和陆军司令。以苏哈托为首的陆军势力全面掌控局势以后，随即指控印尼共产党是政变的幕后主使，展开了针对印尼共产党的大清洗，包括印共领导人艾地在内的超过 50 万人遭到屠杀。不仅如此，印尼陆军势力还指责中国政府参与了此次政变，在国际反华势力的支持下，掀起了大规模的反华、排华活动。

10 月 13 日，印尼军方在"九三〇事件"后首次向美国提出援助请求，美国立即给予了积极回应。[②] 11—12 月，美国又先后向印尼军方援助若干通信器材和两批药品，并向其提供一份关于印尼共产党的名单。得到美国的支持以后，以苏哈托为首的军方势力在反共、反华的行动中更加肆无忌惮。从 10 月中下旬开始，在军方势力的煽动、纵容甚至直接带领和参与下，印尼各地相继出现有组织的排

---

① 张奋：《热情接待妥善安置归侨参加祖国建设》，《侨务报》1960 年第 3 期。

② "Telegram from the Embassy in Indonesia to the Department of State"，United States Department of State，*Foreign Relations of the United States*，1964–1968，Vol. 26，Washington：United States Government Printing Office，2000，p. 323.

华活动，大量华侨的房屋被焚毁，商店和财产被抢掠殆尽，667 所华侨学校全部被强制关闭，所有华侨社团和报纸被查封，大批华侨被关进集中营或监狱，很多人惨遭杀害。

在中爪哇，印度尼西亚陆军伞兵部队于 10 月 22 日开抵梭罗后，乘坐装甲车和卡车掩护有组织的暴徒，沿街捣毁和焚烧华侨的商店和住宅，使许多华侨的房屋和财产化为灰烬。25 日，加布棉的中华总会和中华学校也遭到焚毁。26 日，全市 90% 以上的华侨都遭受了极端严重的损失，不少人倾家荡产、无家可归。更为严重的是，从 10 月底至 11 月中旬，三宝垄、北加浪岸、普禾达地、沙拉迪加、沙拉绢、日惹等地先后有 40 多名华侨无端遭到印尼军警的拘捕和毒刑拷打。11 月 10 日，日巴拉县的华侨黄宗桂于警察在场的情况下，被暴徒活活烧死。15 日，梭罗华侨林春光在宵禁期间，被暴徒绑架杀害。① 24 日，三宝垄市北都冬安街还出现了恐吓性标语："等待着在三宝垄屠杀华人的日期。"

在松巴哇，10 月 21 日，数百名暴徒袭击了亚拉史的华侨商店、住宅，肆意殴打和凌辱华侨，打死华侨 1 人，重伤 2 人，许多老人和妇女也无法幸免。10 月 30 日、31 日，上千名暴徒拥到下郎埠、唐榜埠等地华侨所在的市场和住宅区，大肆抢劫和破坏，重伤华侨 3 人，另有 2 名华侨受伤后精神失常。

在苏拉威西，10 月 28 日、11 月 14 日，位于东南部的肯达里、西南部的马加里两地的华侨商店、住宅，相继遭到了暴徒的疯狂破坏，1 名华侨孕妇受惊吓致死。11 月 10 日，数千名暴徒和陆军人员在山姆苏汀少校的指挥下，以汽车和摩托车为联络的交通工具，高呼"华人是我们的敌人"等口号，分头对望加锡市区及近郊的华侨商店、住宅和华侨社团、学校进行袭击和破坏，导致 2 千多户华侨家庭遭到灾难性打击、1 名华侨女孩死亡。②

在安汶，11 月 5 日，三四千名暴徒在军队装甲车的掩护下，高呼反华口号，首先袭击了当地的中华总会，然后破坏了华侨培德中小学，接着逐户毁坏华侨的商店和住宅，将他们的货物、汽车、摩托车和日常用品集中到大街上付之一炬。当地军政当局公然声称："人民愤怒了，最好有机会让他们表达，否则，抑制将更危险。"③

在西加里曼丹坤甸市，11 月 22 日，上千名的暴徒经过当地实际掌权者的批

---

① 《中华人民共和国驻印度尼西亚大使馆十一月二十七日给印度尼西亚共和国外交部的照会》中华人民共和国国务院秘书厅：《中华人民共和国国务院公报》1965 年第 15 期，第 277－278 页。

② 《中华人民共和国驻印度尼西亚大使馆十一月十九日给印度尼西亚共和国外交部的照会》，中华人民共和国国务院秘书厅：《中华人民共和国国务院公报》1965 年第 14 期，第 250－251 页。

③ 《中华人民共和国驻印度尼西亚大使馆十一月二十六日给印度尼西亚共和国外交部的照会》，中华人民共和国国务院秘书厅：《中华人民共和国国务院公报》1965 年第 15 期，第 275－276 页。

准，以游行示威为名，携带短枪、长刀、铁锤等凶器，高呼反华口号，先后砸毁当地的中华总会、中华商会、振强学校和中华学校，并将待发的教师工资及各种财务洗劫一空。[①]

在巴厘岛，11—12 月，新加拉野、巴塘、格隆公等地的华侨商店、住宅也陆续遭到暴徒逐门挨户的洗劫和捣毁，残存的汽车被当地军队强行接管，赖以充饥的少量粮食被掺入脏物，水井被投入油漆，1 名华侨被杀害、3 人重伤、4 人受辱自杀。居住在偏远村镇的华侨也遭到了暴徒的迫害，上百人流离失所、生活无着。[②]

在北苏门答腊的棉兰市，12 月 10 日，千余名暴徒在棉兰体育馆集会后，分路出动，封锁街道，破坏华侨的财产物业，并对华侨进行人身攻击，杀害 5 人，重伤上百人，多名华侨妇女被强奸，其中 1 人先后被 1 名暴徒和 2 名军人轮奸。[③]

在龙目岛，12 月 25 日，一群暴徒闯进渣加拉镇华侨张权厚家，将其父子二人杀害。至 30 日，全岛各地被害的华侨已超过 20 人，重伤者 6 人，轻伤数十人，另有多名华侨妇女失踪或被暴徒霸占。死者中，有的被砍头，有的被斩断四肢，有的被剖腹开膛，有的被割耳剁手，还有 1 名孕妇及 6 个孩子被纵火烧死，"造成了目不忍睹、耳不忍闻的大惨案"。[④]

在各地迫害华侨的行动中，印尼军方势力一直都在幕后指挥，甚至直接参与其中。"在有的地方华侨受迫害时，暴徒竟恐吓警察和宪兵，扬言他们的行动是受陆军支持的，只能保护其示威，不能加以制止；在三宝垄发生排华暴行时，陆军人员在场，不仅不予制止，反持枪驱使行人参与破坏捣毁华侨的财产；在西爪哇各地迫害华侨的许多暴徒竟乘军用卡车来去。"[⑤] 除了残酷迫害华侨以外，印尼军方势力还置基本的国际关系准则于不顾，将矛头指向了中国驻印尼的使领馆和外交人员，导致中国在当地的外交机构不但不能正常行使保护本国侨民的权利，而且自身的生命财产安全也受到了严重的威胁。

1965 年 10 月 16 日，40 多名荷枪实弹的印尼军人暴力闯入中国驻印尼大使

---

① 《中华人民共和国驻印度尼西亚大使馆十二月九日给印度尼西亚共和国外交部的照会》，中华人民共和国国务院秘书厅：《中华人民共和国国务院公报》1965 年第 16 期，第 299 – 300 页。

② 《中华人民共和国驻印度尼西亚大使馆十二月二十日给印度尼西亚共和国外交部的照会》，中华人民共和国国务院秘书厅：《中华人民共和国国务院公报》1965 年第 16 期，第 304 – 305 页。

③ 《中华人民共和国驻印度尼西亚大使馆十二月十八日给印度尼西亚共和国外交部的照会》，中华人民共和国国务院秘书厅：《中华人民共和国国务院公报》1965 年第 16 期，第 302 – 304 页。

④ 《中华人民共和国驻印度尼西亚大使馆一月十二日给印度尼西亚共和国外交部的照会》，中华人民共和国国务院秘书厅：《中华人民共和国国务院公报》1966 年第 1 期，第 11 – 12 页。

⑤ 《中华人民共和国驻印度尼西亚大使馆十一月四日给印度尼西亚共和国外交部的照会》，中华人民共和国国务院秘书厅：《中华人民共和国国务院公报》1965 年第 14 期，第 248 – 249 页。

馆商务参赞处，肆意搜查文件、抢劫财物，并威胁和侮辱中国外交人员。① 11 月 2 日，在当地军政当局的支持下，数千名暴徒袭击了中国驻棉兰领事馆，将领事馆的中国国旗和国徽劫走，并强行升起印尼国旗。② 12 月 10 日，当地有组织的暴徒再次袭击了棉兰领事馆，致使 3 名工作人员被击伤，领事馆建筑大面积受损。③ 1966 年 2 月 3 日，中国驻印尼大使馆也遭到了袭击，上千名暴徒分乘卡车、装甲车和摩托车而来，高呼反华口号，破坏大使馆的建筑和设施，并打伤了 1 名工作人员。④ 此后，中国驻望加锡、马辰、雅加达等地领事馆和新华社雅加达分社也先后多次遭到袭击和破坏，数十名外交人员和职员被打伤。⑤ 其中，雅加达总领事馆的马登杰领事、李惠卿副领事和其他 8 名工作人员全部都被打伤，3 人伤势严重。

针对印尼军方势力肆意迫害华侨、袭击中国使领馆、殴打侮辱中国外交人员的野蛮行径，中国政府一再向印度尼西亚政府提出抗议，要求其"严惩事件的主使者和杀害华侨的凶手，抚恤无辜死难者的家属，赔偿华侨所受到的一切损失，对丧失生计流离失所的华侨进行救济"，⑥ 并"对上述暴行立即公开道歉，负责医治被打伤人员，严厉惩办肇事者和主使者……赔偿一切损失，保证不再发生类似事件"。⑦ 然而，当时的苏加诺总统已经被以苏哈托为首的印尼军方势力架空，根本无法控制局势。早在 1965 年 10 月 14 日，苏哈托就已迫使苏加诺任命其为印尼军队的总参谋长。1966 年 3 月 11 日，苏加诺在数名军方高级将领的胁迫下，签署"三一一命令"，赋予苏哈托恢复印尼治安及稳定社会秩序的权力，苏哈托因此成为印尼当局的实际控制者。但以苏哈托为首的军方势力并不满足，1967 年 3 月 7 日，他们又强迫苏加诺彻底交出权力，由苏哈托代理总统。3 月 12 日，在军方势力的操纵下，印尼临时人民协商会议撤销了苏加诺的总统职务，苏哈托

① 《中华人民共和国驻印度尼西亚大使馆十月十八日给印度尼西亚共和国外交部的照会》，中华人民共和国国务院秘书厅：《中华人民共和国国务院公报》1965 年第 13 期，第 233 – 234 页。

② 《中华人民共和国驻印度尼西亚大使馆十一月四日给印度尼西亚共和国外交部的照会》，中华人民共和国国务院秘书厅：《中华人民共和国国务院公报》1965 年第 14 期，第 246 – 247 页。

③ 《中华人民共和国驻印度尼西亚大使馆十二月十五日给印度尼西亚共和国外交部的照会》，中华人民共和国国务院秘书厅：《中华人民共和国国务院公报》1965 年第 16 期，第 301 – 302 页。

④ 《中华人民共和国驻印度尼西亚大使馆二月三日给印度尼西亚共和国外交部的照会》，中华人民共和国国务院秘书厅：《中华人民共和国国务院公报》1966 年第 2 期，第 32 – 33 页。

⑤ 《中华人民共和国驻印度尼西亚大使馆二月十五日给印度尼西亚共和国外交部的照会》《中华人民共和国驻印度尼西亚大使馆二月二十七日给印度尼西亚共和国外交部的照会》，中华人民共和国国务院秘书厅：《中华人民共和国国务院公报》1966 年第 2 期，第 33 – 36 页。

⑥ 《中华人民共和国驻印度尼西亚大使馆十二月十八日给印度尼西亚共和国外交部的照会》，中华人民共和国国务院秘书厅：《中华人民共和国国务院公报》1965 年第 16 期，第 304 页。

⑦ 《中华人民共和国外交部三月十日给印度尼西亚共和国驻华大使馆的照会》，中华人民共和国国务院秘书厅：《中华人民共和国国务院公报》1966 年第 3 期，第 55 – 56 页。

正式成为印尼的最高统治者。在此期间，以苏哈托为首的军方势力一方面极力反华、排华，另一方面积极与美国勾结，其攫取印尼的实际控制权以后，迅速投入西方集团的怀抱，成为美国在东南亚重要的冷战伙伴之一。美国也投桃报李，1966 年 3 月 31 日，约翰逊总统亲自指示国务卿腊斯克，要求其落实向印尼援助 5 万吨大米的计划。① 其后，美国又源源不断地向印尼军政当局提供了诸多援助。

在外交交涉无望的情况下，从 1966 年 4 月 12 日起，中国政府开始敦促印尼军政当局协助华侨返回祖国。在照会中，中国政府指出：

> 自从一九六五年十月以来，印度尼西亚右派反动势力有组织、有计划地掀起了大规模的排华运动。他们在印度尼西亚全国各个省市组织大批暴徒肆意迫害无辜华侨。成千上万华侨的住宅、商店横遭抢劫和烧毁。许多华侨社团和学校被捣毁和霸占。大批华侨遭到殴打和无理逮捕。许多华侨惨遭杀害，甚至被砍头、剖腹、肢解、烧死。对于这些暴行，一些地方的陆军当局不仅加以包庇，甚至还发给暴徒"游行示威"的准字，派遣武装人员和军用车辆，直接参与。印度尼西亚右派反动势力对华侨的种族主义迫害，粗暴地破坏了国际关系准则，达到了骇人听闻的地步。对上述暴行，中国人民感到极大的愤慨。
>
> 世代居住在印度尼西亚的华侨，一向同印度尼西亚人民和睦相处，对印度尼西亚的经济生活作出了积极的贡献，努力促进中国和印度尼西亚两国的友好关系，积极支持印度尼西亚人民反对帝国主义和新老殖民主义的斗争。印度尼西亚右派反动势力疯狂迫害华侨，显然是为了迎合帝国主义的需要，蓄意破坏中国和印度尼西亚两国关系，破坏两国人民在反帝斗争中的团结。印度尼西亚右派反动势力无论制造怎样的借口，都掩盖不了他们这种卑鄙的阴谋。
>
> 根据中国政府和印度尼西亚政府就两国的侨民问题所签定的有关条约和协议，印度尼西亚政府负有保护中国侨民正当权利和利益的不容推卸的义务。但是，印度尼西亚政府不仅不履行上述义务，而且听任甚至包庇右派反动势力疯狂迫害华侨，完全无视中国政府一再向印度尼西亚政府提出的抗议和交涉。最近，印度尼西亚政府通过雅加达等地的军事当局，竟然发布命令，恶毒地诬蔑华侨社团和学校为"颠覆分子和反革

---

① "Telegram from the Embassy in Indonezia to the Department of State", United States Department of State, *Foreign Relations of the United States*, 1964－1968, Vol. 26, Washington：United States Government Printing Office, 2000, pp. 425－426.

命巢穴",并以此为借口,封闭和解散华侨社团和学校。这说明,印度尼西亚政府进一步支持右派反动势力迫害华侨的罪行,从而不容推卸地承担了进一步恶化两国关系的责任。

目前已有成千上万遭受迫害的华侨,由于倾家荡产,丧失生计,迫切要求印度尼西亚政府负责协助他们返回祖国。他们的这种要求完全是合理的,也是十分正当的。印度尼西亚政府既未切实保护他们免遭迫害,又没有对他们给予救济和安置,印度尼西亚政府当然有责任把受迫害的、自愿回国的华侨送回中国。为此,中国政府要求印度尼西亚政府:

一、立即安排船只,将上述自愿回国的华侨送回中国。

二、允许他们携带自己的财物和资金回国。

三、保证他们在前往港口途中的安全和负责他们在港口的食宿,协助他们顺利离开印度尼西亚回国。

四、中国驻印度尼西亚大使馆和领事馆将指派官员协助自愿返回祖国的华侨回国的工作,希印度尼西亚政府负责保护中国官员的安全,并提供必要的方便。[①]

照会发出后,中国政府并未消极等待印尼当局的回复,而是同步启动了派船接侨和难侨安置的准备工作。从4月中旬开始,广东省外事侨务委员会就开始按照中侨委的指示,在英德、蕉岭、清远、兴隆、阳春等地的华侨农(林)场挑选35岁以下的男性党团员干部,准备随船赴印尼接侨。4月23日,中侨委、商业部等部委又联合下发了《关于保证做好接侨所需物资供应的紧急通知》,要求相关省市提前做好计划,保证按质按量供应接侨需要的物资。其后,广东、福建、广西等省、自治区纷纷按照中央的工作部署,制订了各自的难侨安置计划,并加紧新建、扩建房屋设施,确保难侨归国后能够迅速安顿下来。

在中国政府积极准备接运和安置难侨的过程中,印尼军政当局进一步升级了反华、排华的手段。4月15日,中国驻印尼大使馆再次遭到了有组织的袭击和破坏。当日上午10时50分,千余名印尼军警和暴徒用装甲车和卡车撞开使馆大门,蜂拥而入,扯下中国国旗,焚毁房屋和设备设施,抢走汽车和大量财物,殴打外交人员,并连续开枪数十发,将一名使馆工作人员击成重伤。[②] 事件发生

---

① 《中华人民共和国外交部四月十二日给印度尼西亚共和国驻华大使馆的照会》,中华人民共和国国务院秘书厅:《中华人民共和国国务院公报》1966年第5期,第80-81页。

② 《中华人民共和国外交部四月十五日给印度尼西亚共和国驻华大使馆的照会》,中华人民共和国国务院秘书厅:《中华人民共和国国务院公报》1966年第5期,第82页。

前，印尼副总理兼外交部部长阿丹姆·马利克不仅参加了行凶暴徒的反华集会，而且发表了煽动反华、排华的讲话。事后，马利克又接见了行凶暴徒的代表，对他们袭击迫害中国大使馆的行为予以褒奖。

受到印尼军政当局的鼓励后，反华暴徒更加肆无忌惮。4月19日，约300名暴徒在3名警察的率领下，强行占据了中国驻雅加达总领馆。① 20日，约70名暴徒在印尼陆军部队西利万吉师323营的协同下，破坏并占领了中国大使馆商务参赞处。21日上午，西利万吉师的军人又配合暴徒，袭击并强占了中国大使馆武官处；下午，约30名暴徒在武装军人的带领下，携带手枪、步枪等武器，强占了中国驻雅加达总领馆宿舍，并强迫看守雇员离开；晚上，另有一批武装军人和约50名暴徒，手持利器，强占了中国大使馆在雅加达查蒂·佩坦布兰街72号的宿舍，并用卡车劫走大量家具和用品。② 23日，印尼陆军第五军区官兵约40人伙同一批武装暴徒，袭击并抢劫了位于雅加达拉武街4号的中国大使馆官员宿舍，将3名留守人员打伤。③ 5月4日，约30多名暴徒携带凶器，在武装军警的配合下，强行霸占了中国驻望加锡领事馆。④

经受多轮有预谋、有组织的袭击和破坏之后，中国驻印尼的外交机构大部分都已无法正常办公，两国的外交关系也已濒临破裂。尽管如此，中国政府仍然想方设法克服困难，不断与印尼军政当局交涉，尽最大能力救助当地的难侨。在强烈抗议印尼军政当局迫害华侨、袭击中国使领馆的同时，中国政府还多次明确表示："对华侨的处境十分关怀，并且已经要求印度尼西亚政府负责送回自愿返国的受害华侨。印度尼西亚政府对保护华侨的生命财产安全负有不容推卸的责任。即使印度尼西亚政府一旦断绝了两国外交关系，它也必须保障华侨生命安全和正当权益。中国政府对华侨的安危，绝不能置之不顾。在任何情况下，中国政府都有责任坚决保护自己侨民。"⑤

5月5日，印尼驻华大使馆在向中国外交部复照中，不仅将迫害华侨的责任推卸得一干二净，而且断然拒绝了中国政府关于敦促印尼政府送回受害华侨的四

---

① 《中华人民共和国外交部四月二十日给印度尼西亚共和国驻华大使馆的照会》，中华人民共和国国务院秘书厅：《中华人民共和国国务院公报》1966年第5期，第84－85页。

② 《中华人民共和国外交部四月二十二日给印度尼西亚共和国驻华大使馆的照会》，中华人民共和国国务院秘书厅：《中华人民共和国国务院公报》1966年第5期，第110－111页。

③ 《中华人民共和国外交部四月二十四日给印度尼西亚共和国驻华大使馆的照会》，中华人民共和国国务院秘书厅：《中华人民共和国国务院公报》1966年第5期，第112页。

④ 《中华人民共和国驻印度尼西亚大使馆五月七日给印度尼西亚共和国外交部的照会》，中华人民共和国国务院秘书厅：《中华人民共和国国务院公报》1966年第5期，第118－119页。

⑤ 《中华人民共和国外交部四月十五日给印度尼西亚共和国驻华大使馆的照会》，中华人民共和国国务院秘书厅：《中华人民共和国国务院公报》1966年第5期，第82－83页。

项要求。鉴于这种情况，5 月 18 日，中国外交部照会印尼驻华大使馆，正式向印尼当局提出了再次接侨的要求及理由：

> 目前，在印度尼西亚已有成千上万的受害华侨生计断绝，迫切要求回国。印度尼西亚政府既不给予他们应有的救济和安置，又拒绝安排船只把他们送回中国。中国政府对他们的命运当然不能置之不顾。中国政府再次要求印度尼西亚政府负责安排船只，把自愿返国的华侨送回中国。在印度尼西亚政府没有履行自己应负的责任之前，中国政府决定在最近期间派遣船只前往印度尼西亚，接回自愿返国的受害华侨。为此，中国政府要求印度尼西亚政府：
>
> 一、立即停止迫害华侨，释放全部被逮捕和拘禁的华侨，切实保障华侨的生命财产的安全。
>
> 二、保证自愿返国的华侨在前往港口途中和在港口期间的安全，在交通运输和生活方面给予必要的便利，简化他们离境的手续，并且不得阻挠他们携带自己财物和资金返回。
>
> 三、保证中国接侨船只及其船员在进出印度尼西亚港口和在港口期间的安全，并且提供必要的协助和方便。
>
> 为了使接运华侨回国的工作能够顺利进行，中国政府建议，两国政府立即进行具体商谈，作出妥善的安排。
>
> 中国政府希望印度尼西亚政府对中国政府的上述要求迅速予以答复。①

对于中国政府派船接侨的正当要求，印尼军政当局迟迟不予回复。直到 9 月 2 日，印尼外交部才在对华复照中作出回应，仅同意中国政府派船从北苏门答腊省的棉兰和班达亚齐接侨回国。9 月 13 日，中国政府正式成立了新一届"接待和安置归国华侨委员会"，仍由中侨委主任廖承志担任主任委员，由广东、广西、福建、云南等省、自治区的"一把手"和相关部委的主要领导担任副主任委员，相关省、自治区也对照中央的机构设置成立了本地的"接待和安置归国华侨委员会"。9 月 14 日，由中国政府派遣前往印尼接侨的"光华"轮由广州黄埔港起航。10 月 10 日，"光华"轮从印尼棉兰勿拉湾港搭载首批难侨 1 006 人抵达湛江港。11 月 28 日，1967 年 2 月 5 日、5 月 13 日，"光华"轮分别接回难侨 1 076

---

① 《中华人民共和国外交部五月十八日给印度尼西亚共和国驻华大使馆的照会》，中华人民共和国国务院秘书厅：《中华人民共和国国务院公报》1966 年第 5 期，第 114 – 115 页。

人、1 071 人、1 099 人,具体如下①:

表 3-2 "光华"轮接回难侨的数据统计

	户数(户)	男(人)	女(人)	总数(人)
第一批	197	514	492	1 006
第二批	218	609	467	1 076
第三批		546	525	1 071
第四批	283	497	513	1 099 (个人信息不全者89人)

11 月 6 日,国务院发布《关于落实安排一九六七年安置难侨工作的通知》,计划每月派 1 艘船前往印尼接侨,每次接运 1 000 人左右。加上自行归国者,预计 1967 年全年需安置难侨 1.5 万人。不过,由于印尼军政当局在反华、排华的道路愈走愈远,中印(尼)关系不断恶化,最终彻底破裂,中国政府接运 1.2 万名难侨的计划并未能完全付诸实施。1967 年 8 月 5 日,上千名暴徒在大批印尼军人的带领下,再次袭击了中国驻印尼大使馆,打伤 4 名工作人员,焚毁 2 幢建筑物,并将使馆内的全部家具和设备逐一砸毁。10 月 1 日,大批武装军警和暴徒又一次闯入中国大使馆,将使馆人员全部打伤,包括临时代办在内的多名外交人员中弹重伤,公私财物和档案文件被洗劫一空,还通过逐一搜身的方式抢走了使馆的密码本。10 月 23 日,印尼军政当局宣布,将于当月 30 日强行关闭中国驻印尼大使馆和驻雅加达、棉兰、马辰、望加锡的领事馆,并要求全体中国外交人员在最短时间内撤离印尼领土。10 月 31 日,中国外交人员被迫撤离印尼,中印(尼)关系中断。②

中印(尼)断交以后,仍有大量印尼难侨源源不断地自行回国。中国政府一方面保留了设在各口岸的接待机构,继续接收归国难侨;另一方面仍然按照"集中安置为主、分散安置为辅"的原则,将印尼难侨相对集中地安置到广东、福建、广西、云南等省、自治区的华侨农(林)场。至 1969 年,印尼的反华、排华浪潮逐渐平息,从印尼自行回国的难侨大幅减少,中国政府这一阶段对印尼难侨的救助安置工作也随之结束。

---

① 张小欣:《"九三〇"事件后中国对印尼难侨救济安置工作论析》,《华侨华人历史研究》2011 年第 2 期。

② 刘一斌:《"文革"期间中国和印尼断交始末》,《党史纵横》2006 年第 1 期。

结　语

印尼是世界上华侨华人数量最多的国家，也是反华、排华最为严重的国家，特别是在苏加诺执政时代后期和苏哈托执政时代，印尼频繁发生大规模、惨绝人寰的排华活动。究其原因，既有殖民主义遗留的历史影响，也有国际关系发展变化的现实因素。其中，荷兰殖民者对印尼人和华人实施的分而治之的政策，导致印（尼）华两个民族的关系长期存在隔阂，是印尼排华的重要根源之一。印尼完全独立以后，一些领导人及右派势力为转移国内矛盾，将华侨经济诬蔑为"殖民主义经济残余"，故意夸大华侨华人在印尼社会经济中的影响力，煽动民族仇恨，制造反华、排华风波。与此同时，以美国为首的西方集团也一直非常关注印尼的政治走向，极力推动印尼反共、反华。为防止印尼被纳入共产主义轨道，美国多次调整对印（尼）政策，通过经济、军事援助等手段相继支持印尼的右派政党、外岛叛乱分子和陆军势力，最终促使印尼走上反华、排华的道路。1958—1960 年、1965—1967 年，印尼先后两次爆发大规模的排华浪潮，致使广大华侨华人深陷人间地狱。

为保护本国侨民的生命财产安全，拯救广大华侨于水火，中国政府一方面通过外交渠道积极与印尼政府交涉，强烈要求其停止迫害华侨、维护华侨正常生存和发展的权利；另一方面克服重重困难，在驻印尼使领馆屡遭袭击和破坏的情况下，多次组织力量前往印尼接运难侨回国，并在中央和地方成立了相应的接待和安置机构，按照"集中安置为主、分散安置为辅"的原则，妥善安置了全部归国难侨。

第四章 21世纪中国政府救助海外侨民的重要行动

自改革开放以来，中国与世界各国的联系日益紧密，越来越多企业和个人走出国门，在全球各地寻找机遇、发展事业。与此同时，国际局势在冷战结束后发生了深刻的变化，部分国家和地区持续动荡，各种传统与非传统安全威胁相互交织，如何保护我国的海外利益和侨民生命财产安全已成为一个突出的问题。特别是进入21世纪之后，随着中国经济实力的提高和国际化程度的加深，中国政府在保护和救助海外侨民上面临着前所未有的压力。在2000—2017年，中国政府多次组织力量，奔赴动乱或遭受重大自然灾害的国家和地区，大规模救助海外侨民。主要包括：

表 4-1 2000—2017 年中国政府救助海外侨民的重要行动

	时间	地点	原因	救助举措
1	2000 年 6 月	所罗门群岛	武装政变	派遣附近海域货轮，将 117 人安全撤离
2	2006 年 4 月	所罗门群岛	大规模骚乱	租用商用飞机，将 310 人安全撤离
3	2006 年 5 月	东帝汶	大规模骚乱	派遣包机，接回 200 多人
4	2006 年 7 月	黎巴嫩	黎以冲突	从陆海两路协助 170 人安全撤离
5	2006 年 11 月	汤加王国	大规模骚乱	派遣包机，接回 300 多人
6	2008 年 1 月	乍得	内战	帮助 411 人从陆路撤至喀麦隆
7	2008 年 11 月	泰国	局势动荡	派遣包机，接回 3 346 人
8	2010 年 1 月	海地	地震	派遣包机，接回 48 人
9	2010 年 6 月	吉尔吉斯斯坦	大规模骚乱	派遣包机，接回 1 299 人
10	2011 年 1 月	埃及	局势动荡	派遣包机，接回 1 800 多人
11	2011 年 2 月	利比亚	内战	海陆空联动撤出中国侨民 35 860 人、友好国家侨民 2 100 人
12	2011 年 3 月	日本	地震、海啸、核泄漏	帮助 7 600 多人撤至安全地区，协助 9 500 多人回国
13	2014 年 5 月	越南	排华、骚乱	派遣包机和客轮，接回 7 000 多人

（续上表）

	时间	地点	原因	救助举措
14	2015 年 4 月	也门	内战、多国空袭	派遣 3 艘军舰，接回中国侨民 613 人、友好国家侨民 279 人
15	2015 年 4 月	尼泊尔	地震	派遣包机，接回 5 685 人
16	2016 年 11 月	新西兰	地震	租用商用飞机，将 120 多人撤至安全地区
17	2017 年 9 月	多米尼加	风灾	派遣包机，接回 381 人
18	2017 年 11 月	印尼巴厘岛	火山喷发	派遣包机，接回 17 000 多人

第一节　两次救助所罗门群岛的华侨华人

所罗门群岛是南太平洋上一个由 990 个小岛组成的岛国，也是世界上最不发达国家之一。自 1568 年被西班牙人发现并命名后，所罗门群岛先后成为德国、英国等国的殖民地。1942 年，所罗门群岛被日本军队占领，此后数度成为日美两国在太平洋争夺的重要战场。1978 年，所罗门群岛独立建国，并加入英联邦。

所罗门群岛全国陆地面积仅有 2.8 万平方公里，人口约 50 万，国民经济以农业、渔业和矿产开采业为主，大部分工业品依赖进口。因此，该国吸引了不少华侨华人来此寻求商业机会。在首都霍尼亚拉，华侨华人聚居区的河流被称为"唐人街河"，沿河两岸分别是唐人街和新唐人街。值得注意的是，所罗门群岛的华侨华人总体上由两部分构成：来自中国大陆的新移民大多数是广东籍，他们主要从事商品零售、餐饮、旅馆等服务性行业；来自中国台湾的华侨华人则主要从事农场种植业，经营商业者不多。

自 20 世纪 90 年代中期开始，所罗门群岛的经济状况持续恶化，2000 年经济负增长率高达 14%，国民经济处于崩溃边缘。受经济急速下滑的影响，所罗门群岛原有的各种内部矛盾日益激化。该国虽然 90% 以上的人口都属于美拉尼西亚人，但全国岛屿林立，方言多达 87 种，长期以来部族冲突不断，内部矛盾重重。2000 年 6 月 5 日凌晨，所罗门群岛发生武装政变。该国"马莱他鹰派力量"领导的武装势力攻占总理府，将总理乌卢法阿卢劫为人质，并关闭了霍尼亚拉国际机场。6 月 6 日，距离所罗门群岛最近的中国驻巴布亚新几内亚（简称"巴新"）大使馆得知消息后，迅速委托霍尼亚拉的侨领对当地的华侨华人进行登记，了解他们的处境和去留意向。6 月 7 日，中国驻巴新大使馆召开党委扩大会

议，制订了救助我国侨民的三种方案：

（一）由中国政府派出船只或飞机至霍尼亚拉接侨；（二）因巴新不具备租用船只条件，通过我驻澳使馆联系租用舰船或飞机赴所接侨；（三）由我驻澳、新（西兰）使馆与驻在国政府联系，请求其同意将我侨民连同其本国公民同时撤离所罗门。①

6 月 9 日，中国外交部领事司司长钟建华紧急约见澳大利亚和新西兰驻华大使，商请两国协助中国侨民撤离所罗门群岛，所需费用由中国政府承担。当日，中国驻澳大利亚使馆临时代办和驻新西兰大使也分别向两国外交部提出了相同的请求。另外，中国驻巴新大使赵振宇还约见了所罗门群岛驻巴新高级专员菲利普·卡皮尼，请其向本国政府转达保护中国侨民生命财产安全的要求，并通过其获得政变领导人安德鲁·诺里的办公电话。6 月 10 日，赵振宇大使亲自致电安德鲁·诺里，商请其为中方撤侨提供支持，得到了积极的回应。

6 月 10 日、11 日，所罗门群岛的局势进一步恶化，武装冲突加剧，澳大利亚、新西兰等国纷纷发布撤侨通告，要求本国侨民必须在 6 月 14 日前完成撤离。6 月 12 日，中国驻澳大利亚、新西兰使馆再次商请两国政府派遣军用飞机，帮助中国侨民撤离所罗门群岛，但均未得到满意的答复。为及时救助身处险境的中国侨民，驻澳使馆根据了解到的可靠信息，提请外交部通过国内相关部门，安排正在所罗门群岛附近海域执行任务的"阳江河"号货轮前往霍尼亚拉协助撤侨。外交部收到报告以后，立即与交通部及"阳江河"号货轮所属的中远集团总公司取得了联系，请其提供援助。

中远集团总公司对救助我国侨民一事高度重视，不仅迅速通知"阳江河"号货轮调转航向，全速奔赴霍尼亚拉港接侨，而且成立了以总裁魏家福为组长的"接侨领导小组"，统筹中远集运、中远澳洲公司的力量，配合驻澳使馆和驻巴新使馆做好此次侨民救助工作。当地时间 6 月 13 日 16 时 25 分，"阳江河"号货轮克服了航线不熟、无海图资料等困难，经过 30 多个小时的航行后驶抵霍尼亚拉港。当日下午 18 时，在各方的共同努力下，117 名中国侨民全部登上"阳江河"号货轮。当地时间 6 月 15 日 23 时 45 分，"阳江河"号货轮安全抵达巴新首都莫尔兹比港，② 赵振宇大使率领中国驻巴新使馆全体人员、中资机构和华侨华

---

① 赵振宇：《亲历首次从未建交国撤侨》，《湘潮》2009 年第 3 期。
② 丁海弟、陶润元：《刻骨铭心的 99 小时——中远集团阳江河轮赴所罗门接侨纪实》，《中国远洋航务公告》2000 年 8 月 15 日。

人代表在码头迎接。6月18日,中国政府包用中国南方航空公司的一架波音777客机,将经过短暂休整的这批侨民平安接回广州。

6月30日,梅纳西·索加瓦雷接任所罗门群岛总理。不过,该国的安全形势并没有因此出现根本性的改观。直到2001年12月艾伦·凯马凯扎当选总理后,所罗门群岛的动荡局势才逐渐安定下来,来此经商的华侨华人也开始增多。好景不长,2006年4月18日,所罗门群岛首都霍尼亚拉因选举问题再度爆发动乱。由于当选总理斯奈德·里尼的政治对手认为台湾华人资助其贿选,迁怒于当地的华侨华人,致使抗议里尼贿选的示威活动最终演变为针对华侨华人的骚乱,霍尼亚拉唐人街约90%的建筑被烧毁。华侨华人不仅损失惨重,而且随时面临生命危险。

骚乱发生以后,中国政府一方面通过有关渠道,敦促所罗门群岛政府采取有效措施保护中国侨民的生命财产安全;另一方面紧急约见巴新、澳大利亚、新西兰驻华使馆官员,商请三国为中国侨民提供必要的帮助。与此同时,中国政府还通过驻巴新、澳大利亚、新西兰的使领馆,积极协调各方力量,组织侨民撤离霍尼亚拉。4月20日,经过中国驻澳大利亚使馆和驻新西兰使馆的极力协调,两批中国侨民分别搭乘澳大利亚和新西兰的军机离开所罗门群岛。4月21日,中国驻巴新使馆人员赶赴霍尼亚拉,具体安排撤侨事宜。4月22日、23日,256名华侨华人先后搭乘3架中国政府的包机飞抵巴新的莫尔兹比港。当地时间4月24日19时,310名自愿回国的中国侨民乘坐包机从莫尔兹比港飞赴广州。至此,中国政府救助所罗门群岛华侨华人的行动圆满结束。

第二节 "第一号领事保护事件"

东帝汶是21世纪全球第一个新生国家,也是亚洲最贫困国家和世界20个最落后国家之一。该国地处努沙登加拉群岛最东端,向南与澳大利亚隔海相望,西部与印尼西帝汶接壤,全国陆地面积1.49万平方公里,人口约130万。16世纪以前,帝汶岛先后由以苏门答腊为中心和以爪哇为中心的封建王朝统治。从16世纪初开始,帝汶岛相继被葡萄牙与荷兰殖民者入侵。1859年,葡、荷两国重新瓜分了帝汶岛,东帝汶被划归葡萄牙。1942年,东帝汶被日军占领。"二战"后,东帝汶曾一度被澳大利亚托管,不久再次沦为葡萄牙的殖民地。1975年11月,东帝汶独立革命阵线利用葡萄牙推行民主化和非殖民化的机会,单方面宣布独立,建立东帝汶民主共和国。然而,同年12月苏哈托政权却出兵吞并了东帝汶,将其作为一个省纳入印尼的版图。直到1999年,东帝汶才在国际社会的帮

助下摆脱印尼的统治。2002 年 5 月 20 日，东帝汶民主共和国正式建立。

早在 16 世纪初期，就有华侨华人前来东帝汶谋生。鼎盛时期，华侨华人曾多达 3 万人，超过了葡萄牙人的数量。印尼侵占东帝汶以后，开始推行与其本土一致的排华政策，不仅肆意破坏或没收华侨华人的房屋财产，而且强行取缔"中华商会""帝力中华中小学董事会"等社团组织，禁止举办华文教育。受此影响，略有经济能力的华侨华人纷纷逃离东帝汶，另谋生路。2002 年东帝汶独立建国后，华侨华人的数量逐渐有所回升。至 2006 年，东帝汶的华侨华人已增至 1 000 多人。

东帝汶独立后，虽然国内局势总体较为平稳，但由于新生政权缺乏国家治理经验，加之国民经济基础羸弱，由贫困引发的各种社会问题日益突出，逐渐成为影响国家安全与稳定的重大隐患。2006 年 4 月 24 日，约 600 名被东帝汶军方遣散的士兵在首都帝力发动骚乱，并与政府军爆发武装冲突，导致局势持续恶化。至 5 月下旬，大规模的社会骚乱致使 30 多人死亡、数百间建筑被烧毁、约 15 万人流离失所。

骚乱发生后，中国外交部迅速发布了旅行警告，并通过中国驻东帝汶大使馆提醒当地的中国侨民和中资机构注意安全。收到使馆的通知以后，当地的 500 多名中国侨民中有 200 多人陆续借助各种渠道离开了东帝汶。5 月 25 日，帝力的局势进一步恶化，暴乱分子与政府军发生激烈交火并沿街纵火抢劫，约 20 人在冲突中丧生。为躲避暴乱，中国侨民纷纷前往大使馆寻求保护。至 27 日，在使馆避难的人数已超过 140 人。

鉴于事态紧急，中国外交部 5 月 26 日、27 日连续召开两次应急会议，制定了 4 个撤侨预案：①包机直航东帝汶；②将侨民先撤至澳大利亚的达尔文市，再派国内包机接回；③走海路，派附近的万吨轮船到东帝汶的港口接侨；④走陆路，将侨民先送到印尼的西帝汶，再派专机接回国。[①] 由于帝力的港口水深不足以停泊万吨轮船，且距离印尼西帝汶需要 7 个多小时的车程，沿途安全无法保障，5 月 27 日晚，由外交部牵头召开、13 个相关部门参加的部际联席会议决定采取第一个方案，包机直航帝力机场接侨。5 月 29 日，也即外交部领事司领事保护处成立之日，中国政府派出 2 架包机从广州飞赴东帝汶，并于当晚 9 时将 200 多名中国侨民接回厦门机场。东帝汶接侨事件也因此被称为领事保护处成立后的"第一号领事保护事件"。

---

① 葛军：《东帝汶撤侨："第一号领事保护事件"》，《世界知识》2006 年第 12 期。

第三节　救助吉尔吉斯斯坦的中国侨民

吉尔吉斯斯坦是中亚的内陆国家，东与中国接壤、南为塔吉克斯坦、西接乌兹别克斯坦、北与哈萨克斯坦为邻。该国国土面积约 20 万平方公里，人口约 600 万，70% 以上的人口为吉尔吉斯族，乌孜别克族是其境内的第二大民族。吉尔吉斯斯坦曾是苏联的加盟共和国之一，1991 年 8 月苏联解体后独立，现为独联体、上海合作组织等重要国际组织的成员国。21 世纪初，在美国的幕后推动下，格鲁吉亚、乌克兰等苏联的加盟共和国相继爆发"颜色革命"，建立了亲西方的政权。2005 年 3 月，吉尔吉斯斯坦也发生了旨在推翻时任政府的"郁金香革命"，致使总统阿卡耶夫出逃并最终辞职。同年 8 月，前总理巴基耶夫成为该国新总统。

不过，曾在上台时痛斥前总统阿卡耶夫以权谋私、任人唯亲的巴基耶夫，在执政期间比其前任有过之而无不及。巴基耶夫不仅将自己的 3 个兄弟和 2 个儿子以及诸多亲信安插在政府中担任要职，而且放纵腐败，导致吉尔吉斯斯坦被评为世界上贪腐程度最高的 20 个国家之一。2008 年，受全球性金融危机的影响，国民经济本就比较脆弱的吉尔吉斯斯坦出现了高通胀、高失业的严重局面。2009—2010 年，随着经济情况的进一步恶化，吉尔吉斯斯坦国内积累的各种矛盾集中爆发，最终发展成为大规模的骚乱。

2010 年 4 月 7 日，吉尔吉斯斯坦发生第二次"郁金香革命"，通过"颜色革命"上台的巴基耶夫如其前任一样被迫出逃并辞职。其后两个月，吉尔吉斯斯坦国内局势持续动荡，各种冲突不断。6 月 10 日深夜，吉尔吉斯斯坦南部的奥什市发生骚乱，暴徒沿街进行打砸抢烧。至 6 月 15 日，骚乱中已有 170 人死亡、1 762 人受伤，逾 20 万人流离失所，7.5 万人越境进入乌兹别克斯坦避难。①

吉尔吉斯斯坦的骚乱发生后，中国政府高度关注当地中国侨民的生命财产安全。6 月 12 日，中国外交部对外发布旅行警告，"再次提醒拟前往吉尔吉斯斯坦的中国公民和团组密切关注吉局势，近期暂勿赴吉；已在吉中国公民和团组提高防范意识，减少外出，切勿接近集会、游行、示威区域；奥什市及周边地区的中国公民尽量转移至安全地区或回国暂避；遇紧急情况及时报警并与中国驻吉使馆

---

① 《关注吉尔吉斯斯坦局势》，http：//www.un.org/zh/focus/kyrgyzstan/index.shtml。

或外交部领事保护中心联系"。① 同一天，鉴于吉尔吉斯斯坦的动荡局势进一步加剧，外交部连夜牵头召开"境外中国公民和机构安全保护工作部际联席会议"，研究决定组织力量前往吉尔吉斯斯坦，接回受困的中国侨民。

6月13日，由相关部委人员组成的2个工作组分赴吉尔吉斯斯坦和乌鲁木齐具体领导救助工作。在乌鲁木齐，新疆维吾尔自治区政府也已成立了多个工作组，随时准备接待和安置由吉尔吉斯斯坦回国的人员。在比什凯克，中国大使馆不断与吉尔吉斯斯坦临时政府外交部及相关部门沟通，要求其确保中国侨民安全。经过大使馆的努力争取，吉尔吉斯斯坦军队同意派遣装甲车协助中国侨民前往奥什机场。

6月14日，中国政府首批派出2架包机飞赴奥什机场，将195名中国侨民撤出吉尔吉斯斯坦。次日，第二批中国政府的包机又接回185名我国侨民。② 至6月17日，中国政府先后派出9架包机，总计从吉尔吉斯斯坦接回侨民1 321名。③

第四节 第一次海陆空联动撤侨

受邻国突尼斯、埃及爆发的"阿拉伯之春"浪潮影响，2011年2月15日，利比亚也开始出现大规模的反政府示威活动，并最终演变为全国性的内战。为保护中国侨民的生命财产安全，中国政府自2月22日至3月5日先后派遣91架次民航包机、12架次军用飞机、1艘军舰、5艘货轮，租用11艘次外籍大型客轮、35架次外国包机、100多班次客车，将35 860名侨民从利比亚战乱地区接回国内。④ 此次行动是中国政府实施的第一次海陆空联动撤侨，也是迄今为止中国规模最大的一次集中撤侨。

利比亚是一个濒临地中海的北非国家，由东至西三面分别与埃及、苏丹、乍得、尼日尔、阿尔及利亚、突尼斯接壤，面积176万平方公里，人口约670万，绝大多数人信仰伊斯兰教。在历史上，利比亚曾先后从属于罗马帝国、阿拉伯帝国和奥斯曼帝国，1912年沦为意大利的殖民地。"二战"期间利比亚被英、法占领，直至1951年才得以独立建国。1969年，由卡扎菲领导的自由军官组织发动

---

① 中华人民共和国外交部：《再次提醒在吉尔吉斯斯坦和拟赴吉中国公民与团组进一步加强安全防范》，https：//www.fmprc.gov.cn/chn/gxh/cgb/cgtbtx/t708462.htm。

② 荣燕、廖雷等：《我撤侨包机抵乌市共计380名中国公民返国》，《新华每日电讯》2010年6月16日，第1版。

③ 奥利弗·布罗伊纳：《保护在吉尔吉斯斯坦的中国公民——2010年撤离行动》，《国际政治研究》2013年第2期。

④ 马千里：《利比亚撤侨行动与中国软实力的提升》，《学习月刊》2011年第4期。

政变，推翻了伊德里斯王朝，成立了共和国。

卡扎菲上台后，虽然利用本国丰富的石油资源在经济上取得一定成就，但在政治上长期实行高压专制的独裁统治，导致国内矛盾愈积愈深，民众的不满情绪持续高涨。在国际上，自1970年6月收回美国在利比亚的惠勒斯空军基地开始，卡扎菲政权与以美国为首的西方国家之间的关系就一直比较紧张。1986年3—4月，美国连续两次对利比亚实施军事打击，使其损失惨重。1988年1月，美国将利比亚列入支持恐怖主义国家的"黑名单"。同年12月和1989年9月发生的洛克比空难和法航尼日尔空难，进一步加剧了利比亚与西方国家的对立。1991年，在美、英等国的强烈要求下，联合国对利比亚实施了包括空中封锁、武器禁运、外交孤立等一系列的制裁。

2003年8月，利比亚正式承认制造了洛克比空难，并向遇难者家属支付了巨额赔偿，其与西方国家的关系才有所缓和。9月，联合国解除了对利比亚长达11年的制裁。2006年5月，利比亚与美国恢复了外交关系。不过，以美国为首的西方国家对卡扎菲政权芥蒂难消，一直伺机将其推翻。早在2004年6月，时任美国总统小布什就推出了旨在将从北非到南亚的22个阿拉伯国家以及土耳其、伊朗、巴基斯坦、阿富汗等国"改造"成美式"民主政权"的"大中东计划"。此后，美国不断通过策动"颜色革命"，颠覆相关国家的政权，以实现其战略目标。

在美国的暗中推动下，2010年12月，利比亚的邻国突尼斯首先爆发"茉莉花革命"。2011年1月14日，独裁统治23年的总统本·阿里不得不逃亡境外。其后不久，"阿拉伯之春"迅速蔓延至埃及和利比亚。2月15日，利比亚第二大城市班加西开始出现反政府的示威活动，民众要求卡扎菲下台并进行民主改革。示威活动遭到了利比亚军警的开枪镇压，至2月20日，已造成300多人死亡、1 000多人受伤。然而，武力镇压不仅没能恢复利比亚的社会秩序，反而引发了全国性的严重骚乱和内战。在以美国为首的西方国家的煽动和支持下，利比亚的反政府力量组成"全国过渡委员会"，公开致力于推翻卡扎菲政权。双方的内战一直持续到10月下旬，直至卡扎菲败亡才暂时告一段落。

利比亚内战期间，中国在当地的企业机构遭到了不同程度的破坏，侨民的生命财产安全受到了严重威胁。中国和利比亚自1978年建交以后，两国关系虽时有反复，但经贸联系一直比较稳定。进入21世纪后，两国在经济领域的合作不断扩展加深。至2010年，中国在利比亚投资的企业已达75家，涉及合同金额约188亿美元；① 在当地工作的中国侨民约有35 000人，多数都集中在能源、交通

---

① 吴志成：《从利比亚撤侨看中国海外国家利益的保护》，《欧洲研究》2011年第3期。

和通信领域。除此之外，还有少量的中国留学生和短期旅行的商务人士。① 利比亚内战爆发后，中国的一些企业和机构陆续遭到了暴乱分子的抢劫和破坏。2 月 18 日，一伙武装歹徒开枪洗劫了艾季达比亚市的华丰公司。② 同日，中国水电二局、十六局位于迈尔季、贝达、斯蒂哈姆瑞等地的建设项目营地也遭到了武装分子的抢劫。截至 2 月 22 日，先后有多家中资公司的营地遭到了武装暴徒的围攻和抢劫，一些车辆和房屋被焚毁，大量中方人员处于极度危险之中，部分人不得不徒步撤入沙漠避难。③

消息传回中国后，时任国家主席胡锦涛立即指示有关部门，要全力保障中国驻利比亚人员的生命财产安全。与此同时，中国国务院决定立即启动国家涉外突发事件的应急预案，成立了由副总理张德江任总指挥、副秘书长尤权和外交部部长杨洁篪任副总指挥的"国家撤离海外受困中国公民应急指挥部"，统筹协调撤侨的各方面工作。鉴于时间紧迫、距离遥远、受困人数多，2 月 22 日应急指挥部第一次全体会议决定：实施海陆空联动、多国多点协同撤侨。按照应急指挥部的统一部署，外交部、国资委、交通部、国防部等部委一方面组成 3 个联合工作组陆续飞赴利比亚现场组织撤侨，另一面各司其职，调集所属力量前往利比亚接运中国侨民。为尽快帮助中国侨民脱离困境，外交部接连指示驻希腊、马耳他、突尼斯等国的使领馆在当地紧急租用邮轮、客机和车辆，就近赶往利比亚各地接侨。

雅典时间 2 月 22 日 18：50，中国驻希腊大使馆租用的"奥林匹克冠军"号、"希腊精神"号起航驶向利比亚班加西港。几乎同一时间，中国驻突尼斯大使馆、驻埃及大使馆、驻亚历山大总领馆等使领馆的工作人员也相继赶赴所在国与利比亚交界的边境口岸，以准备大规模接待和转运中国侨民。从 2 月 23 日开始，中国国际航空公司、南方航空公司、东方航空公司、海南航空公司的包机陆续飞赴利比亚及其周边国家执行接侨任务。除此之外，中央军委及相关部委还指示正在亚丁湾执行护航任务的中国海军第七批护航编队的"徐州"舰以及正航行在相关海域的中远、中海运集团的 5 艘货轮，立即前往利比亚协助撤侨。

2 月 24 日 14 时，"奥林匹克冠军"号、"希腊精神"号客轮满载 4 200 名中国侨民驶入希腊克里特岛的伊拉克利翁港。2 月 25 日凌晨 2 时左右，首架中国政府包机搭载 223 名利比亚归国人员飞抵北京首都机场。此后，在希腊、突尼斯、马耳他、埃及等友好国家的大力协助下，中国政府利用海陆空、民用和军用等各

① 张历历：《中国全力从利比亚大撤侨分析》，《当代世界》2011 年第 4 期。
② 孙永剑：《撤侨，彰显中国国力提升》，《中华工商时报》2011 年 3 月 11 日，第 7 版。
③ 吴挺：《中国再保海外利益，赴利比亚撤侨首次并用陆海空力量》，《东方早报》2011 年 2 月 23 日，第 A14 版。

种交通工具，先后从利比亚战乱地区撤出侨民 35 860 人，并将他们陆续接回国内。在此过程中，中国政府还在力所能及的范围内帮助孟加拉国、越南、尼泊尔等 12 个国家的 2 100 名侨民撤离了利比亚。

第五节　"红海行动"

2015 年 3 月，胡塞武装攻入也门临时首都亚丁，继而以沙特为首的多国联军展开了对胡塞武装的空袭，也门本已比较紧张的局势进一步恶化。为保护中国侨民的生命财产安全，中国政府紧急调派正在亚丁湾海域执行护航任务的 3 艘军舰前往也门撤侨。此次行动是中华人民共和国成立以来第一次派遣军舰直接从外国港口撤离中国侨民，具有十分特殊的意义。2018 年 2 月，以中国军舰也门撤侨行动为原型的电影《红海行动》上映后，受到了观众的热烈欢迎，在短短 3 个月的时间内累计票房就超过了 36 亿元，成为当时中国大陆的年度电影票房冠军。

也门位于阿拉伯半岛南端，西临红海、隔曼德海峡，与非洲大陆相望，北与沙特接壤，东临阿曼，南部濒临阿拉伯海、亚丁湾。全国面积 52.8 万平方公里，人口约 2 800 万。伊斯兰教是也门的国教，逊尼派占 75% ~ 80%，什叶派占 20% ~ 25%。也门是世界上经济最不发达国家之一，经济社会发展主要依赖石油、天然气等自然资源出口的收入。在历史上，也门曾是阿拉伯帝国和奥斯曼帝国的一部分，南方的大部分地区从 18 世纪就逐渐沦为英国的殖民地。1918 年，北也门脱离奥斯曼帝国独立，建立了也门穆塔瓦基利亚王国。20 世纪 60 年代，也门北、南两方相继发生革命，分别建立了阿拉伯也门共和国、南也门人民共和国（1970 年改为也门民主人民共和国）。1990 年，南北也门正式宣布统一，成立也门共和国。

早在 1956 年 9 月 24 日，中国就已与也门穆塔瓦基利亚王国建立了公使级外交关系。60 年代，中国又先后与阿拉伯也门共和国、南也门人民共和国建立了大使级外交关系。也门统一后，中也关系继续向好发展。2008 年 6 月、11 月，时任国家副主席习近平和全国人大常委会副委员长司马义·铁力瓦尔地先后访问也门。2013 年 11 月，也门总统对中国进行了国事访问。伴随着双边关系平稳发展，两国的经贸往来也日益密切，中国已成为也门原油出口的重要目的国，也门则每年都要从中国进口大量的纺织品、机电产品和粮油产品。

2011 年 1 月，在"阿拉伯之春"浪潮的影响下，也门首都萨那爆发了大规模的反政府示威活动，并逐渐演变为全国性的内战。2012 年 2 月，执政长达 33 年的萨利赫正式下台。然而，也门动荡的局势并没有因此而稳定下来。2014 年 9

月，受伊朗支持的什叶派胡塞武装攻入首都萨那并迫使总理巴桑杜辞职。2015年2月，胡塞武装正式接管了政府，总统哈迪逃至南部城市亚丁，并将该地定为也门临时首都。3月25日，胡塞武装大举进攻亚丁，总统哈迪逃至沙特首都利雅得避难。3月26日，应也门政府的请求，由沙特、阿联酋、卡塔尔、巴林、科威特、约旦、摩洛哥、苏丹等国组成的多国联军展开了名为"果断风暴行动"的军事打击，对胡塞武装控制的目标发动大规模空袭。同一天，埃及外交部也发表声明，宣布将参与沙特领导的军事行动，并正与相关国家协商，准备向胡塞武装发动地面攻势。

受内战和多国联军空袭的叠加影响，也门的安全局势急剧恶化，平民伤亡的人数不断上升，各国侨民的生命财产安全更是难以得到保障。当时尚有约600名中国侨民滞留在也门，急需撤离以躲避战乱。鉴于也门全境禁飞，陆路至阿曼和沙特的途中战火不断，中国政府决定派遣正在亚丁湾海域执行任务的海军第19批护航编队前往也门撤侨。3月26日深夜，该编队的"临沂"舰、"潍坊"舰、"微山湖"舰接到命令后，立即全速向亚丁港机动。与此同时，中国驻也门使馆一方面全力组织分散在各地的中国侨民向相关港口聚拢，另一方面积极与也门军方、内政部以及胡塞武装组织沟通，确保中方人员安全撤离。

3月29日，在各方的配合与协助下，首批122名中国侨民和2名中资企业的外籍专家搭乘"临沂"舰从亚丁港撤离。3月30日，第二批447名中国侨民和8名外国侨民在也门荷台达港顺利登上中国海军"潍坊"舰。4月2日，"临沂"舰再次驶抵战火威胁下的亚丁港，将巴基斯坦、埃塞俄比亚、新加坡、意大利、德国等10个国家的225名侨民撤离至安全区域。[1] 4月6日，"微山湖"号综合补给舰独自前往索科特拉岛，将9名中国侨民和1名日本侨民撤到阿曼萨拉拉港。同一天，"临沂"舰将中国大使馆留守人员和最后一批中国侨民以及45名斯里兰卡侨民从荷台达港安全撤出。至此，海军第19批护航编队的3艘军舰从也门共撤出中国侨民613人，外国侨民279人。[2]

结　语

进入21世纪以来，伴随着世界经济全球化进程的加快和中国改革开放的深化，中国公民在海外的数量增多，分布广度持续扩大，加之国际局势复杂多变，一些国家政局不稳，骚乱、内战频发，导致涉及中国侨民的突发事件不断增多。

---

①　王勇：《由也门〈撤侨〉行动看海外危机应对》，《学习时报》2015年8月13日，第7版。

②　赵成：《也门撤侨，见证大国能力与担当》，《人民日报》2015年4月10日，第3版。

为此，2000—2017 年，从南太平洋的所罗门群岛到中亚内陆的吉尔吉斯斯坦，再到北非的埃及与利比亚、红海沿岸的也门等地，中国政府先后近 20 次调集各方面力量、通过多种方式救助在海外深陷困境的本国侨民。

纵观历次救助海外侨民的过程可以看到，随着中国国家综合实力的不断增强，中国政府保护海外侨民生命财产安全的能力也在不断提高。特别值得一提的是，在利比亚和也门的撤侨行动中，中国政府不仅开始使用军事力量直接参与海外受困侨民的救助工作，而且在力所能及的范围内救助了大量外国侨民，既提高了中国护照的"含金量"，更扩大了中国的国际影响力，真正体现出了一个负责任大国的能力和担当。

参考文献

原始档案

［1］ Indian Ministry of External Affairs, *Foreign Affairs Record*, Vol. 8, New Delhi: Government of Indian Press, 1963.

［2］ Indian Ministry of External Affairs, *Foreign Affairs Record*, Vol. 9, New Delhi: Government of Indian Press, 1963.

［3］ Indian Ministry of External Affairs, *White Paper: Notes, Memoranda and Letters Exchanged and Agreements Signed Between the Government of India and China*, Vol. 8, New Delhi: Government of Indian Press, 1963.

［4］ Indian Ministry of External Affairs, *White Paper: Notes, Memoranda and Letters Exchanged and Agreements Signed Between the Government of India and China*, Vol. 9, New Delhi: Government of Indian Press, 1963.

［5］ Indian Ministry of External Affairs, *White Paper: Notes, Memoranda and Letters Exchanged and Agreements Signed Between the Government of India and China*, Vol. 10, New Delhi: Government of Indian Press, 1964.

［6］ *Jawaharlal Nehru's Speeches*, Vol. 4, New Delhi: Publications Division, Ministry of Information and Broadcasting, Government of India, 1964.

［7］ *Jawaharlal Nehru's Speeches*, Vol. 5, New Delhi: Publications Division, Ministry of Information and Broadcasting, Government of India, 1968.

［8］ United States Department of State, *Papers Relating to the Foreign Relations of the United States*, 1918, Russia, Vol. 2, Washington: United States Government Printing Office, 1932.

［9］ United States Department of State, *Papers Relating to the Foreign Relations of the United States*, 1919, Russia, Washington: United States Government Printing Office, 1937.

［10］ United States Department of State, *Papers Relating to the Foreign Relations of the United States*, 1920, Vol. 2, Washington：United States Government Printing Office，1936.

［11］United States Department of State, *Foreign Relations of the United States*, 1950, Vol. 6, Washington：United States Government Printing Office，1976.

［12］United States Department of State, *Foreign Relations of the United States*, 1961 - 1963, Vol. 19, Washington：United States Government Printing Office，2010.

［13］《中俄关系史料·出兵西伯利亚》，台湾"中央研究院"近代史研究所，1984 年。

［14］《中俄关系史料·俄政变》，台湾"中央研究院"近代史研究所，1974 年。

［15］《中俄关系史料·俄政变与一般交涉》，台湾"中央研究院"近代史研究所，1984 年。

［16］《中俄关系史料·中东铁路》，台湾"中央研究院"近代史研究所，1974 年。

［17］《中华人民共和国对外关系文件集》第九集，世界知识出版社，1964 年。

［18］《中日关系史料·东北问题》，台湾"中央研究院"近代史研究所，1990 年。

［19］陈翰笙主编：《华工出国史料汇编》第一辑，中华书局，1985 年。

［20］褚德新，梁德主编：《中外约章汇要（1689—1949）》，黑龙江人民出版社，1991 年。

［21］日本防卫厅战史室编撰：《日本军国主义侵华资料长编》上册，四川人民出版社，1987 年。

［22］薛衔天、李嘉谷等：《中苏国家关系史资料汇编（1917—1924 年）》，中国社会科学出版社，1993 年。

［23］中国第二历史档案馆编：《中华民国史档案资料汇编·外交》，江苏古籍出版社，1991 年。

［24］中国外交部解密档案，编号 113 - 00458 - 01、117 - 01353 - 03、113 - 00434 - 05，中华人民共和国外交部档案馆馆藏。

［25］中华人民共和国国务院秘书厅：《中华人民共和国国务院公报》，1959 年、1960 年、1962 年、1963 年、1965 年、1966 年。

［26］中华人民共和国外交部：《中国和印度关于两国在中国西藏地方的关系问题、中印边界问题和其他问题来往文件汇编（1950 年 8 月—1960 年 4 月）》，1960 年。

专著与译著

［1］ Betty Miller Unterberger, *America's Siberian Expedition*, *1918 – 1920*, Duke University Press, 1956.

［2］ Brij Mohan Kaul, *The Untold Story*, Bombay: Allied Publishers, 1967.

［3］ David S. Foglesong, *America's Secret War Against Bolshevism: U. S. Intervention in The Russian Civil War*, *1917 – 1920*, University of North Carolina Press, 1995.

［4］ Donald E. Willmott, *The National Status of the Chinese in Indonesia*, Ithaca: Cornell University, 1956.

［5］ J. P. Dalvi, *Himalayan Blunder: the Curtain – raiser to the Sino – Indian War of 1962*, Bombay: Thacker & Company Limited, 1969.

［6］ Jerome M. Conley, *Indo – Russian Military and Nuclear Cooperation: Lessons and Options for U. S. Policy in South Asia*, Maryland: Lexington Books, 2001.

［7］ John Kenneth Galbraith, *A Life in Our Times: Memoirs*, Boston: Houghton Mifflin Company, 1981.

［8］ John W. Garver, *Protracted Contest: Sino – Indian Rivalry in the Twentieth Century*, Washington: University of Washington Press, 2001.

［9］ Neville Maxwell, *India's China War*, New York: Pantheon Books, 1970.

［10］ Shri Ram Sharma, *India – China Relations*, *1947 – 1971: friendship Goes with Power*, Part 1, New Delhi: Discovery Publishing House, 1999.

［11］ Shri Ram Sharma, *India – USSR Relations*, *1947 – 1971: From Ambivalence to Steadfastness*, New Delhi: Discovery Publishing House, 1999.

［12］ Surendra Chopra ed. , *Sino – Indian Relations*, Amretsar: Guru Nanak Dev University, 1985.

［13］ T. Karki Hussain, *Sino – Indian Conflict and International Politics in the Indian Sub – Continent*, *1962 – 1966*, New Dehil: Thomson Press (India) Limited, 1977.

［14］ T. V. Kunhi Krishnan, *Chavan and the troubled decade*, Bombay: Somalya Publications, 1971.

［15］ Willem van Eekelen, *Indian Foreign Policy and the Border Dispute with China: A New Look at Asian Relationships*, Leiden: Brill, 2016.

［16］ 细谷千博:《ロシア革命と日本》, 原书房, 1972 年。

［17］原晖之：《ツベリァ出兵——革命と干渉》，筑摩书房，1989年。

［18］崔丕：《近代东北亚国际关系史研究》，东北师范大学出版社，1992年。

［19］戴超武：《亚洲冷战史研究》，东方出版中心，2016年。

［20］华侨革命史编纂委员会：《华侨革命史》，正中书局，1981年。

［21］黄定天：《中俄关系通史》，黑龙江人民出版社，2007年。

［22］来新夏：《北洋军阀》，上海人民出版社，1988－1993年。

［23］李恩涵：《东南亚华人史》，东方出版社，2015年。

［24］李永昌：《旅俄华工与十月革命》，河北教育出版社，1988年。

［25］刘华：《华侨国籍问题与中国国籍立法》，广东人民出版社，2004年。

［26］米庆余：《近代日本的东亚战略和政策》，人民出版社，2007年。

［27］尚劝余：《尼赫鲁时代中国和印度的关系（1947—1964）》，中国社会科学出版社，2009年。

［28］宋海啸：《印度对外政策决策：过程与模式》，世界知识出版社，2011年。

［29］苏米特·甘谷利著，高尚涛等译：《印度外交政策分析：回顾与展望》，世界知识出版社，2015年。

［30］唐纳德·E.戴维斯、尤金·P.特兰尼著，徐以骅等译：《第一次冷战——伍德罗·威尔逊对美苏关系的遗产》，北京大学出版社，2007年，第111页。

［31］唐启华：《京政府与国际联盟》，东大图书股份有限公司，1998年。

［32］王宏纬：《喜马拉雅山情结：中印关系研究》，中国藏学出版社，1998年。

［33］文公直：《中俄问题之全部研究》，益新书社，1929年。

［34］杨闯、高飞、冯玉军：《百年中俄关系》，世界知识出版社，2006年。

［35］杨宏云：《印尼棉兰华侨华人史》，厦门大学出版社，2017年。

［36］张敏秋：《中印关系研究：1947—2003》，北京大学出版社，2004年。

［37］张忠绂：《中华民国外交史》，正中书局，1945年。

［38］章伯锋：《皖系军阀与日本》，四川人民出版社，1988年。

［39］赵蔚文：《印中关系风云录：1949—1999》，时事出版社，2000年。

［40］中印边境自卫反击作战史编写组：《中印边境自卫反击作战史》，军事科学出版社，1993年。

［41］周南京主编：《华侨华人百科全书》（历史卷），中国华侨出版社，2002年。

［42］周卫平：《百年中印关系》，世界知识出版社，2006 年。

期刊论文

［1］A. 拉林：《俄罗斯华侨历史概述》，《华侨华人历史研究》2005 年第 2 期。

［2］B. 扎采平（常胜）：《华人对俄罗斯远东城市发展的贡献》，《西伯利亚研究》2007 年第 4 期。

［3］阿诺德·C. 布拉克曼著，蔡仁龙译：《印度尼西亚"九·三〇事件"前夕的形势》，《南洋资料译丛》1981 年第 4 期。

［4］奥利弗·布罗伊纳著，赵晨译：《保护在吉尔吉斯斯坦的中国公民——2010 年撤离行动》，《国际政治研究》2013 年第 2 期。

［5］陈长伟：《"九三〇"事件之后美国对印尼局势的反应与对策》，《美国研究》2013 年第 2 期。

［6］崔丕：《日美共同出兵西伯利亚时期的关系初探》，《社会科学战线》1991 年第 2 期。

［7］高艳杰：《冷战前期的中国与印尼关系研究评析》，《中共党史研究》2016 年第 1 期。

［8］郭宁：《以攻为守：中国出兵西伯利亚的决策经过（1918—1921）》，《民国档案》2016 年第 2 期。

［9］侯中军：《北京政府出兵西伯利亚与中日交涉再研究》，《史学月刊》2011 年第 10 期。

［10］贾海涛：《印度华人的状况及与中国的联系》，《世界民族》2008 年第 3 期。

［11］蒋顺兴、杜裕根：《论北洋政府的侨务政策》，《民国档案》1993 年第 4 期。

［12］李海峰：《正确处理侨务工作的若干关系》，《求是》2009 年第 15 期。

［13］李嘉谷：《协约国列强诱逼北洋政府参加对苏俄的武装干涉及其对中国的侵略》，《黑河学刊》（地方历史版）1987 年第 1 期。

［14］梁慧萍著，胡修雷译：《加尔各答的华人华侨：移民模式与职业特性》，《华侨华人历史研究》2008 年第 4 期。

［15］玛德芙·布拉拉著，陈欣译：《印度华人初探》，《八桂侨史》1999 年第 4 期。

［16］欧爱玲著，张铭、赵莉苹译：《依旧是"客人"：印度加尔各答客家人

认同的重塑》，《华侨华人历史研究》2008 年第 4 期。

[17] 曲晓范：《试述 1918—1921 年北洋政府在西伯利亚的护侨活动》，《华侨华人历史研究》1998 年第 1 期。

[18] 山下清海著，刘晓民译：《印度的华人社会与唐人街——以加尔各答为中心》，《南洋资料译丛》2010 年第 1 期。

[19] 王九龙：《海外华侨华人的安全研究——基于族群安全和个体安全的视角》，《印度洋地区研究》2014 年第 2 期。

[20] 吴志成：《从利比亚撤侨看中国海外国家利益的保护》，《欧洲研究》2011 年第 3 期。

[21] 喜富裕：《关于中国北洋政府出兵西伯利亚问题》，《东北师大学报》1995 年第 3 期。

[22] 杨建：《一九五九年印尼排华事件与广东归侨安置》，《广东党史》2005 年第 1 期。

[23] 应俊：《试论 1918—1920 年北洋政府与俄关系》，《北京理工大学学报》2006 年第 6 期。

[24] 张历历：《中国全力从利比亚大撤侨分析》，《当代世界》2011 年第 4 期。

[25] 张小欣：《"九三〇"事件后中国对印尼归难侨救济安置工作论析》，《华侨华人历史研究》2011 年第 2 期。

[26] 张秀明：《被边缘化的群体：印度华侨华人社会的变迁》，《华侨华人历史研究》2008 年第 4 期。

[27] 章伯锋：《试论一九一七年所谓"参战问题"的实质》，《史学月刊》1965 年第 3 期。

[28] 钟一均、刘玉遵：《印度尼西亚华侨问题必须合理解决》，《中山大学学报》（社会科学版）1959 年第 4 期；

[29] 周陶沫：《华侨问题的政治漩涡：解析 1959—1962 年中国对印度尼西亚政策》，《冷战国际史研究》2010 年第 1 期。

[30] 周云水：《离散与认同——印度客家移民的文化适应与社会变迁》，《客家研究辑刊》2014 年第 2 期。

[31] 朱陆民、聂会翔：《苏加诺时期中国印度尼西亚关系中的美国因素》，《广州大学学报》（社会科学版）2008 年第 5 期。

[32] 邹云保：《二战后印尼排华根源再探》，《八桂侨刊》2000 年第 4 期。